L'italiano nell'aria 1
Corso d'italiano per cantanti lirici e amanti dell'opera

Donatella Brioschi, laureata in Lingue e letterature straniere all'Università Cattolica di Milano, ha lavorato in Italia nel campo editoriale. Dal 2001 abita ad Amburgo ed è docente all'Istituto Italiano di Cultura e alla Volkshochschule. Collabora come traduttrice e redattrice per varie case editrici.

Mariella Martini-Merschmann, laureata in Lingue e letterature straniere presso l'Università di Pisa, dal 1991 è docente di lingua italiana alla Hochschule für Musik und Theater di Amburgo, alla Volkshochschule e in alcuni enti privati.

Ringraziamo tutti coloro che ci hanno sostenute con parole di incoraggiamento nella realizzazione di quest'opera. Particolare gratitudine va agli studenti della Hochschule für Musik und Theater di Amburgo che, in tutti questi anni, hanno arricchito il nostro lavoro e le nostre verifiche con le loro osservazioni, sperimentando tutto il materiale contenuto nei due volumi e nella Dispensa di pronuncia.
Al professor Volkhardt Preuß, docente di composizione e improvvisazione alla Hochschule für Musik und Theater di Amburgo, va rivolto il nostro più caloroso ringraziamento per aver contribuito con i suoi suggerimenti alla scelta della sigla iniziale e del jingle contenuti nei CD.
Alla redazione di Edilingua che ci ha accompagnate in questi anni di duro lavoro, con pazienza, solerzia e preziosi consigli, esprimiamo il nostro sincero ringraziamento.

© Copyright edizioni Edilingua
Sede legale
Via Cola di Rienzo, 212 00192 Roma
Tel. +39 06 96727307
Fax +39 06 94443138
info@edilingua.it
www.edilingua.it

Deposito e Centro di distribuzione
Via Moroianni, 65 12133 Atene
Tel. +30 210 5733900
Fax +30 210 5758903

I edizione: agosto 2015
ISBN: 978-88-9843-333-9
Redazione: Antonio Bidetti, Laura Piccolo
Impaginazione e progetto grafico: Edilingua
Registrazioni: *Autori Multimediali*, Milano

Grazie all'adozione di questo libro, Edilingua adotta a distanza dei bambini che vivono in Asia, in Africa e in Sud America. Perché insieme possiamo fare molto! Ulteriori informazioni nella sezione "Chi siamo" del nostro sito.

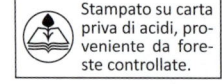

Stampato su carta priva di acidi, proveniente da foreste controllate.

Le autrici apprezzerebbero, da parte dei colleghi, eventuali suggerimenti, segnalazioni e commenti sull'opera
(da inviare a redazione@edilingua.it).

Tutti i diritti riservati.
È assolutamente vietata la riproduzione totale o parziale di quest'opera, anche attraverso le fotocopie; è vietata la sua memorizzazione, anche digitale su supporti di qualsiasi tipo, la sua trasmissione sotto qualsiasi forma e con qualsiasi mezzo, così come la sua pubblicazione on line senza l'autorizzazione della casa editrice Edilingua.

L'editore è a disposizione degli aventi diritto non potuti reperire; porrà inoltre rimedio, in caso di cortese segnalazione, ad eventuali omissioni o inesattezze nella citazione delle fonti.

Premessa

Una volta uno studente disse: «Ma perché devo tradurre un'aria? In Internet ci sono le traduzioni!». Certo, in parte è vero, ma quando non si trovano? E poi, come si fa a sapere se sono fedeli ai testi lirici se non si conoscono bene la lingua originale, con le sue strutture grammaticali, e il linguaggio dell'opera? I testi, prima di essere cantati, devono essere compresi nel loro significato. E per fare questo occorre saper "navigare" tra le parole per poter giungere ad una traduzione corretta, il più fedele possibile al testo originale.

Nella lunga esperienza accumulata in tanti anni d'insegnamento dell'italiano come lingua straniera alla Hochschule für Musik und Theater di Amburgo sono emerse, da parte degli studenti, molte domande interessanti sul linguaggio aulico dei libretti e sulla disposizione delle parole che spesso, per venire incontro alle esigenze del ritmo musicale, sono collocate in modo inusuale rispetto alle regole tradizionali della lingua italiana. Inoltre, uno degli scogli maggiori per gli apprendenti consiste nel raggiungere una pronuncia corretta, che è un presupposto importante per tutti coloro che studiano la lingua italiana ma che diventa imprescindibile per i cantanti lirici.

I materiali e gli appunti raccolti negli anni e una serie innumerevole d'informazioni ci hanno spinte a pubblicare *L'italiano nell'aria*, un corso di lingua italiana che non si basa su un'analisi contrastiva con altre lingue. È destinato ad apprendenti stranieri - principianti assoluti e di qualsiasi provenienza linguistica - dei conservatori, delle scuole di musica, delle università, degli IIC e delle scuole per stranieri in Italia che offrono corsi specifici di lingua italiana per l'opera, nonché ad appassionati di lirica e a tutti coloro che vogliono imparare l'italiano per capire meglio i libretti.

L'italiano nell'aria copre i livelli A1-B2 del Quadro Comune Europeo di Riferimento per le Lingue, è adatto al lavoro in classe ma può essere usato anche in modo autonomo grazie ai numerosi materiali disponibili online. È diviso in due volumi e ciascuno comprende il *Libro dello studente*, il *Quaderno degli esercizi* e il *CD audio*.

L'italiano nell'aria 1

• *Libro dello studente e Quaderno degli esercizi*

Le 7 unità didattiche, suddivise a loro volta in sezioni e attività, non solo introducono le nozioni di base della lingua italiana, ma riportano alcuni temi grammaticali seguendo un ordine diverso rispetto ai classici manuali per stranieri. Infatti, il passato remoto, i pronomi diretti, indiretti e combinati, l'imperativo e il futuro semplice sono affrontati subito in questo primo volume del corso di lingua per andare incontro alle necessità degli studenti che devono subito comprendere e tradurre i testi operistici. La sezione *E ancora...* raggruppa quei temi grammaticali che, pur facendo parte del patrimonio linguistico italiano, sono stati presentati in modo meno approfondito. Non sono legati ai temi delle singole unità e possono essere introdotti dall'insegnante in modo indipendente.

Un'altra particolarità di questo volume è la costante presenza di arie, recitativi e frammenti che sono stati selezionati sulla base di un percorso graduale e della loro attinenza alle tematiche grammaticali trattate, in modo che gli studenti trovino un immediato riscontro di quanto hanno appena appreso. Per ogni testo lirico è previsto un esercizio di traduzione, da eseguire con l'aiuto dell'insegnante.

I dialoghi offrono situazioni autentiche e, insieme alle letture, forniscono agli studenti quegli elementi comunicativi, lessicali e culturali necessari per la progressione nell'apprendimento, nonché per la loro professione. Il simbolo accanto alle attività *Comunicate* indica le conversazioni guidate su argomenti contestualizzati, mirando così agli interessi del giovane pubblico dei conservatori, delle università e delle scuole musicali. In più ci sono svariate informazioni su luoghi famosi, teatri, flautisti, compositori, cantanti lirici, ma anche quiz di cultura musicale e operistica, domande di comprensione sui testi lirici e tante curiosità che servono ad arricchire e integrare le conoscenze degli apprendenti in campo operistico e musicale.

Il *Quaderno degli esercizi* offre numerose attività, piacevoli e stimolanti, affinché gli studenti possano riutilizzare gli elementi linguistici appresi. Sono presenti brani lirici e letture, le quali trattano tematiche attinenti il settore specialistico di riferimento. Le soluzioni di tutti gli esercizi sono disponibili e scaricabili online. In chiusura del volume ci sono delle tabelle dei verbi, chiare nell'esposizione e nella grafica per facilitarne la consultazione.

● *CD audio*

Il *CD audio* allegato al volume contiene la lettura dei dialoghi e delle arie nell'italiano standard.

● *Dispensa di pronuncia e CD audio*

È collegata al primo volume del corso. Si tratta di un fascicolo separato ed è indispensabile per gli studenti in quanto permette loro di esercitare a casa l'ascolto, la compilazione, la riproduzione del ritmo della frase e della pronuncia corretta, raggiungendo ottimi risultati in tempi brevi. Alla voce *Pronuncia italiana-Osservazioni* la tabella fa riferimento alle prime tre unità del *Libro dello studente* e per ogni fonema riporta almeno una parola dei dialoghi. Nelle sezioni successive c'è un approfondimento dei fonemi con un'ampia gamma di esercizi mirati. Le soluzioni sono scaricabili online. La dispensa è adatta anche ad una consultazione veloce in caso di dubbi. Al termine dell'unità 4 del *Libro dello studente*, l'insegnante può effettuare test di verifica, scaricabili online, per stabilire i progressi ottenuti dagli studenti.

● *Materiali online*

La **Guida per l'insegnante** offre una struttura semplice e chiara affinché tutte le informazioni e i dettagli riguardanti le singole unità siano facilmente reperibili, in modo da agevolare il compito a tutti gli insegnanti e a coloro che non hanno una conoscenza specifica nel campo lirico. In tal senso, ogni capitolo della *Guida* riporta un indice delle sezioni con gli elementi comunicativi e lessicali della grammatica, le letture e i brani lirici contenuti sia nel *Libro dello studente* sia nel *Quaderno degli esercizi*. La maggior parte delle arie è preceduta da un breve riassunto che aiuta a contestualizzare meglio il brano preso in esame. Si consiglia la consultazione e la lettura della *Guida* non solo per i tanti suggerimenti che possono essere utili durante la lezione, ma anche per sfruttare al massimo le potenzialità del corso e il gran numero di attività in esso presenti. Naturalmente, in base al monte ore a disposizione e al programma della scuola, gli insegnanti possono selezionare per ogni unità, i dialoghi, gli argomenti grammaticali, i testi lirici e le letture che ritengono opportuni. Nella *Guida* si trovano le soluzioni delle attività del *Libro dello studente* e dei *Riepiloghi grammaticali*.

Riepiloghi grammaticali per un ripasso veloce di ogni unità.

Test di verifica finale per la pronuncia.

Glossari per unità, tradotti in varie lingue.

Breve glossario dei termini operistici e musicali, contiene i vocaboli più diffusi del linguaggio settoriale.

Tutti i materiali online sono disponibili sul sito della casa editrice, da dove è possibile scaricarli.

Ringraziamo tutti coloro che vorranno contribuire con i propri consigli e suggerimenti al miglioramento dell'opera.

Le autrici

Tabella dei simboli

| Ascoltate la traccia 1 del CD audio | Attività in coppia o in gruppo | Attività di produzione orale | Consultate il glossario e traducete | Svolgete l'esercizio 1 nel *Quaderno degli esercizi* |

L'italiano nell'aria 1

Corso d'italiano per cantanti lirici e amanti dell'opera

Indice

Indice del *Libro dello studente*

Unità 1 — *Sì, siamo tutti artisti!* — pagina 17

SEZIONI		ELEMENTI COMUNICATIVI E LESSICALI	GRAMMATICA
A.	L'incontro	- Saluti - Presentarsi e presentare qualcuno	- Pronomi personali soggetto e verbo *essere* (io / tu / lui, lei, Lei)
C.	Sì, siamo tutti artisti!		- Pronomi personali soggetto - Presente indicativo di *essere*
D.	Chiara è di…?	- Chiedere e dire la città di provenienza	- Di dove…? - Sostantivi singolari e plurali
E.	Benvenuti all'opera!	- Professioni diffuse in campo musicale	- Articolo determinativo singolare e plurale
F.			- C'è / Ci sono - Non c'è / Non ci sono
G.	Bella città, Genova! Stranieri	- Chiedere e dire la nazionalità	- Aggettivi (-o, -a, -e) al singolare e al plurale - Accordo sostantivo-aggettivo
H.	E ancora…		- Alcuni sostantivi invariabili al plurale - Alcuni sostantivi irregolari al femminile - Alcuni sostantivi uguali al maschile e al femminile

Unità 2 — *Un'audizione* — pagina 28

SEZIONI		ELEMENTI COMUNICATIVI E LESSICALI	GRAMMATICA
A.	Invito a teatro	- Parlare al telefono - Chiedere a qualcuno come sta e rispondere - Usare la forma di cortesia	- Presente indicativo di *avere* - Presente indicativo di *stare*
B.	Albergo a Palermo		- Presente indicativo dei verbi regolari (-*are*, -*ere*, -*ire*)
C.	Una prenotazione	- Prenotare una camera d'albergo - Fare lo spelling	- La forma negativa - Alfabeto e spelling delle parole con i nomi di città nel *Quaderno degli esercizi*
D.			- Articolo indeterminativo
	Posso usare il tuo cellulare?	- Chiedere il permesso - Esprimere volontà	- Presente indicativo dei verbi modali (*dovere*, *potere*, *volere*)
E.		- Chiedere e dire l'età	- Numeri cardinali - Numeri ordinali
	E ancora…	- I giorni della settimana, i mesi dell'anno, le stagioni - Chiedere e dire la data	

LETTURE	DISPENSA DI PRONUNCIA	BRANI LIRICI
Case famose - Case di Verdi - Villa Caruso-Bellosguardo **In ricordo del maestro** - Orchestra sinfonica Giuseppe Verdi - Conservatorio G. Verdi	1. Regole dell'accento in italiano 2. *Pronuncia italiana - Osservazioni* (/k/-/tʃ/, /g/-/dʒ/, /ʎ/, /kw/-/gw/, /ɲ/) 3. /k/-/tʃ/ e /g/-/dʒ/ 4. /l/-/ʎ/ e /gl/ 5. /kw/-/gw/ 6. /n/-/ɲ/	1. G. Rossini, **Il barbiere di Siviglia** (Rosina), *Una voce poco fa* (frammento), Atto I - scena V 2. G. Verdi, **La Traviata** (Germont), *È grave il sacrifizio...* (frammento), Atto II - scena V 3. G. Donizetti, **Don Pasquale** (Norina), *Quel guardo il cavaliere...* (frammento), Atto I - scena IV 4. G. Donizetti, **Don Pasquale** (Malatesta), *Cara mia, sola non siete*, Atto II - scena III 5. G. Puccini, **Gianni Schicchi** (Betto), *Ci son delle voci...* (frammento), Atto unico

LETTURE	DISPENSA DI PRONUNCIA	BRANI LIRICI
Teatri - Teatro Massimo - Teatro Regio di Parma - Teatro La Fenice di Venezia - Teatro alla Scala - Teatro San Carlo - Arena di Verona - OF Opera di Firenze	2. *Pronuncia italiana - Osservazioni* (/r/, /s/-/z/, /sk/-/ʃ/, /t/, /ts/-/dz/, /p/-/b/, /v/) 7. /r/ 8. /s/-/z/ 9. /p/-/b/ 10. /sk/-/ʃ/ 11. /t/ 12. /ts/-/dz/ 13. /v/	1. G. Puccini, **La Bohème** (Rodolfo), *Che gelida manina!* (frammento), Quadro I 2. W.A. Mozart, **Le nozze di Figaro** (Cherubino), *Voi che sapete che cosa è amor* (frammento), Atto II - scena III 3. G. Donizetti, **Don Pasquale** (Don Pasquale), *Debbo oppormi a ogni modo...* (frammento), Atto III - scena I 4. G.B. Pergolesi, **La serva padrona** (Uberto), *Oh, qui sta ella*, Parte seconda - scena unica 5. W.A. Mozart, **Le nozze di Figaro** (Figaro), *Cinque ... dieci ... venti ...*, Atto I - scena I 6. W.A. Mozart, **Don Giovanni** (Leporello), *Madamina, il catalogo è questo* (frammento), Atto I - scena V 7. G. Donizetti, **Don Pasquale** (Ernesto), *Com'è gentil la notte a mezzo april!* (frammento), Atto III - scena VI

L'italiano nell'aria 1

Indice del *Libro dello studente*

Unità 3   *Sui tetti di Roma!*   pagina 42

SEZIONI	ELEMENTI COMUNICATIVI E LESSICALI	GRAMMATICA
A. Cerco una stanza	- Chiedere e dare informazioni	- Preposizioni semplici
B. Sui tetti di Roma!	- Descrivere una stanza, un appartamento	- Preposizioni articolate
C. L'orchestra sinfonica	- Strumenti musicali	
Sssss... silenzio!	- Indicare la posizione di qualcuno o di qualcosa	- Alcuni indicatori spaziali
D. Nuovi talenti musicali		- Presente indicativo di alcuni verbi irregolari: *andare, fare, venire, uscire*
E. Andiamo all'*Umbria Jazz*?	- Formulare un invito e fare programmi	- Pronomi personali diretti e pronome partitivo *ne*
F. A che ora finisci?	- Chiedere e dire l'ora - Fissare un appuntamento - Parlare di orari	
G.		- Avverbio di luogo *ci* (*vi*)
		- Avverbi di tempo
E ancora...		- Pronomi diretti con i verbi modali - Presente indicativo di altri verbi irregolari: *dare, dire, rimanere, sapere*

Unità 4   *Chi scrisse...?*   pagina 59

SEZIONI	ELEMENTI COMUNICATIVI E LESSICALI	GRAMMATICA
A. Giacomo Puccini	- Parlare al passato	- Passato remoto (verbi regolari)
B.		- Passato remoto di *essere* e *avere*
C.		- Passato remoto (alcuni verbi irregolari in *-ere*)
E. Messaggio di Gioia	- Lasciare un messaggio	- Aggettivi e pronomi possessivi
F. E ancora...		- Gli interrogativi

LETTURE	DISPENSA DI PRONUNCIA	BRANI LIRICI
Flautisti - Severino Gazzelloni e il suo flauto - Ginevra Petrucci	2. *Pronuncia italiana - Osservazioni* (/e/-/ɛ/, /o/-/ɔ/) 14. Pronuncia della doppia consonante 15. Suoni sordi e sonori a confronto 16. Raddoppiamento sintattico 17. /i/-/a/-/u/ 18. /e/-/ɛ/ 19. /o/-/ɔ/	1. P. Mascagni, **L'amico Fritz** (Fritz, Suzel), *Mi piace come canti...*, Atto II - scena II; (Federico, Fritz, Hanezò), *Fritz, noi partiamo... addio!*, Atto II - scena VII 2. W.A Mozart, **Le nozze di Figaro** (Cherubino), *Non so più cosa son, cosa faccio* (frammento), Atto I - scena V 3. G. Donizetti, **Linda di Chamounix** (Tutti), *O tu che regoli gli umani eventi*, Atto I - scena VII 4. V. Bellini, **I Capuleti e i Montecchi** (Tebaldo), *L'amo, ah! L'amo...*, (frammento), Parte I - scena II; (Romeo), *Giulietta!... O mia Giulietta!* (frammento), Parte IV - scena I 5. D. Cimarosa, **Il matrimonio segreto** (Fidalma), *È vero che in casa son io la signora* (frammento), Atto I - scena V 6. G. Puccini, **Tosca** (Tosca, Cavaradossi), *Altre parole bisbigliavi...* (frammento), Atto I - scena V

LETTURE	DISPENSA DI PRONUNCIA	BRANI LIRICI
- Quiz di cultura operistica **Compositori** - Giacomo Puccini (Puccini e le donne) - Gioacchino Rossini - Georg Friedrich Händel - Richard Wagner - Wolfgang Amadeus Mozart - Giuseppe Verdi - Vincenzo Bellini	20. Dittonghi, trittonghi e iato 21. Intonazione	1. G. Puccini, **La rondine** (Magda), *Chi il bel sogno di Doretta...*, Atto I 2. G. Rossini, **Semiramide** (Semiramide), *Bel raggio lusinghier...* (frammento), Atto I - scena IX 3. G. Donizetti, **Linda di Chamounix** (Marchese), *Un sol momento. Questo vostro appartamento...*, Atto II - scena III

L'italiano nell'aria 1

Indice del *Libro dello studente*

Unità 5 — *Veramente, io Le consiglio...* — pagina 71

SEZIONI		ELEMENTI COMUNICATIVI E LESSICALI	GRAMMATICA
A.	Bartezzaghi - strumenti musicali	- Fare acquisti (strumenti musicali) - Chiedere e dare consigli	- Pronomi indiretti
B.	Michela cerca delle corde A proposito...	- Chiedere e dare informazioni tecniche	- Pronomi combinati
C.			- Preposizioni semplici e pronomi personali indiretti (forma tonica)
D.			- Verbo *piacere*
E.	E ancora...		- Pronomi indiretti con i verbi modali - Pronomi combinati con i verbi modali

Unità 6 — *Non dimenticate di...* — pagina 83

SEZIONI		ELEMENTI COMUNICATIVI E LESSICALI	GRAMMATICA
A.	In segreteria Ecco i moduli. Iniziamo!	- Capire e dare semplici istruzioni, ordini - Compilare un semplice modulo	- Imperativo diretto dei verbi regolari (noi, voi) - Imperativo diretto dei verbi regolari (tu) - Imperativo negativo (tu, voi) - Imperativo diretto di alcuni verbi irregolari: *dare, dire, fare, stare, andare, avere, essere*
B.	Pausa di mezzogiorno	- Lessico relativo al bar	- Imperativo con i pronomi diretti
C.	Consigliami!	- Chiedere e dare consigli	- Imperativo con i pronomi indiretti
D.	Regalagliela... diteglielo... portamene		- Imperativo con i pronomi combinati
E.	E ancora...		- Nomi, aggettivi e avverbi alterati

Unità 7 — *"...Là mi dirai di sì!"* — pagina 98

SEZIONI		ELEMENTI COMUNICATIVI E LESSICALI	GRAMMATICA
A.	Sarò in Italia a marzo e...	- Parlare di eventi futuri - Fare ipotesi	- Futuro semplice (verbi regolari e irregolari)
B.			- Gerundio semplice
	Cosa stai facendo?	- Descrivere un'azione in corso - Esprimere l'intenzione di fare qualcosa	- *Stare* + gerundio - *Stare per* + infinito
C.	E ancora...		- Aggettivi e pronomi dimostrativi: *questo* e *quello* - Uso di *poco/parecchio/molto/tanto/troppo* come aggettivi/avverbi - Alcuni aggettivi e pronomi indefiniti

LETTURE	BRANI LIRICI
Cremona e i violini - Lo sai che a Cremona...? - I tre liutai - Il violinista maratoneta	1. G. Verdi, **Rigoletto** (Duca), ***La donna è mobile*** (frammento), Atto III - scena II 2. W.A. Mozart, **Le nozze di Figaro** (Figaro), ***Se vuol ballare, signor Contino*** (frammento), Atto I - scena II 3. W.A. Mozart, **Così fan tutte** (Guglielmo, Dorabella), ***Il core vi dono*** (frammento), Atto II - scena V 4. G. Donizetti, **Don Pasquale** (Norina), ***La moral di tutto questo...***, Atto III - scena VIII 5. G. Rossini, **Il barbiere di Siviglia** (Fiorello), ***Piano, pianissimo***, Atto I - scena I; (Il Conte D'Almaviva), ***Con lei se parlar mi riesce*** (frammento), Atto I - scena I 6. G.B. Pergolesi, **La serva padrona** (Uberto), ***Sempre in contrasti...***, Parte I - scena unica 7. G. Puccini, **La Bohème** (Mimì), ***Sì. Mi chiamano Mimì***, Quadro I - scena I; (Schaunard), ***Quel brutto coso...***, Quadro II - scena I; (Musetta), ***Che mi gridi? Che mi canti?***, Quadro III - scena I

LETTURE	BRANI LIRICI
Cantanti donne - La breve vita di Maria Malibran - Cecilia Gasdia - Maria Callas - *La Divina* - Callas contro Tebaldi o Tebaldi contro Callas? - Anna Netrebko	1. W.A. Mozart, **Le nozze di Figaro** (Figaro), ***Aprite un po' quegli occhi*** (frammento), Atto IV - scena VIII 2. W.A. Mozart, **Le nozze di Figaro** (Susanna), ***Deh vieni, o gioia bella*** (frammento), Atto IV - scena X 3. G. Donizetti, **L'elisir d'amore** (Adina), ***Sappilo, alfine, ah! Sappilo*** (frammento), Atto II - scena VIII 4. W.A. Mozart, **Don Giovanni** (Zerlina), ***Ma se colpa io non ho*** (frammento), Atto I - scena XVI 5. G. Rossini, **La gazza ladra** (Ninetta, Giannetto), ***Più non resisto, o Dio!*** Atto II - scena IV 6. G. Donizetti, **Don Pasquale** (Don Pasquale), ***Una bomba in mezzo al core***, Atto II - scena III 7. G. Donizetti, **Don Pasquale** (Ernesto, Norina), ***Tornami a dir che m'ami***, Atto III - scena VI 8. G. Puccini, **Turandot** (Liù), ***Stringete... ma chiudetemi la bocca...*** (frammento), Atto III 9. G. Rossini, **Il signor Bruschino** (Sofia), ***Ah, datemi lo sposo...***, Atto unico - scena XIII 10. P. Mascagni, **L'amico Fritz** (Suzel, David), ***Io l'acqua attingerò***, Atto II - scena IV

LETTURE	BRANI LIRICI
Il costumista - Il costume fa l'artista	1. W.A. Mozart, **Don Giovanni** (Don Giovanni), ***Là ci darem la mano*** (frammento), Atto I - scena IX 2. G.F. Händel, **Giulio Cesare in Egitto** (Cleopatra), ***Piangerò la sorte mia*** (frammento), Atto III - scena III 3. W.A. Mozart, **Le nozze di Figaro** (Figaro), ***Se vuol ballare, signor Contino***, Atto I - scena II 4. G. Verdi, **Rigoletto** (Duca), ***Questa o quella per me pari sono...***, Atto I - scena I 5. W.A. Mozart, **Don Giovanni** (Don Giovanni), ***Fin ch'han dal vino calda la testa***, Atto I - scena XV

L'italiano nell'aria 1

🎼 Indice del *Quaderno degli esercizi*

Unità 1 — *Sì, siamo tutti artisti!* — pagina 115

1. W.A. Mozart, **Don Giovanni** (Zerlina), *Vedrai, carino, se sei buonino...* (frammento), Atto II - scena VI
2. G. Rossini, **Il barbiere di Siviglia** (Figaro), *Pronto prontissimo son come il fulmine* (frammento), Atto I - scena II
3. D. Cimarosa, **Il matrimonio segreto** (Fidalma), *È vero che in casa io son la signora...* (frammento), Atto I - scena V

Case musicali
- Emi
- Casa editrice Ricordi
- Casa musicale Sonzogno

Unità 2 — *Un'audizione* — pagina 123

1. G. Donizetti, **L'elisir d'amore** (Nemorino), *Quanto è bella, quanto è cara!*, Atto I - scena I
2. W.A. Mozart, **Don Giovanni** (Leporello), *Notte e giorno faticar...*, Atto I - scena I
3. G. Donizetti, **Don Pasquale** (Norina), *Idolo mio, vi supplico...*, Atto II - scena V

Pianisti
- Yoko Kikuchi
- Glenn Gould
- Clara Haskil
- A. Benedetto Michelangeli
- Martha Argerich
- Herbie Hancock
- Daniel Barenboim
- Lang Lang

Unità 3 — *Sui tetti di Roma!* — pagina 134

1. G. Rossini, **Il barbiere di Siviglia** (Rosina), *È mezzanotte, e Lindoro non vien*, Atto II - scena XIV
2. G.B. Pergolesi, **La serva padrona** (Uberto), *Questa è per me disgrazia; son tre ore che aspetto* (frammento), Intermezzo I
3. G. Donizetti, **Don Pasquale** (Don Pasquale), *Fra le nove e le dieci della sera sarò dietro al giardino* (frammento), Atto III - scena II
4. G. Rossini, **La Cenerentola** (Ramiro, Don Magnifico), *Tra tre minuti! Ah, figlie* (frammento), Atto I - scena V

- Un premio importante: il Gramophone Award

Flauti e flautisti
- I flauti Muramatsu
- Il flautista di Belfast: James Galway

Unità 4 — *Chi scrisse...?* — pagina 146

1. G. Puccini, **Tosca** (Tosca), *Vissi d'arte*, Atto II - scena V
2. F.P. Tosti (musica), Carmelo Errico (parole), *Non t'amo più!*
3. G. Donizetti, **L'elisir d'amore** (Nemorino), *Una furtiva lagrima*, Atto II - scena VII

Compositori
- George Bizet
- Charles Gounod
- Francesco Paolo Tosti, il padre di *Marechiare*
- Gaetano Donizetti

- *L'elisir d'amore* (II Atto)
- *Madama Butterfly* - Quiz
- L'incompiuta di Puccini
- Due *Turandot*
- *Pierino e il lupo* di Sergei Prokofiev

Unità 5 — Veramente, io Le consiglio... — pagina 158

1. G. Puccini, **La Bohème** (Rodolfo), *Mimì è una civetta...* (frammento), Quadro III - scena I
2. F. Cilea, **L'Arlesiana** (Rosa), *Vivetta! Vivetta!*, Atto II
3. W.A. Mozart, **Don Giovanni** (Masetto), *Ho capito, signor sì!*, Atto I - scena VIII; (Don Ottavio), *Dalla sua pace la mia dipende*, Atto I - scena XIV

Violinisti e violoncellisti
- Paganini non ripete!
- Janine Jansen
- Nicola Benedetti
- Uto Ughi
- Yo-Yo Ma: il cinese di Parigi
- Pablo Casals
- Itzhak Perlman e la Juilliard School
- Perché proprio a Cremona...?

Unità 6 — Non dimenticate di... — pagina 170

1. W.A. Mozart, **Così fan tutte** (Fiordiligi, Dorabella), *Ah, guarda sorella* (frammento), Atto I - scena II
2. G. Puccini, **Madama Butterfly** (Butterfly), *Con onor muore...*, Atto II - parte II
3. W.A. Mozart, **Così fan tutte** (Guglielmo), *Non siate ritrosi occhietti vezzosi* (frammento), Atto I - scena XI
4. G. Verdi, **Otello** (Emilia), *Aprite! Aprite!*, Atto IV - scena III
5. P. Mascagni, **Cavalleria rusticana** (Santuzza), *Io son dannata* (frammento), Atto unico - scena V
6. W.A. Mozart, **Don Giovanni** (Leporello), *Madamina, il catalogo è questo*, Atto I - scena V
7. G. Donizetti, **Lucia di Lammermoor** (Edgardo), *Tombe degli avi miei* (frammento), Atto III - scena VII
8. G. Verdi, **La forza del destino** (Leonora), *Son giunta, grazie a Dio* (frammento), Atto II - scena V
9. C. Monteverdi, **Il lamento di Arianna** (Arianna), *Lasciatemi morire*, Atto unico - scena VII
10. G. Rossini, **La Cenerentola** (Cenerentola, Ramiro), *Deh soccorretemi*, Atto I - scena VI
11. D. Cimarosa, **Il matrimonio segreto** (Fidalma), *Chetatevi e scusatela* (frammento), Atto I - scena V
12. G. Donizetti, **L'elisir d'amore** (Dulcamara), *Benefattor degli uomini* (frammento), Atto I - scena V
13. W.A. Mozart, **Le nozze di Figaro** (frammenti vari)

Intorno alla lirica
- Se andate a Nagasaki, visitate il giardino Glover!
- La soprano o il soprano?
- Scolpire l'opera
- Cecilia Bartoli

Unità 7 — "...Là mi dirai di sì!" — pagina 182

1. G. Verdi, **La Traviata** (Violetta), *Alfredo, Alfredo, di questo core*, Atto II, scena XV
2. W.A. Mozart, **Le nozze di Figaro** (Conte), *Vedrò, mentr'io sospiro, felice un servo mio?* (frammento), Atto III, scena IV
3. V. Bellini, **Norma** (Norma), *Sì, cadrà... punirlo io posso*, Atto I, scena IV
4. V. Bellini, **Norma** (Norma), *M'odi. Pe'l tuo Dio, pei figli tuoi* (frammento), Atto II, scena X
5. W.A. Mozart, **Il flauto magico** (Tamino, Papageno), *Ma come vivi? Mangiando e bevendo...*, Atto I, scena II
6. W.A. Mozart, **Le nozze di Figaro** (Cherubino), *Non so più cosa son, cosa faccio*, Atto I, scena V

Registi e scenografi
- Luchino Visconti
- Franco Zeffirelli
- Luca Ronconi
- Sebastian Baumgarten

Teatri nel mondo
- Teatro dell'Opera di Oslo
- Dubai e il Teatro dell'Opera
- Elbphilharmonie ad Amburgo

Tabelle dei verbi regolari e irregolari — pagina 192
Indice del CD audio — pagina 195

L'italiano nell'aria 1

Indice alfabetico dei testi lirici

	Libro dello studente	Unità	Pagina
Bellini V.	I Capuleti e i Montecchi (Tebaldo), *L'amo, ah! L'amo...* (frammento), Parte I, scena II (Romeo), *Giulietta!... O mia Giulietta!* (frammento), Parte IV, scena I	3	52
Cimarosa D.	Il matrimonio segreto (Fidalma), *È vero che in casa son io la signora*, Atto I, scena V	3	52
Donizetti G.	Don Pasquale (Malatesta), *Cara mia, sola non siete*, Atto II, scena III	1	24
	Don Pasquale (Ernesto), *Com'è gentil la notte a mezzo april!* (frammento), Atto III, scena VI	2	38
	Don Pasquale (Don Pasquale), *Debbo oppormi a ogni modo...* (frammento), Atto III, scena I	2	35
	Don Pasquale (Norina), *La moral di tutto questo...*, Atto III, scena VIII	5	77
	Don Pasquale (Norina), *Quel guardo il cavaliere...* (frammento), Atto I, scena IV	1	20
	Don Pasquale (Ernesto e Norina), *Tornami a dir che m'ami*, Atto III, scena VI	6	92
	Don Pasquale (Don Pasquale), *Una bomba in mezzo al core*, Atto II, scena III	6	92
	L'elisir d'amore (Adina), *Sappilo, alfine, ah! Sappilo* (frammento), Atto II, scena VIII	6	90
	Linda di Chamounix (Tutti), *O tu che regoli gli umani eventi*, Atto I, scena VII	3	46
	Linda di Chamounix (Marchese), *Un sol momento. Questo vostro appartamento...*, Atto II, scena III	4	68
Händel G.F.	Giulio Cesare in Egitto (Cleopatra), *Piangerò la sorte mia* (frammento), Atto III, scena III	7	102
Mascagni P.	L'amico Fritz (Suzel, David), *Io l'acqua attingerò*, Atto II, scena IV	6	94
	L'amico Fritz (Fritz, Suzel), *Mi piace come canti...*, Atto II, scena II		
	(Federico, Fritz, Hanezò), *Fritz, noi partiamo... addio!*, atto II, scena VII	3	44
Mozart W.A.	Così fan tutte (Guglielmo, Dorabella), *Il core vi dono* (frammento), Atto II, scena V	5	76
	Don Giovanni (Don Giovanni), *Fin ch'han dal vino calda la testa*, Atto I, scena XV	7	108
	Don Giovanni (Don Giovanni), *Là ci darem la mano* (frammento), Atto I, scena IX	7	102
	Don Giovanni (Leporello), *Madamina, il catalogo è questo* (frammento), Atto I, scena V	2	37
	Don Giovanni (Zerlina), *Ma se colpa io non ho* (frammento), Atto I, scena XVI	6	90
	Le nozze di Figaro (Figaro), *Aprite un po' quegli occhi* (frammento), Atto IV, scena VIII	6	86
	Le nozze di Figaro (Figaro), *Cinque ... dieci ... venti ...*, Atto I, scena I	2	37
	Le nozze di Figaro (Susanna), *Deh vieni, o gioia bella* (frammento), Atto IV, scena X	6	86
	Le nozze di Figaro (Cherubino), *Non so più cosa son, cosa faccio* (frammento), Atto I, scena V	3	46
	Le nozze di Figaro (Figaro), *Se vuol ballare, signor Contino* (completa), Atto I, scena II	7	103
	Le nozze di Figaro (Figaro), *Se vuol ballare, signor Contino* (frammento), Atto I, scena II	5	73
	Le nozze di Figaro (Cherubino), *Voi che sapete che cosa è amor* (frammento), Atto II, scena III	2	34
Pergolesi G.B.	La serva padrona (Uberto), *Oh, qui sta ella*, Parte seconda, scena unica	2	35
	La serva padrona (Uberto), *Sempre in contrasti*, Parte prima, scena unica	5	78
Puccini G.	La Bohème (Rodolfo), *Che gelida manina!* (frammento), Quadro I	2	31
	La Bohème (Mimì), *Sì, mi chiamano Mimì*, Quadro I, scena I		
	(Schaunard), *Quel brutto coso...*, Quadro II, scena I		
	(Musetta), *Che mi gridi? Che mi canti?*, Quadro III, scena I	5	79
	Gianni Schicchi (Betto), *Ci son delle voci...* (frammento), Atto unico	1	24
	La rondine (Magda), *Chi il bel sogno di Doretta...*, Atto I	4	61
	Tosca (Tosca, Cavaradossi), *Altre parole bisbigliavi...* (frammento), Atto I, scena V	3	53
	Turandot (Liù), *Stringete... ma chiudetemi la bocca...* (frammento), Atto III	6	92
Rossini G.	Il barbiere di Siviglia (Fiorello), *Piano, pianissimo*, Atto I, scena I		
	(Il Conte D'Almaviva), *Con lei se parlar mi riesce* (frammento), Atto I, scena I	5	78
	Il barbiere di Siviglia (Rosina), *Una voce poco fa* (frammento), Atto I, scena V	1	18
	La gazza ladra (Ninetta, Giannetto), *Più non resisto, o Dio!*, Atto II, scena IV	6	90
	Il signor Bruschino (Sofia), *Ah, datemi lo sposo...*, Atto unico, scena XIII	6	94
	Semiramide (Semiramide), *Bel raggio lusinghier...* (frammento), Atto I, scena IX	4	65
Verdi G.	Rigoletto (Duca), *La donna è mobile* (frammento), Atto III, scena II	5	73
	Rigoletto (Duca), *Questa o quella per me pari sono*, Atto I, scena I	7	106
	La Traviata (Germont), *È grave il sacrificio...* (frammento), Atto II, scena V	1	20

Quaderno degli esercizi	Unità	Pagina
Bellini V. Norma (Norma), *M'odi. Pe'l tuo Dio, pei figli tuoi* (frammento), Atto II, scena X	7	184
Norma (Norma), *Sì, cadrà... punirlo io posso*, Atto I, scena IV	7	184
Cilea F. L'Arlesiana (Rosa), *Vivetta! Vivetta!*, Atto II	5	164
Cimarosa D. Il matrimonio segreto (Fidalma), *Chetatevi e scusatela* (frammento), Atto I, scena V	6	178
Il matrimonio segreto (Fidalma), *È vero che in casa io son la signora...* (frammento), Atto I, scena V	1	117
Donizetti G. Don Pasquale (Don Pasquale), *Fra le nove e le dieci della sera sarò dietro al giardino* (frammento), Atto III, scena II	3	143
Don Pasquale (Norina), *Idolo mio, vi supplico...*, Atto II, scena V	2	131
L'elisir d'amore (Dulcamara), *Benefattor degli uomini* (frammento), Atto I, scena V	6	178
L'elisir d'amore (Nemorino), *Quanto è bella, quanto è cara!*, Atto I, scena I	2	127
L'elisir d'amore (Nemorino), *Una furtiva lagrima*, Atto II, scena VII	4	153
Lucia di Lammermoor (Edgardo), *Tombe degli avi miei* (frammento), Atto III, scena VII	6	176
Mascagni P. Cavalleria rusticana (Santuzza), *Io son dannata* (frammento), Atto unico, scena V	6	172
Monteverdi C. Il lamento di Arianna (Arianna), *Lasciatemi morire*, Atto unico, scena VII	6	177
Mozart W.A. Così fan tutte (Fiordiligi, Dorabella), *Ah, guarda sorella* (frammento), Atto I, scena II	6	170
Così fan tutte (Guglielmo), *Non siate ritrosi occhietti vezzosi* (frammento), Atto I, scena XI	6	172
Don Giovanni (Masetto), *Ho capito, signor sì!*, Atto I, scena VIII (Don Ottavio), *Dalla sua pace la mia dipende*, Atto I, scena XIV	5	167
Don Giovanni (Leporello), *Madamina, il catalogo è questo* (completa), Atto I, scena V	6	174
Don Giovanni (Leporello), *Notte e giorno faticar*, Atto I, scena I	2	130
Don Giovanni (Zerlina), *Vedrai, carino, se sei buonino...* (frammento), Atto II, scena VI	1	115
Il flauto magico (Tamino, Papageno), *Ma come vivi? Mangiando e bevendo...*, Atto I, scena II	7	187
Le nozze di Figaro (Cherubino), *Non so più cosa son, cosa faccio* (completa), Atto I, scena V	7	187
Le nozze di Figaro (Conte), *Vedrò, mentr'io sospiro, felice un servo mio?* (frammento), Atto III, scena IV	7	184
Le nozze di Figaro (frammenti vari)	6	180
Pergolesi G.B. La serva padrona (Uberto), *Questa è per me disgrazia; son tre ore che aspetto* (frammento), intermezzo I	3	143
Puccini G. La Bohème (Rodolfo), *Mimì è una civetta...* (frammento), Quadro III, scena I	5	160
Madama Butterfly (Butterfly), *Con onor muore...*, Atto II, parte II	6	170
Tosca (Tosca), *Vissi d'arte*, Atto II, scena V	4	148
Rossini G. Il barbiere di Siviglia (Rosina), *È mezzanotte, e Lindoro non vien*, Atto II, scena XIV	3	142
Il barbiere di Siviglia (Figaro), *Pronto prontissimo son come il fulmine* (frammento), Atto I, scena II	1	117
La Cenerentola (Cenerentola, Ramiro), *Deh soccorretemi*, Atto I, scena VI	6	178
La Cenerentola (Ramiro, Don Magnifico), *Tra tre minuti! Ah, figlie* (frammento), Atto I, scena V	3	143
Tosti F.P. Francesco Paolo Tosti (musica), Carmelo Errico (parole) *Non t'amo più!*	4	151
Verdi G. La forza del destino (Leonora), *Son giunta, grazie a Dio* (frammento), Atto II, scena V	6	176
La Traviata (Violetta), *Alfredo, Alfredo, di questo core*, Atto II, scena XV	7	182
Otello (Emilia), *Aprite! Aprite!*, Atto IV, scena III	6	172

L'italiano nell'aria 1

Unità 1

Sì, siamo tutti artisti!

A

A.1 Ascoltate.

L'incontro

Chiara: Ciao, io sono Chiara e tu sei…?
Cecilia: Io sono Cecilia. Piacere!
Chiara: Piacere!
Cecilia: Lei è Alice e lui è Giacomo.
Giacomo: Ciao, Chiara!
Chiara: Ciao Giacomo, piacere! Oh, …è tardi. Adesso ho lezione di canto! …A dopo!
Cecilia: Ciao, a presto!
Alice: Ciao.
Giacomo: A dopo!

 A.2 Adesso leggete il dialogo e scandite bene le parole. Attenzione alla pronuncia.

A.3 Completate.

Io .... Chiara.
Tu .... Cecilia.
Lui .... Giacomo.
Lei .... Alice.

> Io sono…
> Piacere!
> Ciao, a presto!
> A dopo!
> Ciao.

 A.4 Comunicate!
Lavorate in gruppi e fate le presentazioni.

L'italiano nell'aria 1

Unità 1

B

B.1 a. Leggete la scala musicale.

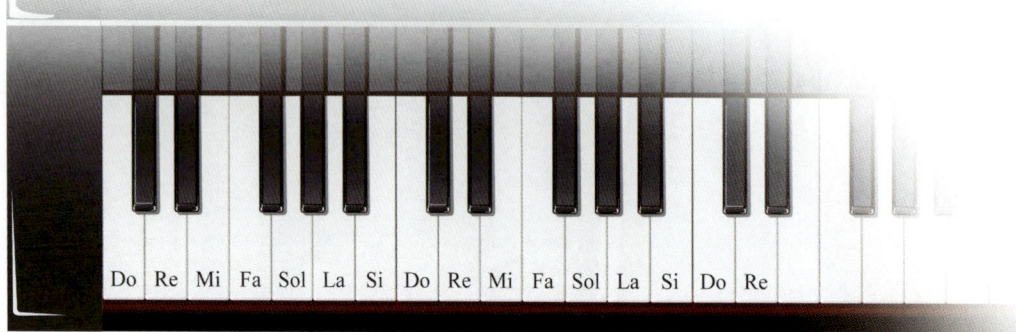

b. La scala musicale è così anche nel vostro Paese?

B.2 a. Ascoltate la lettura del testo.

1. Il barbiere di Siviglia di G. Rossini
Atto I, scena V

Rosina
Una voce poco fa
...
Io son docile
son rispettosa
sono ubbidiente
dolce, amorosa;
...

b. Leggete ad alta voce. Attenzione alla pronuncia.

c. Guardate il glossario e provate a tradurre con l'aiuto dell'insegnante.

C

C.1 Ascoltate il dialogo.

Sì, siamo tutti artisti!

Chiara:	Ciao a tutti!
Cecilia e Giacomo:	Ciao, Chiara.
Giacomo:	Chiara, lui è Guido.
Guido:	Ciao Chiara, piacere!

18 diciotto   Edizioni Edilingua

Sì, siamo tutti artisti!

Chiara: Piacere! Io sono contralto, e tu Cecilia?
Cecilia: Io sono mezzosoprano! E voi siete baritoni?
Guido: No, io e Giacomo siamo tenori.
Chiara: Ah, ...voi siete tenori!
Cecilia: Allora, qui siamo tutti artisti! Io sono mezzosoprano, loro sono tenori e tu, Chiara, sei contralto.

C.2 Leggete il dialogo e scandite bene le parole. Attenzione alla pronuncia.

C.3 Cercate i verbi nel testo e completate.

ESSERE - PRESENTE INDICATIVO	
io	sono
tu	sei
lui / lei / Lei (forma di cortesia)	è
noi	....
voi	....
loro	....

Lei (forma di cortesia) da usare al maschile ♂ e al femminile ♀:
- Lei è la signora Mancini? - Sì, sono io.
- Lei è il signor Bocci? - No, sono il signor Taddei.

C.4 Completate.

1. Cecilia .... mezzosoprano, Guido e Giacomo .... tenori,
2. Chiara .... contralto e loro .... artisti.

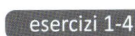

D

D.1 Ascoltate.

Chiara è di...?

Giacomo: Ma tu, Chiara, di dove sei?
Chiara: Sono di Lecce.
Giacomo: Ah, Lecce è una famosa città barocca, vero?
Chiara: Sì, ed è bellissima. E voi di dove siete?
Guido: Io e Giacomo siamo di Vicenza, mentre Cecilia è di Cagliari.

D.2 Leggete il dialogo e scandite bene le parole. Attenzione alla pronuncia.

Basilica di Santa Croce, Lecce

L'italiano nell'aria 1

Unità 1

D.3 Scegliete e indicate (✓) la risposta giusta.

1. Cecilia è di
   a. ☐ Gorizia
   b. ☐ Lecce
   c. ☐ Cagliari
2. Lecce è una famosa città
   a. ☐ gotica
   b. ☐ medievale
   c. ☐ barocca
3. Chi è di Vicenza?
   a. ☐ Giacomo e Guido
   b. ☐ Cecilia
   c. ☐ Chiara

D.4 Lavorate a coppie e completate.

1. - Di dove sei?   - .... (Bologna).
2. - .... Paolo?   - Lui è .... (Brescia).
3. - Di dove sono Guido e Carlo?   - Loro .... (Vicenza).
4. - Anna Netrebko è di Mosca?   - No, ... (Krasnodar).
5. - L'insegnante di canto di dov'è?   - Lui .... (Cagliari).
6. - Voi .... Trieste?   - No, noi siamo di Perugia.

esercizi 5a-5b

D.5 Comunicate!
Domandate in classe.

Esempio: Io sono di... e tu? E voi? E Lei, signora... / e Lei, signor...? E loro?

D.6 a. Ascoltate la lettura dei due testi e completate con il verbo **essere**.

2. La Traviata di G. Verdi
Atto II, scena V

Germont
............(1) grave il sacrifizio,
ma pur tranquilla udite...
Bella voi ....(2) e giovine...
col tempo...
...

3. Don Pasquale di G. Donizetti
Atto I, scena IV

Norina
...
Ho testa bizzarra,
............(3) pronta, vivace,
scherzare mi piace,
mi piace brillar.
...

b. Leggete ad alta voce. Attenzione alla pronuncia.

c. Guardate il glossario e provate a tradurre i testi con l'aiuto dell'insegnante.

Sì, siamo tutti artisti!

D.7 Osservate e completate la tabella.

I SOSTANTIVI				singolare	plurale
maschile		femminile		-E	-I
singolare	plurale	singolare	plurale	direttore	direttori
-O	-I	-A	-E	tenore	....
spartito	spartiti	nota	note	chiave	chiavi
libro	libri	aria	arie	voce	....

> I sostantivi che terminano in **-e** possono essere maschili o femminili.

> Ricordate che, di solito, i sostantivi in **-ione** e **-udine** sono femminili (*visione*, *solitudine*) e molti in **-ore** sono maschili (*tenore*).

D.8 a. Completate al plurale.

1. opera ....
2. tenore ....
3. arpa ....
4. concerto ....
5. bacchetta ....
6. cantante ....
7. melodia ....
8. amore ....
9. scenografia ....
10. studente ....
11. classe ....
12. attore ....
13. libretto ....
14. teatro ....
15. voce ....

b. Completate.

I sostantivi con **-a** finale, al plurale hanno ....
I sostantivi con **-o** e con **-e** finali, al plurale hanno ....

esercizi 6-8c

E

E.1 Leggete il testo ad alta voce. Attenzione alla pronuncia.

Benvenuti all'opera!

Buonasera signore e signori,
ecco a voi l'orchestra del Teatro La Fenice.
Io sono il direttore d'orchestra e Lei, signora?
Io sono il soprano e Lei, signore?
Io sono il tenore... e tu, Cecilia?
Io sono il mezzosoprano... e voi?
Noi siamo i bassi e loro sono i contralti.
E adesso... incominciamo!

L'italiano nell'aria 1

Unità 1

E.2 a. Osservate la tabella.

ARTICOLO DETERMINATIVO			
maschile		femminile	
singolare	plurale	singolare	plurale
IL	I	LA	LE
LO	GLI		
L'	GLI	L'	
il teatro	i teatri	la nota	le note
il tenore	i tenori	la voce	le voci
lo spartito	gli spartiti		
l'atto	gli atti	l'orchestra	le orchestre

> Usiamo **lo** (**gli**) davanti a sostantivi maschili che iniziano per:
> - **s + consonante** (sb, sc, sd, sf, sg, sl, sm, sn, sp, sq, sr, st, sv). Esempi: *sbaglio, spazio, scherzo, studente*;
> - **gn, ps, x, y, z**. Esempi: *gnomo, psicologo, xilofono, yogurt, zaino*. Davanti a **pn** ormai nella lingua italiana è sempre più usato l'articolo **il** (**i**). Esempio: *il pneumatico - i pneumatici*.

> Usiamo **l'** davanti a sostantivi maschili o femminili con vocale. Esempi: *artista* (m./f.), *amico*, *esibizione* (f.), *eroe* (m.), *idea*, *ideale* (m.), *oboe* (m.), *onda*, *uscio*, *utopia*.

b. Sottolineate gli articoli determinativi nel testo *Benvenuti all'opera!*

E.3 Scrivete l'articolo determinativo singolare e plurale accanto ai sostantivi.

singolare		plurale	
la	chitarra	le	chitarre
	spartito		spartiti
	teatro		teatri
	classe (f)		classi
	contralto		contralti
	opera		opere
	lezione (f)		lezioni
	cavatina		cavatine
	soprano		soprani
	conservatorio		conservatori
	amore (m)		amori
	scena		scene
	sbaglio		sbagli

esercizi 9-10

Sì, siamo tutti artisti!

F.1 Osservate cosa c'è e cosa non c'è nell'armadietto di Michela al conservatorio.

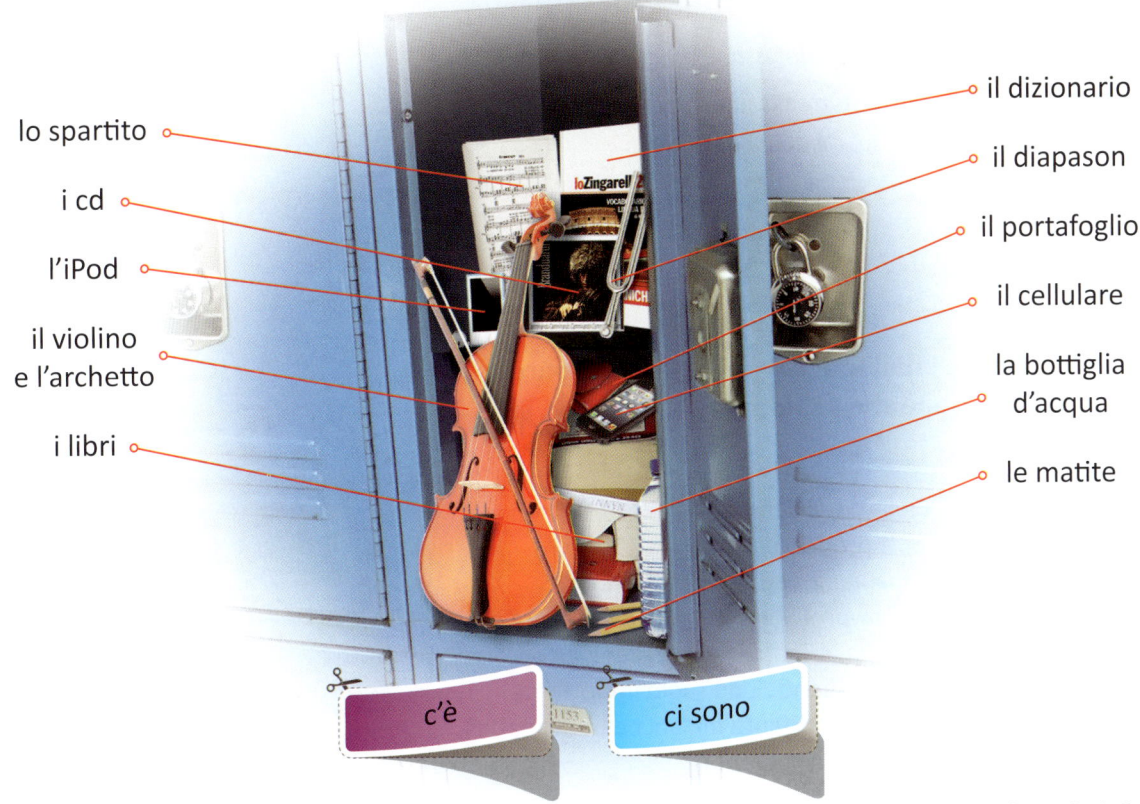

1. - **C'è** il cellulare nell'armadietto di Michela?
   - **Sì, c'è!**
2. - **C'è** il computer portatile?
   - **No, non c'è!**
3. - **Ci sono** i cd nell'armadietto di Michela?
   - **Sì, ci sono!**
4. - **Ci sono** gli auricolari?
   - **No, non ci sono!**

Il **non** esprime la negazione e sta sempre prima del verbo.

F.2 Che cosa c'è nell'armadietto di Michela? Lavorate a coppie e usate **c'è** / **non c'è**, **ci sono** / **non ci sono**.

L'italiano nell'aria 1

Unità 1

F.3 Leggete i due testi ad alta voce. Attenzione alla pronuncia.

4. *Don Pasquale* di G. Donizetti
Atto II, scena III

Malatesta
*Cara mia, sola non siete,
ci son io, c'è don Pasquale...*

5. *Gianni Schicchi* di G. Puccini
Atto unico

Betto
*Ci son delle voci...
dei mezzi discorsi...*

esercizio 11

G

G.1 **a.** Leggete i dialoghi e scandite bene le parole. Attenzione alla pronuncia.

Bella città, Genova!

Chiara: Bella città Genova, vero?
Giacomo: Sì, è proprio bella.
Cecilia: Chiara, perché sei qui a Genova?
Chiara: Per lavoro. Sono Rosina nel *Barbiere di Siviglia* al Teatro Carlo Felice!
Giacomo: Complimenti! È un ruolo importante!
Chiara: Eh sì, importante ma anche impegnativo, però sono contenta.

Teatro Carlo Felice, Genova

b. ### Stranieri

Guglielmo: Oggi c'è l'audizione!
Gherardo: Sì, è vero, e ci sono anche cantanti stranieri.
Guglielmo: Ah, sì? E di dove sono?
Gherardo: Rania è iraniana di Teheran, Igor è russo di San Pietroburgo, Consuelo è spagnola di Barcellona e Jennifer è inglese di York. Ci sono anche due ragazzi cinesi di Pechino, Cheng e Liang.

G.2 Osservate la tabella.

GLI AGGETTIVI					
maschile		femminile		singolare	plurale
singolare	plurale	singolare	plurale		
-O	-I	-A	-E	-E	-I
content**o**	content**i**	content**a**	content**e**	important**e**	important**i**
bell**o**	bell**i**	bell**a**	bell**e**	cines**e**	cines**i**
spagnol**o**	spagnol**i**	spagnol**a**	spagnol**e**	celebr**e**	celebr**i**

Sì, siamo tutti artisti!

G.3 Unite A con B: scegliete **è** oppure **sono** e completate l'aggettivo con la vocale finale corretta, come nell'esempio in blu.

A		B
1. il teatro		piccol**o**
2. gli strumenti		nuov......
3. le violiniste	è	brav......
4. Riccardo Muti	sono	famos......
5. il ritmo		lent......
6. la musica		modern......
7. la lezione		interessant......
8. gli esercizi		difficil......

G.4 Completate e inserite la nazionalità, come nell'esempio in blu.

1. Paola / Italia / Pisa — *Paola è italiana, di Pisa.*
2. Svetlana / Russia / San Pietroburgo
3. Liang / Cina / Shanghai
4. Kurush / Iran / Kerman
5. Ciro e Pia / Italia / Roma
6. Abigail / Inghilterra / Londra

G.5 **Comunicate!**
Chiedete in classe: ...e com'è la tua città?

Esempio: Vilnius è...

bella • moderna • barocca • vivace • medievale • gotica • antica • brutta • noiosa
triste • grande • piccola • interessante • inquinata • pericolosa • caotica

esercizi 12-17

E ancora...

H.1 Osservate.

Alcuni sostantivi invariabili al plurale

Sostantivi accentati

Il caff**è** è caldo. I caff**è** sono caldi.
La citt**à** è bella. Le citt**à** sono belle.
L'universit**à** è piccola. Le universit**à** sono piccole.

L'italiano nell'aria 1

Unità 1

Alcuni sostantivi invariabili al plurale

Sostantivi in -i (sono in genere femminili)

La **tesi** è nuova.	Le **tesi** sono nuove.
L'**analisi** è lunga.	Le **analisi** sono lunghe.
La **diagnosi** è complicata.	Le **diagnosi** sono complicate.

Sostantivi con consonante finale (in genere di origine straniera)

Il **film** è bello	I **film** sono belli.
Il **bar** è vuoto	I **bar** sono vuoti.
L'**hotel** è moderno	Gli **hotel** sono moderni.

Sostantivi abbreviati

La **moto** è vecchia	Le **moto** sono vecchie.
La **foto** è bella	Le **foto** sono belle.
L'**auto** è costosa	Le **auto** sono costose.

Sostantivi monosillabici

Il **tè** è freddo	I **tè** sono freddi.
Il **re** è vecchio	I **re** sono vecchi.

Alcuni sostantivi irregolari al femminile

(m.)	(f.)
l'attore	l'attrice
il pittore	la pittrice
lo scrittore	la scrittrice
il traduttore	la traduttrice
il direttore	la direttrice

Alcuni sostantivi uguali al maschile e al femminile

il collega	la collega
il giornalista	la giornalista
il costumista	la costumista
il pianista	la pianista
il cantante	la cantante
il regista	la regista
l'artista	l'artista

esercizi 18a-b

I.1 a. Leggete.

Case di Verdi

«Delle mie opere, quella che mi piace di più è la casa che ho fatto costruire a Milano per accogliere i vecchi artisti di canto non favoriti dalla fortuna...»

Giuseppe Verdi

La Casa di Riposo per Musicisti, in piazza Buonarroti 29 a Milano, porta il nome del fondatore Giuseppe Verdi (1813-1901). Le sale musicali e la cripta, dove c'è la tomba del maestro, sono visitabili.
La casa natale a Roncole Verdi e Villa Agata (Villanova sull'Arda), dimora del compositore e di Giuseppina Strepponi, sono oggi musei. Busseto (in provincia di Parma) organizza ogni anno il Festival verdiano.

Sì, siamo tutti artisti!

b. Rispondete. Vero o falso?

	V	F
1. La tomba di Verdi è a Roncole.	☐	☐
2. La Casa di Riposo per Musicisti è a Busseto.	☐	☐
3. Oggi la casa natale è anche un museo.	☐	☐
4. Il Festival verdiano è a Parma.	☐	☐

I.2 In ricordo del maestro.

a. Inserite l'articolo determinativo.

Orchestra sinfonica Giuseppe Verdi

È molto giovane ....(1) Orchestra sinfonica G. Verdi di Milano, nata nel 1993 con .... (2) russo Vladimir Delman. Tanti ....(3) direttori dell'Orchestra sinfonica, tra cui Riccardo Chailly, Kazushi Ono, Riccardo Muti, Marko Letonja. ....(4) orchestrali fanno tournée in tutto ....(5) mondo.

b. Completate con le seguenti parole: avanzati, musicale, internazionali, noto.

Conservatorio G. Verdi

Il ....(1) Conservatorio di Milano del 1807 ha un liceo ....(2) e offre seminari, Master Class, corsi ....(3), borse di studio. Organizza concorsi ....(4) di composizione e offre concerti nell'auditorium Giuseppe Verdi.

I.3 a. Leggete il testo.

Villa Caruso-Bellosguardo

Il Museo Caruso è a Lastra a Signa, vicino a Firenze.
Nella villa storica Bellosguardo, che Enrico Caruso compra all'inizio del Novecento, ci sono documenti, cimeli, fotografie e ricordi. La villa ha molte stanze. Interessanti sono i 100 grammofoni dell'epoca, dono dell'Associazione Caruso al museo. Qui ci sono anche le tecnologie più moderne per ascoltare le arie celebri del tenore, oltre a esposizioni culturali e concerti.

b. Trovate la parola estranea.

1. La villa è   grande, storica, sinfonica, antica.
2. La villa ha   stanze, camere, bagni, ruoli.
3. Le arie sono   grandi, conosciute, celebri, famose.

esercizi 19-21b

Unità 2

Un'audizione

A.1 Ascoltate.

Invito a teatro

Patrizia: Pronto?
Sandro: Ciao Patrizia, come stai?
Patrizia: Abbastanza bene, e tu?
Sandro: Non c'è male, grazie. Senti, Patrizia, ho due biglietti per l'*Aida* all'Arena di Verona per domani sera. Hai tempo?
Patrizia: Veramente domani sera io e Francesco siamo in Sicilia per l'audizione.
Sandro: Ah, è vero! E avete già la prenotazione dell'albergo?
Patrizia: No, non ancora.
Sandro: Allora in bocca al lupo per l'audizione!
Patrizia: Crepi!

A.2 Rispondete. Vero o falso?

	V	F
1. Patrizia telefona a Sandro.	☐	☐
2. L'invito a teatro è per l'*Aida*.	☐	☐
3. Patrizia ha già una prenotazione dell'albergo in Sicilia.	☐	☐
4. Sandro ha due biglietti.	☐	☐
5. Domani sera Patrizia e Sandro sono in Sicilia per l'audizione.	☐	☐

A.3 Cercate e sottolineate i verbi nuovi nel dialogo A.1.

 A.4 Adesso a coppie leggete il dialogo e scandite bene le parole. Attenzione alla pronuncia.

Un'audizione

A.5 Completate la tabella.

AVERE - PRESENTE INDICATIVO		
io	....	
tu	....	
lui/lei/Lei	ha	lezione di flauto traverso
noi	abbiamo	
voi	....	
loro	hanno	

A.6 Completate le frasi con il verbo **avere**, come nell'esempio in blu.

1. (voi) ......*Avete*...... l'audizione domani?
2. (tu) .... i biglietti per il teatro?
3. Lei, signora Vecelio, ... già la prenotazione?
4. (loro) .... tempo oggi?
5. (io) .... il libretto del *Nabucco*.
6. Domani, (noi) .... la prova di canto.
7. Il direttore .... il leggìo e la partitura.

esercizi 1-4

A.7 *Come stai?* Osservate.

bene	abbastanza bene	non c'è male	così così	male

Tu come stai?
Lei come sta?

	Sto	benissimo. / bene. / abbastanza bene. / male. / malissimo.
	✗	Non c'è male. / Non troppo bene. / Così così. / Insomma.

STARE - PRESENTE INDICATIVO	
io	sto
tu	stai
lui/lei/Lei	sta
noi	stiamo
voi	state
loro	stanno

A.8 **Comunicate!**
A gruppi, chiedete ai vostri compagni come stanno.

esercizio 5

L'italiano nell'aria 1

Unità 2

B

B.1 Leggete il dialogo a coppie e scandite bene le parole. Attenzione alla pronuncia.

Albergo a Palermo

Francesco: Patrizia, prima di partire prenotiamo l'albergo?
Patrizia: No, Francesco. Preferisco decidere quando siamo a Palermo.
Francesco: D'accordo, allora tu vedi in Internet gli alberghi e poi telefoniamo quando siamo là.

Museo Archeologico, Palermo

B.2 Osservate la tabella.

	PRESENTE INDICATIVO (verbi regolari)			
	-ARE	-ERE	-IRE (i verbi in -IRE hanno due coniugazioni)	
	PRENOT~~ARE~~	VED~~ERE~~	PART~~IRE~~	PREFER~~IRE~~
io	prenot-**o**	ved-**o**	part-**o**	prefer-**isco**
tu	prenot-**i**	ved-**i**	part-**i**	prefer-**isci**
lui/lei/Lei	prenot-**a**	ved-**e**	part-**e**	prefer-**isce**
noi	prenot-**iamo**	ved-**iamo**	part-**iamo**	prefer-**iamo**
voi	prenot-**ate**	ved-**ete**	part-**ite**	prefer-**ite**
loro	prenot-**ano**	ved-**ono**	part-**ono**	prefer-**iscono**

Come **partire**: aprire, dormire, offrire, sentire, vestire, ecc.
Come **preferire**: capire, costruire, finire, gioire, guarire, pulire, spedire, ecc.

Lei → 3ª persona singolare: forma di cortesia da usare sia al maschile ♂ sia al femminile ♀
Signora, Lei abita a Roma? ...e Lei, signor Pagni, vive a Milano?

Nel linguaggio operistico: **Lei → Voi**
Bella voi siete e giovine. (da *La Traviata* - Atto II, scena V, Germont)

Nel linguaggio operistico: **lui → egli** (a volte: **ei/desso**)
lei → ella/essa (a volte: **dessa**)
loro → essi/esse

B.3 Coniugate i verbi dati al presente indicativo, come nell'esempio in blu.

1. voi cant*ate* cant~~are~~
2. loro vend............ vendere
3. noi telefon............ telefonare
4. loro cap............ capire
5. io mangi............ mangiare
6. lui fin............ finire

30 trenta

Edizioni Edilingua

Un'audizione

7. lei prend............ prendere
8. loro ball............ ballare
9. tu decid............ decidere
10. io pul............ pulire

B.4 Abbinate la desinenza giusta dei verbi al presente indicativo, come nell'esempio.

1. Io apr — e
2. Loro cap — o
3. Noi decid — i
4. Lui prend — iscono
5. Tu prenot — ate
6. Lei guard — isco
7. Voi telefon — a
8. Io sped — iamo

Cattedrale, Palermo

B.5 Completate le frasi con i verbi al presente indicativo.

1. Tu .... (prenotare) l'albergo.
2. Sergio e Giovanni .... (preferire) la musica jazz.
3. Noi non .... (suonare) il pianoforte.
4. Loro .... (prendere) i biglietti per il teatro.
5. Cecilia .... (dormire) a Pisa.
6. La signora Bianchi .... (vedere) Carla tutti i giorni.

B.6 a. Ascoltate la lettura del testo e sottolineate i verbi al presente indicativo, come nell'esempio. Poi rispondete alle domande.

1. ...
*Chi son? Sono un poeta.
Che cosa faccio? Scrivo.
E come vivo? Vivo.*
...
*Talor dal mio forziere
ruban tutti i gioielli
due ladri, gli occhi belli.*
...

1. Conoscete il titolo dell'opera?
....

2. Chi canta l'aria?
....

b. Leggete ad alta voce. Attenzione alla pronuncia.

c. Guardate il glossario e provate a tradurre con l'aiuto dell'insegnante.

esercizi 6-9b

L'italiano nell'aria 1

C.1 Ascoltate.

Una prenotazione

Francesco e Patrizia sono a Palermo.

Francesco: Patrizia, non ho tempo di chiamare l'albergo.
Patrizia: Allora, se non hai tempo, telefono io!
...
receptionist: Hotel Ambasciatori, buongiorno!
Patrizia: Buongiorno, sono Patrizia Brioschi. Avete una camera doppia da stasera a mercoledì 12 (dodici) giugno?
receptionist: Un momento. Sì, abbiamo ancora una camera doppia libera e costa 80 (ottanta) euro a notte.
Patrizia: Va bene, allora prenoto la camera.
receptionist: D'accordo! Scusi, lei è... la signora Prioschi, vero?
Patrizia: No, Brioschi, B come Bologna!
receptionist: Benissimo, grazie! ...signora Brioschi, quando arriva?
Patrizia: Arriviamo stasera verso le 21 (ventuno). Grazie e a più tardi!
receptionist: Arrivederci a stasera!

> L'alfabeto italiano è nel *Quaderno degli esercizi* a pagina 126.

C.2 A coppie leggete il dialogo e scandite bene le parole. Attenzione alla pronuncia.

C.3 Rispondete alle domande.

1. A chi telefona Patrizia?
2. Che cosa chiede?
3. Quanto costa la camera?
4. Quando arrivano in albergo Patrizia e Francesco?

C.4 Ascoltate i seguenti dialoghi e indicate se sono informali o formali. Poi abbinate i dialoghi alla foto giusta!

Un'audizione

C.5 "non" davanti al verbo indica la negazione. Adesso scrivete la forma negativa delle frasi, come nell'esempio.

1. Io scrivo racconti. — *Io non scrivo racconti.*
2. Lucia telefona a Sonia.
3. Noi suoniamo bene il sassofono.
4. Voi capite la lezione.
5. Tu canti l'aria di Zerlina.
6. Io arrivo sempre puntuale.
7. Loro mangiano il gelato.

esercizi 10-13

C.6 Comunicate!
Telefonate all'albergo. Assumete i ruoli di A e B e fate un dialogo.

 A è il/la cliente
- Chiedete se c'è una camera singola
- Chiedete il prezzo
- Prenotate la camera
- Comunicate quando arrivate

 B è il receptionist dell'Hotel Ambasciatori

C.7 Completate la cartolina di Patrizia. Coniugate e inserite i verbi.

essere • cantare • essere • visitare • mangiare • incontrare

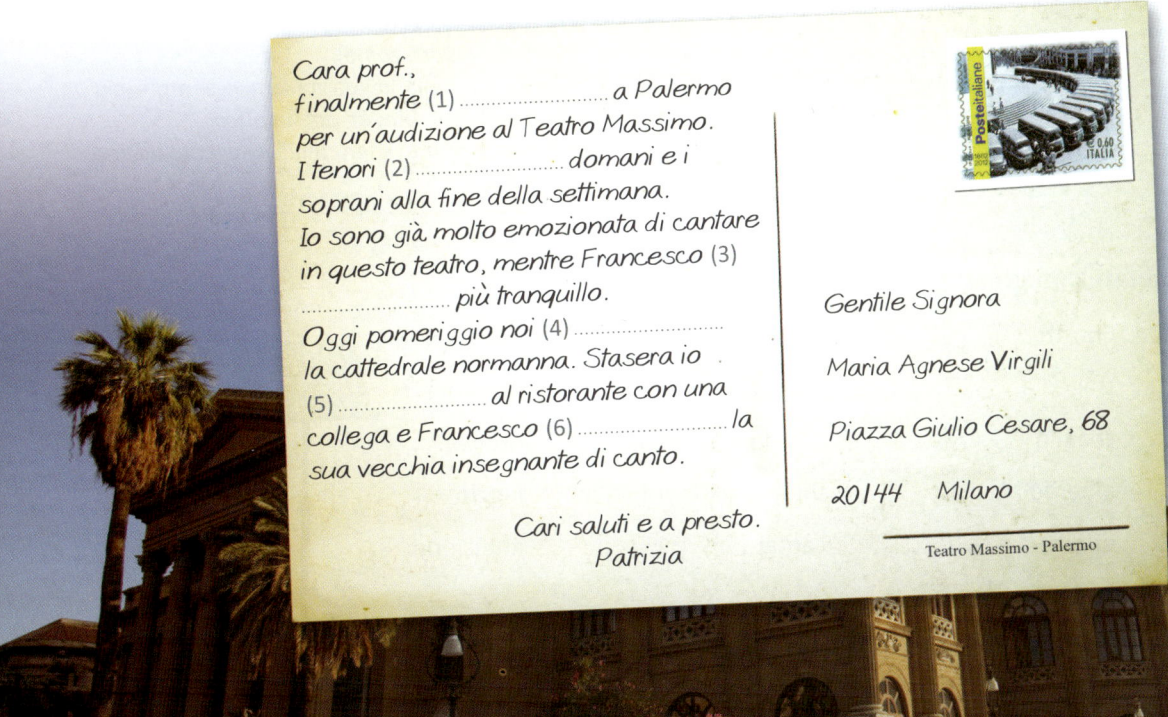

Cara prof.,
finalmente (1) _____ a Palermo per un'audizione al Teatro Massimo.
I tenori (2) _____ domani e i soprani alla fine della settimana.
Io sono già molto emozionata di cantare in questo teatro, mentre Francesco (3) _____ più tranquillo.
Oggi pomeriggio noi (4) _____ la cattedrale normanna. Stasera io (5) _____ al ristorante con una collega e Francesco (6) _____ la sua vecchia insegnante di canto.

Cari saluti e a presto.
Patrizia

Gentile Signora
Maria Agnese Virgili
Piazza Giulio Cesare, 68
20144   Milano

Teatro Massimo - Palermo

Unità 2

C.8 a. Ascoltate la lettura del testo e inserite i verbi mancanti.

2. Le nozze di Figaro di W.A. Mozart
Atto II, scena III

Cherubino

Voi che *sapete* (1) che cosa è amor,
donne vedete s'io l' *ho* (2) nel cor.
Quello ch'io *provo* (3) vi ridirò,
è per me nuovo, capir nol so.
...

sospiro (4) e *gemo* (5) senza voler,
palpito e *tremo* (6) senza saper.
Non *trovo* (7) pace notte né dì,
ma pur mi piace languir così.
Voi che sapete che cosa *è* (8) amor,
donne, vedete s'io l'ho nel cor.

b. Leggete ad alta voce. Attenzione alla pronuncia.

c. Guardate il glossario e provate a tradurre con l'aiuto dell'insegnante.

D

D.1 Osservate la tabella.

ARTICOLO INDETERMINATIVO	
maschile	femminile
UN	UNA
UNO	UN'
un teatro	una nota
un atto	una prenotazione
un tenore	una voce
uno spartito	un'orchestra

UN davanti a sostantivi maschili che cominciano per consonante o vocale.

UNO davanti a sostantivi maschili che cominciano per:
- **s + consonante** (sb, sc, sd, sf, sg, sl, sm, sn, sp, sq, sr, st, sv)
- **gn, ps, x, y, z** (esempi: *gnomo, psicologo, xilofono, yogurt, zaino*)

Davanti a **pn** ormai nella lingua italiana è sempre più usato l'articolo **un**. Esempio: *un pneumatico*.

UN' davanti a sostantivi femminili che cominciano per vocale.

D.2 Completate con gli articoli indetermivnativi.

1. .... libretto
2. .... tragedia
3. .... sbaglio
4. .... albergo
5. .... opera
6. .... scena
7. .... arpa
8. .... scandalo
9. .... chitarra
10. .... camera
11. .... spettacolo
12. .... direttore
13. .... ottava
14. .... leggìo
15. .... audizione

esercizi 14-15b

Un'audizione

D.3 Ascoltate il dialogo. Poi leggete a coppie e scandite bene le parole. Attenzione alla pronuncia.

Posso usare il tuo cellulare?

Francesco: Patrizia, devo telefonare a Roberto, un amico dei tempi del conservatorio. Posso usare il tuo cellulare?
Patrizia: Certamente!
...
Francesco: Patrizia, io e Roberto vogliamo mangiare insieme stasera. Vuoi venire anche tu?
Patrizia: No, grazie. Sono stanca e voglio andare a letto presto!
Francesco: Allora, ciao!
Patrizia: Ciao, buona serata!

Fontana Pretoria (anche Fontana della Vergogna), Palermo

D.4 Cercate nel dialogo le forme mancanti della tabella.

I VERBI MODALI				
	DOVERE	POTERE	VOLERE	
io	....	....	voglio	
tu	devi	puoi	....	
lui/lei/Lei	deve	può	vuole	+ infinito
noi	dobbiamo	possiamo	....	
voi	dovete	potete	volete	
loro	devono	possono	vogliono	

Il verbo **sapere**, se seguito da infinito, ha il significato di **essere capace di...**: *Bernardo sa suonare il flauto traverso*. La coniugazione del verbo *sapere* è a pagina 57.

D.5 a. Ascoltate la lettura dei testi e inserite le parole mancanti.

3. **Don Pasquale** di G. Donizetti
Atto III, scena I

Don Pasquale
...
...............(1) oppormi a ogni modo
ed impedirlo.
Ma... si fa presto a dirlo.
Colei ha certi occhiacci,
che certo far da sultana...
Ad ogni modo
...............(2) provarmi. Se poi
fallisce il tentativo... Eccola; a noi.

4. **La serva padrona** di G.B. Pergolesi
Parte seconda, scena unica

Uberto
Oh, qui sta ella.
Facciam nostro dover.
Posso o non ....(3)?
...............(4) o non vuol
la mia padrona bella?...

Unità 2

b. Leggete ad alta voce. Attenzione alla pronuncia.

c. Guardate il glossario e provate a tradurre i testi con l'aiuto dell'insegnante.

D.6 Completate le frasi con i verbi dati.

1. (Loro, volere) .... fare l'esame di solfeggio domani.
2. (Io, potere) .... aiutare Giacomo a preparare la relazione per il prof. Giacomelli!
3. (Lui, volere) .... partecipare al corso di canto. Ha una bella voce!
4. (Noi, dovere) .... imparare l'aria *Una voce poco fa*.
5. (Voi, potere) .... scegliere il corso di musica corale, ci sono ancora due posti liberi.
6. (Tu, volere) .... accompagnare Cecilia al pianoforte domani sera?

esercizi 16-19b

E

E.1 Ascoltate i numeri e ripetete.

0 zero	21 ven**tu**no*	200 duecento	
1 uno	22 ventidue	209 duecentonove	
2 due	23 ventitré	272 duecentosettantadue	
3 tre	28 ven**t**otto*	500 cinquecento	
4 quattro	30 trenta	700 settecento	
5 cinque	31 tren**tu**no*	900 novecento	
6 sei	32 trentadue	1000 mille	
7 sette	33 trentatré*	2000 duemila*	
8 otto	38 tren**t**otto*	5000 cinquemila*	
9 nove	40 quaranta	9000 novemila	
10 dieci	41 quaran**tu**no	500.000 cinquecentomila (mezzo milione)	
11 undici	48 quaran**t**otto*	1.000.000 un milione	
12 dodici	50 cinquanta	2.000.000 due milioni	
13 tredici	60 sessanta		
14 quattordici	70 settanta		
15 quindici	80 ottanta		
16 sedici	90 novanta		
17 diciassette	100 cento		
18 diciotto	101 centouno		
19 diciannove	107 centosette		
20 venti	115 centoquindici		

Quando i numeri **venti, trenta, quaranta, cinquanta, ecc.** sono abbinati a **uno** e **otto** cade la vocale finale: *trentuno, trentotto, quarantuno, quarantotto,* ecc.

Un'audizione

> **Numeri ordinali**
> primo, secondo, terzo, quarto, quinto, sesto, settimo, ottavo, nono, decimo, undic**esimo**, dodic**esimo**, ... vent**esimo**, ecc. Da 11 in poi usiamo il suffisso -**esimo.**

> Per **indicare l'età** usiamo il verbo *avere*: - *Quanti anni* **hai**? - **Ho** *diciotto anni!*

E.2 a. Leggete ad alta voce. Attenzione alla pronuncia.

> 5. *Le nozze di Figaro di W.A. Mozart*
> Atto I, scena I
>
> *Figaro*
> *Cinque ... dieci ... venti ... trenta ...*
> *trentasei ... quarantatré ...*

b. Ascoltate la lettura del frammento dell'aria *Madamina, il catalogo è questo*. Nel testo a destra inserite i numeri in italiano moderno, come nell'esempio in blu.

> 6. *Don Giovanni di W.A. Mozart*
> Atto I, scena V
>
> *Leporello*
> *Madamina, il catalogo è questo*
> *...*
> *osservate, leggete con me.*
> *In Italia seicento e quaranta,*
> *in Lamagna duecento e trent'una,*
> *cento in Francia,*
> *in Turchia novant'una,*
> *ma in Ispagna son già mille e tre.*
> *...*

Don Giovanni di W.A. Mozart
Atto I, scena V

Leporello
Madamina, il catalogo è questo
...
osservate, leggete con me.
In Italia ....(1),
in Germania ....(2),
........................(3) in Francia,
in Turchia ....(4),
ma in Spagna sono già **milletré**.
...

c. Adesso leggete il testo b. ad alta voce. Attenzione alla pronuncia.

d. Guardate il glossario e provate a tradurre con l'aiuto dell'insegnante.

L'italiano nell'aria 1

Unità 2

E ancora...

E.3 I giorni della settimana

(il) lunedì | (il) martedì | (il) mercoledì | (il) giovedì | (il) venerdì | (il) sabato | (la) domenica

- Che giorno è oggi? ◆ È lunedì.
- ... e domani? ◆ È martedì.
- ... e dopodomani? ◆ È mercoledì.

I mesi dell'anno

30 (trenta) giorni hanno	28 o 29 (ventotto o ventinove) giorni ha	31 (trentuno) giorni hanno
novembre, aprile, giugno, settembre	febbraio	gennaio, marzo, maggio, luglio, agosto, ottobre, dicembre

La data

- Che giorno è oggi? ◆ Oggi è il 23 maggio.
- Quando è Natale? ◆ È il 25 dicembre.
- Quando è la festa dei lavoratori? ◆ È il 1° maggio.
- Quando è la festa della Repubblica italiana? ◆ È il 2 giugno.

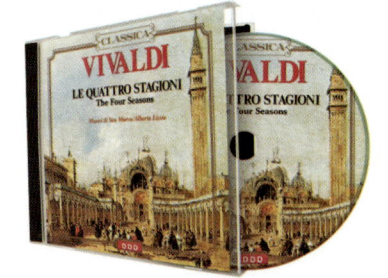

Le stagioni. Completate con i mesi mancanti.

La **primavera** (21/3 - 21/6) è in ...., aprile, ...
L'**estate** (21/6 - 23/9) è in giugno, ..., ...
L'**autunno** (23/9 - 21/12) è in settembre, ..., ...
L'**inverno** (21/12 - 21/3) è in ...., gennaio, febbraio.

E.4
a. **Ascoltate la lettura del testo, poi leggete ad alta voce. Attenzione alla pronuncia.**

7. Don Pasquale di G. Donizetti
Atto III, scena VI

Ernesto

Com'è gentil la notte a mezzo april!
È azzurro il ciel, la luna è senza vel:
tutto è languor, pace, mistero, amor,
ben mio, perché ancor non vieni a me?
...

b. **Guardate il glossario e provate a tradurre con l'aiuto dell'insegnante.**

esercizi 20-26

Un'audizione

F

F.1 a. Leggete.

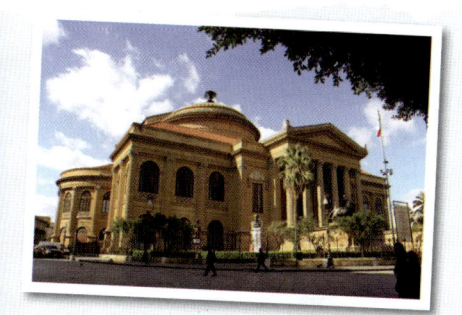

Teatro Massimo

Nel 1897 il Teatro Massimo di Palermo inaugura l'attività operistica con il *Falstaff* di Verdi. Palermo, ai tempi, ha una vita culturale molto vivace e i sovrani d'Europa, l'aristocrazia e la nuova borghesia frequentano il teatro. La famosa e ricca famiglia siciliana Florio promuove, e aiuta finanziariamente, la costruzione del teatro in stile neoclassico che ospita fino a 1400 spettatori. Nel 1974 il teatro chiude per restauri e riapre 23 anni dopo, nel 1997.

Teatro Regio di Parma: la paura dei cantanti

Il Teatro Regio di Parma è famoso non solo per l'ottima acustica, ma soprattutto per il pubblico del loggione, esigente e appassionato, che intimorisce cantanti e musicisti. L'amore degli abitanti di Parma per l'opera è così grande che, per comprare un abbonamento annuale, aspettano giorno e notte davanti al botteghino.

Teatro La Fenice di Venezia

La fenice, uccello mitologico citato da Erodoto nelle sue *Storie*, simboleggia anche la rinascita del teatro più volte distrutto. L'ultimo incendio doloso scoppia nel gennaio 1996. I lavori di ricostruzione durano sette anni e il progetto è dell'architetto Aldo Rossi.
Riccardo Muti inaugura il nuovo teatro il 14 dicembre 2003 e, in quell'occasione, dirige l'Orchestra e il Coro del Teatro La Fenice.

I milanesi la chiamano *La Scala*

L'architetto Piermarini progetta il Teatro alla Scala di Milano che nasce da precedenti costruzioni. Nel 1778 la prima opera rappresentata è *Europa riconosciuta* di Antonio Salieri, tra gli interpreti il sopranista Gaspare Pacchiarotti. La platea è di fronte al palcoscenico, non ha posti fissi ed è per i meno ricchi, i palchetti sono per l'aristocrazia milanese, le candele illuminano la sala. Fino al 1921 rimane un teatro privato. Da sempre ospita tutti i più grandi artisti del mondo.
Importante è anche la Scuola di Ballo, che nasce nel 1813, ed è di alta tradizione non solo milanese, ma anche internazionale. Di grande valore è il Museo teatrale, all'interno del teatro.

L'italiano nell'aria 1

Unità 2

Il Teatro San Carlo è il più bello e antico d'Europa

Napoli ha una tradizione musicale secolare: nel XVIII (diciottesimo) secolo nascono i primi quattro conservatori d'Italia, ma già dal 1737 esiste il Teatro San Carlo, che è più antico del Teatro alla Scala e del Teatro La Fenice. Gli interni hanno magnifici decori e un'acustica perfetta. Nel Settecento, periodo dei "castrati cantori", al San Carlo si esibiscono celebrità come Farinelli, Velluti, Guadagni, Caffarelli, Gizziello. Ancora oggi per musicisti, cantanti e ballerini internazionali lavorare in questo teatro è una tappa importantissima per la carriera.

b. Lavorate in gruppi e rispondete.

1. Quanti spettatori ospita il Teatro Massimo?
2. Com'è il pubblico del Teatro Regio di Parma?
3. Quando scoppia l'ultimo incendio alla Fenice?
4. Chi progetta il Teatro alla Scala?
5. Nel Settecento chi sono le celebrità che cantano al Teatro San Carlo?

c. Lavorate in gruppi e indicate (✓) la risposta giusta.

1. Che cos'è la platea?
   a. ☐ Posti di fronte al palcoscenico.
   b. ☐ Grande piazza in una città.
   c. ☐ Posti al primo o secondo piano del teatro.

2. Com'è il pubblico del loggione?
   a. ☐ Non appassionato.
   b. ☐ Simpatico.
   c. ☐ Esigente.

3. Per chi sono i palchetti nel '700?
   a. ☐ Per i cantanti.
   b. ☐ Per l'aristocrazia.
   c. ☐ Per i meno ricchi.

4. Che cos'è il botteghino?
   a. ☐ Un negozio piccolo.
   b. ☐ Una biglietteria.
   c. ☐ Un ingresso.

F.2 a. Leggete.

Arena di Verona

In estate, gli appassionati di musica arrivano a Verona per assistere agli spettacoli nell'Arena. Il debutto del Festival Lirico ha luogo nel 1913 con l'*Aida* di Giuseppe Verdi e da allora ogni anno vanno in scena varie opere come *La Traviata*, *La Bohème*, *Il barbiere di Siviglia*, *Tosca*, *Il Trovatore*, *Madame Butterfly*. La stagione musicale inizia in giugno e termina in settembre. Oltre all'Arena, che attira molti turisti, un'altra meta interessante è la casa di Giulietta e il suo balcone, celebrati nell'opera *Romeo e Giulietta* di William Shakespeare, con musiche di Charles Gounod.

Un'audizione

b. Rispondete alle domande.

1. Quando inizia la stagione musicale?
2. In genere, quali opere rappresenta l'Arena di Verona?
3. Verona è famosa per l'Arena e… per cos'altro?
4. Quando termina la stagione musicale?

F.3 a. Leggete.

> **OF Opera di Firenze**
> **Maggio Musicale Fiorentino**
>
> Il nuovo teatro dell'Opera di Firenze, chiamato anche Parco della Musica e della Cultura, è un progetto dell'architetto Paolo Desideri.
> All'interno: una sala lirica con 1800 posti, scena doppia, e un auditorium con 1100 posti per la musica classica e contemporanea.
> All'aperto: una grande cavea, con posti a sedere su gradinate in pietra e con vista su Firenze.
> Lo studio d'ingegneria acustica è opera di Jürgen Reinhold (consulente di Müller-BBM di Monaco).

b. Rispondete a coppie e indicate (✓) la risposta giusta.

1. La *cavea* è
   a. ☐ una sala grande.
   b. ☐ un teatro all'aperto.
   c. ☐ una stanza con sedie.

2. La *gradinata in pietra* è
   a. ☐ un insieme di posti in piedi.
   b. ☐ una scala in un teatro.
   c. ☐ un insieme di posti a sedere.

3. La *musica contemporanea* è
   a. ☐ una musica attuale.
   b. ☐ una musica antica.
   c. ☐ una musica spirituale.

4. Il nuovo teatro dell'Opera di Firenze ha anche un altro nome. Quale?
   a. ☐ Parco della Musica e dello Spettacolo.
   b. ☐ Parco della Musica e della Cultura.
   c. ☐ Parco delle Musiche e delle Culture.

Unità 3

Sui tetti di Roma!

A

A.1 Ascoltate.

Cerco una stanza

Raffaello: Ciao Rossella. Resti a casa stasera?
Rossella: No, stasera sono a teatro con Filippo. …E tu?
Raffaello: Sto a casa, sono giù di morale!
Rossella: Come mai?
Raffaello: Tu sai che abito con Anna e Tommaso, ma purtroppo litighiamo spesso.
Rossella: Oh, mi dispiace. E perché non cambi casa?
Raffaello: E dove trovo un'altra stanza?
Rossella: Beh, nel giornale ci sono sempre annunci di camere per studenti.
Raffaello: Oh no! Il mio sogno è vivere da solo!
Rossella: Senti, ho un'idea. Forse Matteo ha una stanza libera per te. Lui è sempre in viaggio. La casa è in centro e poi la vista su Roma è bellissima!
Raffaello: Oh, sì… magari! E quando posso vedere la stanza?

A.2 A coppie leggete il dialogo e scandite bene le parole. Attenzione alla pronuncia.

A.3 Rispondete e controllate a coppie.

1. Dov'è stasera Rossella? ....
2. Con chi abita Raffaello? ....
3. …e che problema ha? ....
4. …cosa sogna? ....
5. Dov'è la casa di Matteo? ....
6. Com'è la vista su Roma? ....

A.4 Comunicate!
Assumete il ruolo di A e B.

A Lucia racconta ad Amedeo che cerca una camera perché…

B Amedeo ha un'amica che affitta una camera in centro e cerca qualcuno dal prossimo mese.

Sui tetti di Roma!

A.5 a. Osservate le preposizioni semplici.

di   a   da   in   con   su   per   tra/fra

> **di** indica l'appartenenza; **con** indica con chi/con che cosa; **su** indica la posizione nello spazio con/senza contatto; **per** indica lo scopo/la destinazione; **fra/tra** indicano una posizione intermedia nello spazio e nel tempo (*C'è una ragazza inglese fra/tra gli studenti., Raffaello arriva fra/tra dieci minuti.*).

b. Cercate e inserite le preposizioni semplici del dialogo **A.1**.

1. L'appartamento è *di* Matteo.
2. La vista .... Roma è bellissima.
3. Stasera sono a teatro .... Filippo.
4. Ci sono annunci di camere .... studenti.

A.6 a. Osservate la tabella.

	QUANDO USIAMO LE PREPOSIZIONI *IN, A, DA*?	
andiamo siamo	in	**nazioni** (Corea, Italia, Canada, ecc.)
		regioni (Andalusia, Sicilia, Baviera, ecc.)
		mezzi di trasporto (auto, aereo, treno, metropolitana, bicicletta, ecc.)
		parole con finale in -*ia* (gelateria, farmacia, pizzeria, ecc.)
		parole con finale in -*teca* (discoteca, biblioteca, ecc.)
		con particolari parole (centro, corso, periferia, piazza, via, ecc.; ufficio, banca, città, ecc.)
	a	**città** (Pechino, Roma, Tokyo, ecc.)
		con particolari parole (lezione, casa, teatro, letto, scuola, cena, ecc.)
		con infiniti (cantare, suonare, provare, ecc.)
	da	**persone** (te, lui, Angela, un'amica, ecc.)

> **Gli** Stati Uniti, **gli** Emirati Arabi, **i** Paesi Bassi prendono anche l'articolo
> → Vado **negli** Stati Uniti, **negli** Emirati Arabi, **nei** Paesi Bassi.

b. Inserite le preposizioni semplici **da, a, in**.

1. Siamo tutti .... casa mia.
2. Ho un appuntamento .... Roberto.
3. Loro sono .... fare un'audizione.
4. Vanno .... vacanza .... Russia.
5. Noi andiamo .... Casablanca .... aereo.
6. Stasera siamo .... discoteca, ... Piazza Boito.

esercizi 1-4

L'italiano nell'aria 1 — quarantatré **43**

Unità 3

A.7 a. Ascoltate i testi.

1. L'amico Fritz di P. Mascagni

Atto II, scena II

Fritz
Mi piace come canti...
Suzel
Oh, Signor Fritz...
canto così come mi vien *dal* core.
Fritz
Quei fiori sono per me?
Suzel
Per voi li ho colti... ed oltre i fiori
ho pronta una sorpresa...
Fritz
Una primizia certo...
Suzel
Le ciliegie.
Fritz
Ciliegie! ...e son già mature?
Suzel
Han *della* porpora vivo il colore,
son dolci e tenere...
...

Atto II, scena VII

Federico
Fritz, noi partiamo... addio!
Fritz
Con voi ritorno anch'io...
Hanezò
Come, vieni in città?
Fritz
Sì, voglio tornare via.
Federico
Così presto, perché?
Fritz
Mi ha tediato la campagna!
Hanezò
Ma il rabbino dov'è?
Fritz
Resta *alla* fattoria.
...

b. **Rispondete.**

                                                                                             Sì No

Secondo voi, anche **dal**, **della**, **alla** sono preposizioni?
Se non sapete rispondere, guardate la tabella B.3 a pagina 45.

c. Adesso leggete ad alta voce. Attenzione alla pronuncia.

d. Guardate il glossario e provate a tradurre i testi con l'aiuto dell'insegnante.

B

B.1 a. Vero o falso? Ascoltate la conversazione tra Rossella, Matteo e Raffaello e rispondete.

                                                                     V F

1. Raffaello è un amico di Matteo.
2. A Raffaello piace la casa di Matteo.
3. La vista della stanza è sul Colosseo e sui tetti di Roma.
4. La sera c'è rumore in strada.
5. Raffaello sa il prezzo della stanza.

Sui tetti di Roma!

Sui tetti di Roma!

Rossella: Ciao, Matteo. Questo è Raffaello... cerca una stanza.
Matteo: Ciao Raffaello, piacere.
Raffaello: Piacere. Caspita, ma che bella casa!
Matteo: Sì, la casa è grande e la stanza libera è qui a destra del salotto.
Raffaello: Rossella dice che il panorama sui tetti di Roma è bellissimo. Posso aprire la porta del balcone?
Matteo: Certo!
Raffaello: Che meraviglia! La vista delle Terme di Caracalla e degli alberi è un sogno! Però vedo anche dei ristoranti sulla strada. C'è rumore la sera?
Matteo: No, i turisti mangiano nei giardini interni dei ristoranti.
Raffaello: Ah, bene. Allora prendo volentieri la camera. Quanto costa?
Matteo: Parliamo dopo dell'affitto. Beviamo prima qualcosa sulla terrazza?

Terme di Caracalla, Roma

b. Leggete il dialogo e scandite bene le parole. Attenzione alla pronuncia.

B.2 Cercate le preposizioni articolate nel dialogo e completate.

1. La stanza è a destra .... salotto.
2. La vista .... tetti di Roma è bellissima!
3. Apro la porta .... balcone?
4. La vista .... Terme di Caracalla e .... alberi...
5. Vedo anche .... ristoranti .... strada.
6. I turisti mangiano .... giardini interni .... ristoranti.
7. Parliamo dopo .... affitto.
8. Beviamo qualcosa .... terrazza?

Vista su Roma

B.3 Osservate la tabella delle preposizioni articolate.

	il	lo	la	l'	i	gli	le
di	del	dello	della	dell'	dei	degli	delle
a	al	allo	alla	all'	ai	agli	alle
da	dal	dallo	dalla	dall'	dai	dagli	dalle
in	nel	nello	nella	nell'	nei	negli	nelle
su	sul	sullo	sulla	sull'	sui	sugli	sulle
con	col	collo	colla	con l'	coi	cogli	colle

Nei libretti d'opera e nei testi letterari di alcuni secoli fa spesso la preposizione **con** diventa una sola parola unita all'articolo.
Nella forma scritta moderna la preposizione **con** e l'articolo sono separati.

L'italiano nell'aria 1

Unità 3

B.4 Completate con le preposizioni articolate.

1. Molti stranieri partecipano .... (a + le) audizioni.
2. Regalo .... (di + le) rose .... (a + gli) amici di Virginia.
3. Due pianisti cinesi suonano .... (a + i) concerti di giugno .... (di + il) Teatro Verdi.
4. Il pubblico mangia spesso i popcorn .... (a + il) cinema.
5. Domani il concerto è .... (a + il) Teatro Manzoni e stasera è .... (in + la) chiesa di San Pio.

B.5 Comunicate! Assumete i ruoli di A e B.

A chiede:
- informazioni sulla stanza
- quant'è l'affitto

B risponde

B.6 a. Ascoltate la lettura dei testi e poi inserite le preposizioni articolate.

2. Le nozze di Figaro di W.A. Mozart
Atto I, scena V

Cherubino

...
Parlo d'amor vegliando,
parlo d'amor sognando,
............(1) acque, all'ombre,
............(2) monti,
ai fiori, all'erbe, ai fonti,
all'eco, all'aria, ai venti,
che il suon ....(3) vani accenti
portano via con sé...
E, se non ho chi m'oda
parlo d'amor con me!

3. Linda di Chamounix di G. Donizetti
Atto I, scena VII

Tutti

O tu che regoli gli umani eventi,
speme ....(4) miseri, ...(5) innocenti,
su noi tu vigila con fausto ciglio
ah, tu difendici d'ogni periglio,
............(6) tua grazia onnipossente
o dio clemente, serbaci ognor.

b. Rispondete.

                         Sì   No
1. Ci sono preposizioni con l'apostrofo? ☐ ☐
2. Secondo voi perché? ....

c. Leggete i testi ad alta voce e fate attenzione alla pronuncia.

d. Guardate il glossario e provate a tradurre con l'aiuto dell'insegnante.

esercizi 5-8

Sui tetti di Roma!

C.1 L'orchestra sinfonica.
Abbinate i nomi degli strumenti musicali all'immagine come nell'esempio.

1. clarinetto basso
2. clarinetti
3. controfagotti
4. fagotti
5. flauti
6. oboi
7. ottavino
8. corni inglesi
9. campane tubolari
10. xilofono
11. triangolo
12. castagnette
13. piatti
14. tamburo
15. gong
16. grancassa
17. *timpani*
18. trombe
19. cornetta
20. tromboni
21. tuba
22. corni
23. primi violini
24. secondi violini
25. viole
26. violoncelli
27. contrabbassi
28. arpe
29. pianoforte
30. podio del direttore d'orchestra

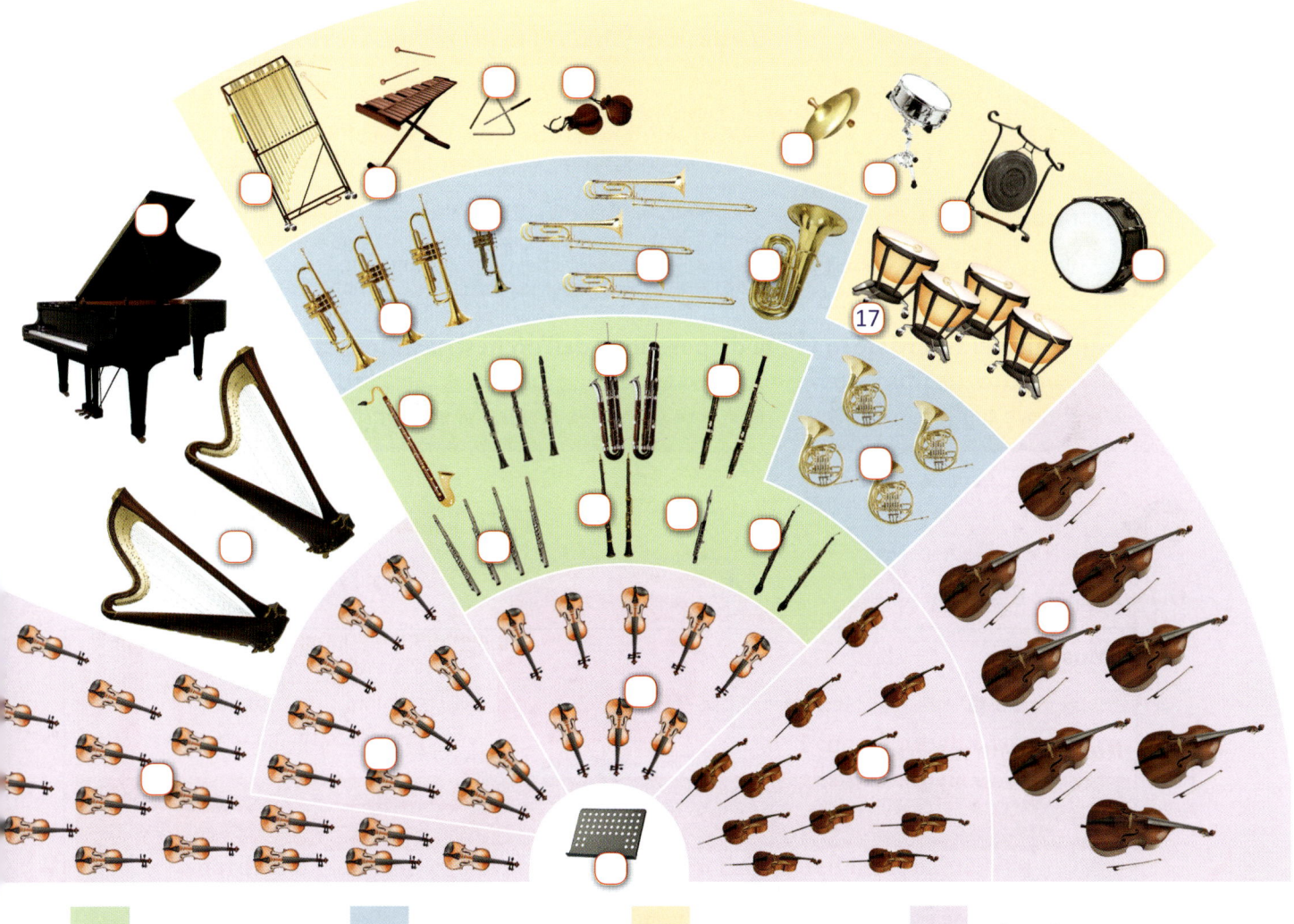

I Legni · Gli Ottoni · Le Percussioni · Gli Archi

L'italiano nell'aria 1

Unità 3

C.2 A coppie leggete il dialogo e scandite bene le parole. Attenzione alla pronuncia.

Sssss... silenzio!

Alice: Che bello, fra poco comincia il concerto! Sono proprio emozionata.
Emma: Sai già dov'è Michele?
Alice: Sì, certo. Michele suona la grancassa ed è accanto al gong.
Emma: Dove sono i secondi violini?
Alice: Sono a sinistra del direttore d'orchestra, e di fronte al podio ci sono le viole.
Emma: Fino a quando resta qui in città l'orchestra?
Alice: Non lo so! Sssss... adesso silenzio! Comincia il concerto!!!

C.3 Osservate la tabella.

ALCUNI INDICATORI SPAZIALI		
accanto vicino di fronte davanti	a	+ articolo determinativo
fino	a	
a destra a sinistra	di	
lontano	da	
dietro	–	

C.4 Comunicate! Guardate in **C.1** la disposizione dell'orchestra sinfonica e lavorate a coppie.

A: Dove sono le arpe?
B: Le arpe sono davanti al pianoforte.

esercizi 9-12

D

D.1 Leggete il forum.

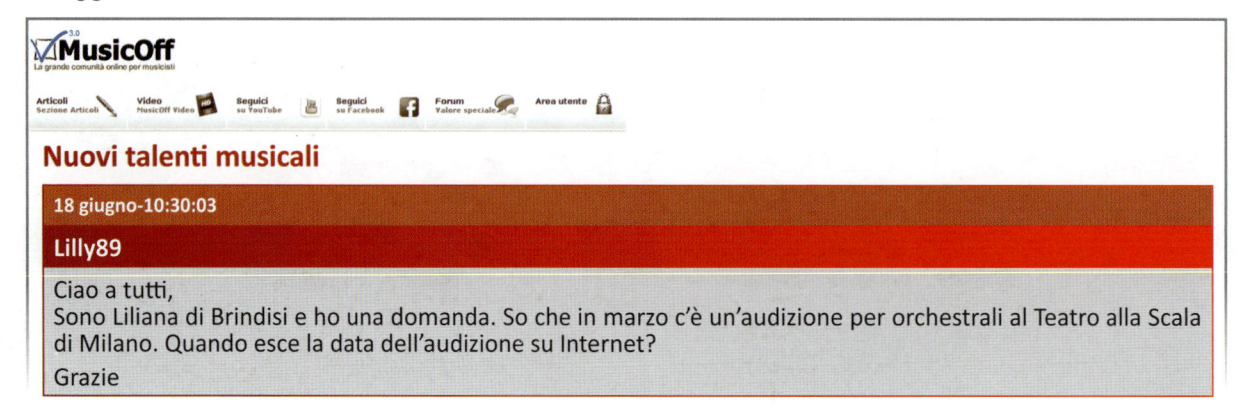

MusicOff
La grande comunità online per musicisti

Articoli — Video MusicOff Video — Seguici su YouTube — Seguici su Facebook — Forum Valore speciale — Area utente

Nuovi talenti musicali

18 giugno-10:30:03

Lilly89

Ciao a tutti,
Sono Liliana di Brindisi e ho una domanda. So che in marzo c'è un'audizione per orchestrali al Teatro alla Scala di Milano. Quando esce la data dell'audizione su Internet?
Grazie

Sui tetti di Roma!

18 giugno-12:15:22
Bru.ma

Ciao Liliana,
vado spesso su Internet ma sul sito "Audizioni news" non c'è ancora niente. Quale strumento suoni?
Bruno

18 giugno-17:13:00
Virtuoso

Ciao,
è vero, non ci sono ancora informazioni precise, io controllo tutti i giorni su Internet.
Bruno, Liliana: venite anche voi a Milano per l'audizione?
Dove andate a dormire?
Riccardo

18 giugno-21:48:33
Lilly89

Ciao Riccardo, ciao Bruno.
Grazie. Allora aspettiamo le "News"!
Dove vado a dormire? Secondo me, è difficile trovare un posto economico a Milano. Non sono avara ma è tutto caro. Adesso faccio una telefonata a un'amica e magari abbiamo un aiuto.
A proposito, io suono l'arpa e voi?
A presto
Liliana

D.2 Rileggete il forum e inserite i verbi mancanti nella tabella.

PRESENTE INDICATIVO (alcuni verbi irregolari)				
	ANDARE	FARE	VENIRE	USCIRE
io	....	....	vengo	esco
tu	vai	fai	vieni	esci
lui/lei/Lei	va	fa	viene	....
noi	andiamo	facciamo	veniamo	usciamo
voi	....	fate	....	uscite
loro	vanno	fanno	vengono	escono

I principali verbi irregolari al presente indicativo sono alle pagine 57 e 192.

D.3 Lavorate a coppie e rispondete.

1. Quante persone scrivono nel forum?
2. Che cosa c'è al Teatro alla Scala in marzo?
3. Dove cercano i ragazzi le informazioni sull'audizione?
4. Che strumento suona Liliana?

L'italiano nell'aria 1

Unità 3

D.4 Rispondete alle domande come nell'esempio in blu.

1. - Guardi la TV stasera?
   - (No/fare gli esercizi)   *No, stasera faccio gli esercizi.*
2. - Loro suonano con la band stasera?
   - (No/andare al concerto rock)
3. - Dove vai?
   - (Andare/a lezione di composizione musicale)
4. - Regina fa l'esame di canto domani?
   - (No/fare l'esame di solfeggio)
5. - Dove va Lisa domani mattina?
   - (Andare/al seminario di Didattica della musica)
6. - Perché fanno gli esercizi con il corno adesso?
   - (Perché dopo/venire alla prova con me)
7. - Esci di nuovo con Emanuela?
   - (No/uscire con Paola stasera)

esercizi 13-15

E

UMBRIA JAZZ
GIOVEDÌ 12 LUGLIO
Free Outdoor Concerts

18.30 **CENTRO STORICO**
Street Parade
FUNK OFF

PIAZZA IV NOVEMBRE
21.00 EAST PARK REGGAE COLLECTIVE
23.00 FUNK OFF on stage

E.1 Ascoltate.

Andiamo all'*Umbria Jazz*?

Marina: C'è un concerto dei *Funk Off*! Andiamo?
Fulvio: E chi sono?
Marina: Ma come, non li conosci? Sono una famosa band italiana, con tanti stili diversi: un po' funky, latino, rock, soul... e poi ci sono delle bellissime coreografie.
Fulvio: Ah, interessante! Ci sono anche quest'anno Diana Krall ed Esperanza Spalding al Festival del jazz?
Marina: Sì, naturalmente. Le vado a vedere sabato 14 luglio con Priscilla e... stasera andiamo a vedere i *Funk Off*!
Fulvio: Ma io vorrei vedere la *Street Parade*!
Marina: Oh, come sei noioso! La vedi tutti gli anni.
Fulvio: Va bene! Facciamo un compromesso: prima la *Street Parade* e poi i *Funk Off*! E i biglietti?
Marina: Non li ho; ne ho solo due per il concerto di Diana Krall ed Esperanza Spalding. Ma forse lo spettacolo con i *Funk Off* è gratuito. Perché non guardiamo sul programma?

Sui tetti di Roma!

E.2 A coppie leggete il dialogo e scandite bene le parole. Attenzione alla pronuncia.

E.3 Rispondete.

1. Chi sono i *Funk Off*?
2. Chi ha già i biglietti per i concerti di Diana Krall ed Esperanza Spalding?
3. Chi vede la *Street Parade* tutti gli anni?
4. Qual è il compromesso tra Fulvio e Marina?

E.4 Osservate le foto. Quali artisti conoscete?

Esempio: – Conosci i *Funk Off*? – No, non li conosco.

1. Gary Brown
2. Diana Krall
3. Kim Prevost & Bill Solley 
4. Herbie Hancock & Chick Corea
5. Anais St. John & Dee Alexander 

E.5 Osservate la tabella.

I PRONOMI PERSONALI DIRETTI			
Tu inviti me a cena.	→ Tu	mi	inviti a cena.
Io incontro te in un parco.	→ Io	ti	incontro in un parco.
Lia saluta lui.	→ Lia	lo	saluta.
Luca saluta lei.	→ Luca	la	saluta.
Io saluto Lei (signora/signor Moretti).	→ Io	La	saluto (signora/signor Moretti).
Voi conoscete noi.	→ Voi	ci	conoscete.
Noi conosciamo voi.	→ Noi	vi	conosciamo.
Incontro spesso loro (Gaspare e Luana).	→ Io	li	incontro spesso.
Incontro spesso loro (Regina e Luana).	→ Io	le	incontro spesso.

I pronomi personali diretti rispondono alla domanda *chi? che cosa?* Trovate una lista dei verbi che richiedono i pronomi personali diretti nel *Quaderno degli esercizi* a pagina 141, esercizio 20a.

L'italiano nell'aria 1

Unità 3

E.6 Rileggete ancora una volta il dialogo **E.1** e sottolineate i pronomi diretti.

E.7 Osservate la tabella in **E.5** e completate come nell'esempio in blu.

1. - Ascolti sempre le notizie la mattina? (sì, sempre) — *Sì, le ascolto sempre!*
2. - Capisci questa frase? (sì, senza problemi) — ....
3. - Quando accompagnate Ciro a casa? (più tardi) — ....
4. - Da quanto tempo studi l'italiano? (da tre mesi) — ....
5. - Incontri spesso Angelo e Pietro? (no, raramente) — ....
6. - Quando inviti Laura e Gianna? (domani) — ....
7. - Quando chiami Mauro? (stasera) — ....

esercizi 16-20b

E.8 Comunicate!
Sei in Sicilia con un amico e vuoi trascorrere una serata culturale.
Trova un compromesso o convinci il tuo amico a venire al concerto di Herbie Hancock & Chick Corea.

A Il 13 luglio vuoi andare con un tuo amico a Cefalù al concerto di Herbie Hancock & Chick Corea.

B Il tuo amico preferisce andare a vedere l'*Otello*, sempre il 13 luglio, al Teatro Massimo di Palermo.

E.9 a. Ascoltate la lettura dei testi e poi sottolineate i pronomi diretti.

4. I Capuleti e i Montecchi di V. Bellini
Parte I, scena II

Tebaldo
L'amo, ah! L'amo,
...

Parte IV, scena I

Romeo
Giulietta!... O mia Giulietta!
Sei tu... ti veggio...
ti ritrovo ancora,
morta non sei...
dormi soltanto e aspetti...
...

5. Il matrimonio segreto di D. Cimarosa
Atto I, scena V

Fidalma
È vero che in casa
son io la signora,
che m'ama il fratello,
che ognuno m'onora;
È vero ch'io godo
la mia libertà...
Ma con un marito meglio si sta.
...

Sui tetti di Roma!

6. Tosca di G. Puccini
Atto I, scena V

Tosca
Altre parole bisbigliavi. Ov'è?...

Cavaradossi
Chi?

Tosca
Colei!... Quella donna!...
Ho udito i lesti passi
ed un fruscio di vesti...

Cavaradossi
Sogni!

Tosca
Lo neghi?

Cavaradossi
Lo nego e t'amo!

b. Leggete i testi ad alta voce. Attenzione alla pronuncia.

c. Guardate il glossario e provate a tradurre i testi con l'aiuto dell'insegnante.

E.10 a. Osservate: **ne** - pronome partitivo.

Fulvio: E i **biglietti**?
Marina: Non li ho; **ne ho solo due** per il concerto di Diana Krall ed Esperanza Spalding. Ma forse lo spettacolo con i *Funk Off* è gratuito. Perché non guardiamo sul programma?

I pronomi **lo, la, li, le** indicano **tutto**. → - *Compri tu i biglietti? - Sì, li compro io!*
Ne invece indica **un po'/una parte**. → - *Quanti biglietti compri? - Ne compro uno.*
→ - *Quanti bottiglie compri? - Ne compro una.*

b. Rispondete come nell'esempio in blu.

1. - Quanti **bicchieri d'acqua** bevi al giorno? - *Ne bevo* dieci.
2. - Quanti **CD di Monserrat Caballé** prendi? - _____ tre.
3. - Quante **ore di lezione** hai all'università oggi? - _____ un____.
4. - Quante **lingue** parla, signora? - _____ due.
5. - Quante **arie** canti di *Simon Boccanegra*? - Non _____ nessun____.
6. - Quanti **sassofonisti** conosci? - _____ quattro.
7. - Maestro, quante **prove** facciamo ancora? - _____ almeno due.

esercizio 21

Unità 3

F

F.1 a. *Che ora è? / Che ore sono?* **Osservate.**

Sono **le** ...   **meno** un quarto   **e** un quarto

È mezzogiorno / È l'una / È mezzanotte

e mezzo/a

b. Che ore sono adesso? Guardate gli orologi e rispondete, come nell'esempio in blu.

1. È l'una.
2.
3.
4.
5.
6.
7.
8.

Gli orari ufficiali: *17.15 Sono le **diciassette e quindici**.*
*20.30 Sono le **venti e trenta**.*

c. Leggete e scrivete l'ora, come nell'esempio in blu.

16:24 — 1. Sono le sedici e ventiquattro.
12:36 — 2.
14:10 — 3.
18:49 — 4.
22:38 — 5.

54 cinquantaquattro   Edizioni Edilingua

Sui tetti di Roma!

F.2 A coppie leggete il dialogo e scandite bene le parole. Attenzione alla pronuncia.

A che ora finisci?

Luciano: Ciao Vincenzo, dove vai?
Vincenzo: Vado in palestra, c'è un corso di karate dalle 19 alle 20.
Luciano: E a che ora esci dalla palestra?
Vincenzo: Verso le otto e mezzo, perché?
Luciano: Vorrei andare al cinema, ma nessuno ha tempo. Perché non andiamo insieme?
Vincenzo: Cosa vuoi vedere?
Luciano: Vorrei vedere di nuovo *The Blues Brothers*.
Vincenzo: E a che ora?
Luciano: Alle 21.15 c'è l'ultimo spettacolo al cinema *Anteo*.
Vincenzo: Va bene. Alle otto e mezzo sono pronto e poi andiamo.

F.3 Leggete ancora una volta il dialogo e completate con le preposizioni corrette.

1. .... 21.15 c'è l'ultimo spettacolo.
2. Il corso di karate è .... 19.00 .... 20.00.
3. - A che ora esci dalla palestra? - .... otto e mezzo.

F.4 Rispondete alle domande.

1. - A che ora apre la farmacia? - .... 15.30.
2. - Qual è l'orario della segreteria? - Apre .... 9.00 .... 13.30.
3. - Quando inizia il corso di francese? - .... nove.
4. - Quanto dura lo sciopero domani? - Otto ore, ... 8.00 .... 16.00.

esercizi 22-23c

G

G.1 a. Osservate: **ci** - avverbio di luogo.

- Domani alle 18.00 vado **al concerto** di Yo-Yo Ma.
- Davvero, **ci** vado anch'io, allora possiamo andar**ci** insieme!

Ci vado. ➜ *Vado al concerto*.
Ci possiamo andare. / Possiamo andar**ci**. ➜ *Possiamo andare al concerto*.
Ci sostituisce **il luogo**, in questo caso "il concerto". Nella forma scritta **vi** sostituisce spesso **ci**.

L'italiano nell'aria 1

Unità 3

b. Rispondete come nell'esempio in blu.

1. - Vai a teatro da sola stasera? - No, *ci vado* con Piergiorgio!
2. - Gianni, andiamo al cinema stasera? - Sì, ..., ma al secondo spettacolo!
3. - Quando vieni al festival di Spoleto? - .... giovedì.
4. - Loro vanno da Mara dopo la lezione di solfeggio? - No, ... subito.
5. - Vieni all'audizione del 5 giugno? - No, non .... perché non ho tempo.
6. - Andate a Roma la prossima settimana? - No, ... domani.
7. - Giorgio va alla prova generale? - No, non .... perché lavora fino a tardi.

esercizi 24-25

G.2 a. Osservate.

Gli avverbi di tempo

Michela ascolta **sempre** la musica jazz, io ascolto **spesso** la musica classica e **qualche volta / ogni tanto / a volte** l'opera; **di solito** Jacopo ascolta la musica leggera, lui non ascolta **mai** la musica jazz e **raramente** va in discoteca / non va **quasi mai** in discoteca.

> Quando **mai** e **quasi mai** seguono il verbo, richiedono la negazione **non**.

b. Ascoltate e scrivete l'avverbio presente in ogni frase.

1. .... 2. .... 3. .... 4. .... 5. .... 6. ....

E ancora...

G.3 Osservate la tabella.

I PRONOMI DIRETTI CON I VERBI MODALI		
1°		**2°**
Mi vuoi accompagnare a Roma?		Vuoi accompagnar**mi** a Roma?
Ti devo portare gli appunti?		Devo portar**ti** gli appunti?
Lo puoi aiutare?		Puoi aiutar**lo**?
La puoi aiutare?	=	Puoi aiutar**la**?
Ci vuoi ascoltare?		Vuoi ascoltar**ci**?
Vi dobbiamo chiamare?		Dobbiamo chiamar**vi**?
Lo puoi incontrare domani.		Puoi incontrar**lo** domani.
La puoi incontrare domani.		Puoi incontrar**la** domani.
Li vuoi mangiare adesso?		Vuoi mangiar**li** adesso?
Le vuoi mangiare adesso?		Vuoi mangiar**le** adesso?

esercizio 26

> I pronomi si mettono prima del verbo modale o dopo il verbo all'infinito che, in questo caso, perde la **-e** finale. Le due forme **sono uguali** nel significato.

Sui tetti di Roma!

G.4 Osservate la tabella.

PRESENTE INDICATIVO (altri verbi irregolari)				
	DARE	DIRE	RIMANERE	SAPERE
io	do	dico	rimango	so
tu	dai	dici	rimani	sai
lui/lei/Lei	dà	dice	rimane	sa
noi	diamo	diciamo	rimaniamo	sappiamo
voi	date	dite	rimanete	sapete
loro	danno	dicono	rimangono	sanno

esercizio 28

H

H.1 a. Leggete.

Severino Gazzelloni (1919-1992) e il suo flauto

Una sera il piccolo Severino Gazzelloni ascolta alla radio il concerto di Mozart in sol minore per flauto e orchestra, diretto da Furtwängler. Questo evento gli cambia la vita. Già a sette anni decide di imparare a suonare il flauto. La famiglia è modesta, non ha mezzi economici e Gazzelloni riceve le prime lezioni dal maestro della banda del paese. In seguito frequenta a Roma il Conservatorio di Santa Cecilia.

Nel 1952 va a Darmstadt per seguire dei corsi e incontrare altri musicisti. Per trent'anni lavora nell'Orchestra della Rai (Radiotelevisione italiana) come solista e raggiunge fama mondiale, grazie al suo repertorio che va da Bach a Mozart, da Vivaldi a Stockhausen. Il suo merito consiste anche nell'avvicinare la gente comune al mondo del flauto e della musica classica. Fino al 1992, quando muore, insegna all'Accademia Chigiana di Siena che accoglie giovani musicisti da tutto il mondo.

b. Abbinate le parole che hanno un significato simile.

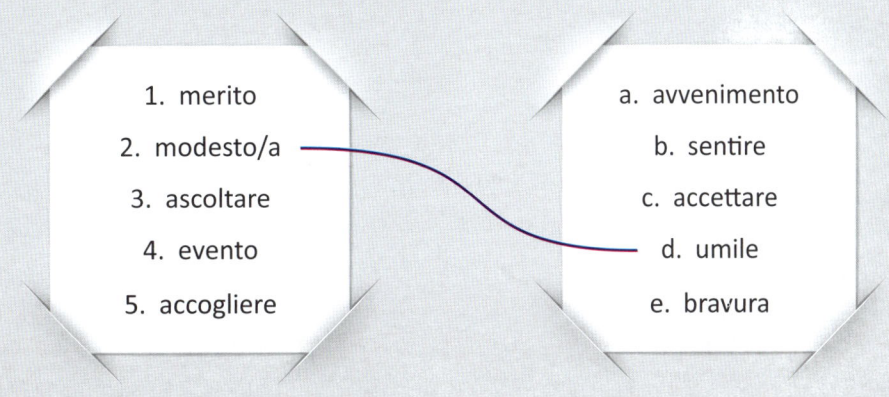

1. merito
2. modesto/a
3. ascoltare
4. evento
5. accogliere

a. avvenimento
b. sentire
c. accettare
d. umile
e. bravura

L'italiano nell'aria 1

Unità 3

H.2 a. Leggete e inserite i vocaboli mancanti.

borsa di studio ✦ perfezionamento ✦ portale ✦ curriculum ✦ diploma

Ginevra Petrucci (1989)

La flautista romana è molto giovane, ma ha già un ....(1) musicale importante. Dopo il ....(2) al conservatorio nel 2005, segue seminari di ....(3) in Italia, in Francia e negli Stati Uniti. Con una ....(4) frequenta due volte la Musikhochschule di Lubecca e studia sotto la direzione del primo flauto solista Andreas Blau. Inoltre tiene concerti in Asia, Europa, Africa e negli Stati Uniti e scrive per la rivista *Falaut*, il ....(5) dei flautisti.

b. Cercate i verbi nel testo e scriveteli all'infinito.

Esempio: ......è...... → ......essere......
.... → ....
.... → ....
.... → ....
.... → ....
.... → ....
.... → ....

esercizi 29-30

Unità 4

Chi scrisse...?

A

A.1 Leggete ad alta voce. Attenzione alla pronuncia.

Giacomo Puccini (1858-1924)

Già negli anni giovanili Puccini fu scapestrato e donnaiolo. Suonò spesso nel Duomo di Lucca e una volta rubò delle canne dell'organo e le vendette per aiutare la famiglia.
Il musicista non dimostrò grande interesse per la musica fino al 1876, quando a Pisa assistette all'*Aida* di Verdi e ne restò colpito. Abbandonò quindi Lucca e andò a Milano a studiare.
Grazie a una borsa di studio di un anno, egli frequentò il conservatorio. Il suo compagno di stanza fu Pietro Mascagni e i suoi maestri Bazzini e Ponchielli. L'opera d'esordio, *Edgar*, non ebbe grande successo, mentre *Manon Lescaut* segnò il primo trionfo del compositore.

A.2 A coppie trovate il sinonimo, come nell'esempio in blu.

aiuto finanziario per studenti ◆ dissoluto/irresponsabile ◆ portare via di nascosto
grande successo ◆ insegnante ◆ dongiovanni ◆ ~~debutto~~ ◆ strumento musicale

1. esordio   = *debutto*
2. scapestrato = ...
3. donnaiolo = ...
4. organo   = ...
5. maestro   = ...
6. rubare   = ...
7. borsa di studio = ...
8. trionfo   = ...

A.3 Rispondete alle seguenti domande.

1. Come fu da giovane Puccini?
2. Dove suonò l'organo?
3. Cosa rubò?
4. Dove andò con la borsa di studio?
5. Quale fu l'opera d'esordio?
6. Che cosa segnò per Puccini l'opera *Manon Lescaut*?

A.4 Cercate nel testo e riportate qui sotto i verbi che sono al passato remoto.

fu , ... , ... , *dimostrò* , ... ,
.... , ... , *frequentò* , *fu* , *ebbe* , ...

L'italiano nell'aria 1

Unità 4

A.5 Osservate la tabella.

PASSATO REMOTO (verbi regolari)			
	DIMOSTR-ARE	VEND-ERE	FIN-IRE
io	dimostr-**ai**	vend-**ei**/vend-**etti**	fin-**ii**
tu	dimostr-**asti**	vend-**esti**	fin-**isti**
lui/lei/Lei	dimostr-**ò**	vend-**é**/vend-**ette**	fin-**ì**
noi	dimostr-**ammo**	vend-**emmo**	fin-**immo**
voi	dimostr-**aste**	vend-**este**	fin-**iste**
loro	dimostr-**arono**	vend-**erono**/vend-**ettero**	fin-**irono**

> Il **passato remoto** è un tempo verbale usato soprattutto in letteratura e nell'opera. Nella lingua parlata è diffuso ancora oggi in Toscana e nell'Italia del Sud. Le altre regioni italiane preferiscono il passato prossimo (*Ho studiato molto.*). Il passato remoto ha molte forme irregolari: è più importante "riconoscerlo" che usarlo attivamente. Indica un'azione passata e conclusa senza legami con il presente: *Puccini assistette all'*Aida *di Verdi nel 1876.*

A.6 Abbinate le forme verbali del passato remoto, come nell'esempio.

1. noi and — arono
2. tu aiut
3. lei vend
4. lui cap
5. voi cred
6. loro cred
7. io rub
8. tu fin
9. loro rub
10. lei disegn

- arono
- este
- ì
- isti
- asti
- é/ette
- ò
- ammo
- ai
- erono/ettero

A.7 Completate le frasi con i verbi al passato remoto.

1. Desdemona .... (soffrire) molto per Otello.
2. I genitori .... (credere) nel talento del figlio.
3. Ieri sera noi .... (ballare) fino a tardi.
4. Puccini .... (assistere) all'*Aida* la prima volta nel 1876.
5. Mozart .... (sposare) Costanza Weber nel 1782.
6. Priscilla da giovane .... (impazzire) per un noto attore americano.
7. L'agenzia musicale .... (offrire) agli orchestrali una tournée in Canada.
8. Il regista Visconti .... (girare) il film *Morte a Venezia* nel 1971.

esercizi 1-3b

Chi scrisse...?

B

B.1 Inserite nelle tabelle le forme date al passato remoto di *avere* e *essere*.

furono - ~~ebbi~~ - ~~aveste~~ - fui - ebbero - ~~fosti~~ - avemmo - fu - ~~fummo~~ - avesti - foste - ebbe

	AVERE
io	ebbi
tu	
l'opera	
noi	
voi	aveste
Bellini e Donizetti	

	ESSERE
io	
tu	fosti
Puccini	
noi	fummo
voi	
Monteverdi e Wagner	

esercizio 4

B.2 a. Ascoltate la lettura dell'aria.

1. La rondine di G. Puccini

Atto I

Magda

...
Chi il bel sogno di Doretta poté indovinar?
Il suo mister come mai, come mai finì.
Ahimè! Un giorno uno studente
in bocca la baciò
e fu quel bacio rivelazione:
fu la passione!
Folle amore!
Folle ebbrezza!

Chi la sottil carezza
d'un bacio così ardente mai ridir potrà?
Ah! Mio sogno!
Ah! Mia vita!
Che importa la ricchezza
se alfine è rifiorita la felicità!
O sogno d'or,
poter amar così!

b. Leggete l'aria ad alta voce. Attenzione alla pronuncia.

c. Vero o falso? Rispondete.

1. Ahimè significa "poverina".
2. Folle ebbrezza significa "provare intensa euforia".
3. La sottil carezza significa "tocco forte".
4. Un bacio così ardente significa "un bacio appassionato".
5. Alfine significa "alla fine".
6. È rifiorita significa "è tornata di nuovo".

L'italiano nell'aria 1

Unità 4

d. Completate la parafrasi di *Chi il bel sogno di Doretta...*

Un giorno uno studente
la ....(1) in bocca
e quel bacio ....(2) una rivelazione:
fu la ....(3)!
Fu folle ....(4)!
Folle euforia!
Chi mai potrà descrivere
la carezza ....(5)
di un bacio così ....(6)?
Che importanza ha la ricchezza
se ....(7) è ritornata la ....(8).
O che sogno poter amare così!

e. Cercate in B.2a i quattro verbi al passato remoto e metteteli all'infinito.

1. ....   3. ....
2. ....   4. ....

f. Scrivete l'articolo determinativo dei sostantivi evidenziati in rosso nell'aria.

il   sogno

g. Guardate il glossario e provate a tradurre l'aria in B.2a con l'aiuto dell'insegnante.

C

C.1 Osservate la tabella.

PASSATO REMOTO (alcuni verbi irregolari in -ERE)				
	CHIEDERE	PRENDERE	PIANGERE	CADERE
io	chiesi	presi	piansi	caddi
tu	chiedesti	prendesti	piangesti	cadesti
lui/lei/Lei	chiese	prese	pianse	cadde
noi	chiedemmo	prendemmo	piangemmo	cademmo
voi	chiedeste	prendeste	piangeste	cadeste
loro	chiesero	presero	piansero	caddero

Chi scrisse...?

I verbi irregolari sono principalmente in -**ere** (le forme irregolari sono sempre alla 1ª e alla 3ª persona singolare, e alla 3ª persona plurale):
a. verbi in -**dere** (ad esempio, *chiedere*), **d ➜ s**: chiudere, decidere, deludere, perdere, ridere, uccidere, ecc.
b. verbi in -**ndere** (ad esempio, *prendere*), **nd ➜ s**: apprendere, comprendere, difendere, spendere, scendere, ecc.
c. verbi in -**ncere** (ad esempio, *vincere*) o -**ngere** (ad esempio, *piangere*), in -**gnere** (ad esempio, *spegnere*), in -**nguere** (ad esempio, *distinguere*), **c/g/gn ➜ s**: dipingere, fingere, spegnere, ecc.
d. verbi che prendono la **doppia consonante**: cadere, volere, tenere, bere, ecc.
Altri verbi irregolari: correre, leggere, mettere, scrivere, vedere, vivere; dare, fare, stare, dire, venire, ecc.
A pagina 193 potete consultare la tabella.

C.2 Mettete i verbi al passato remoto.

1. Mimì .... (chiudere) la porta e poco dopo .... (perdere) la chiave.
2. Nel 1832 il Conservatorio di Milano non .... (ammettere) Verdi agli studi.
3. Io .... (spendere) tutti i soldi in vacanza.
4. Nel 1960 zia Rosa e zio Aldo .... (prendere) lezioni da un celebre violinista.
5. Lucia di Lammermoor .... (uccidere) Arturo durante la prima notte di nozze.
6. Da giovane, quando il nonno .... (decidere) di sposare la nonna, ... (chiedere) il permesso ai genitori di lei.

esercizi 5-11b

C.3 Leggete il testo e rispondete.

Puccini e le donne

Due furono gli elementi che ispirarono Puccini nei suoi drammi: la sua capacità di analizzare il mondo femminile e la gelosia continua della sua convivente, Elvira Bonturi.
Ai tempi de *La Bohème*, Elvira accusò la cameriera Doria Manfredi di essere l'amante del musicista. Lei non sopportò la vergogna e le chiacchiere del piccolo paese di Torre del Lago e si suicidò. Ancora oggi la storia non è chiara. Puccini ed Elvira Bonturi pensarono anche alla separazione, a causa di questa tragica fine di Doria.
Il loro rapporto tuttavia continuò, anche se con vendette, violenze psicologiche e tradimenti continui.

1. Chi fu la convivente di Giacomo Puccini?
2. Chi accusò Doria Manfredi di essere l'amante di Puccini?
3. Cosa non sopportò Doria?
4. Giacomo ed Elvira si separarono dopo questa tragica storia?
5. Continuarono i tradimenti dopo la morte di Doria?

Unità 4

D

D.1 a. Leggete il testo.

Gioacchino Rossini (1792-1868)

Gioacchino Rossini nacque a Pesaro nel 1792, imparò a suonare il pianoforte, la viola e altri strumenti ad arco al liceo musicale di Bologna e dimostrò anche di avere doti canore.

Rossini non fu un personaggio facile a causa del carattere lunatico, pigro, collerico e spesso depresso. Iniziò la sua carriera nel 1810 a Venezia con *La cambiale di matrimonio*.

Seguirono altri capolavori come *Il turco in Italia* (1814), *Il barbiere di Siviglia* (1816) e *La Cenerentola* (1817). Con *La gazza ladra* debuttò al Teatro alla Scala nel 1817 e per la trama s'ispirò a un fatto realmente accaduto. Dopo *Semiramide,* il compositore decise di lasciare l'Italia e di andare a vivere a Parigi. Qui nel 1829 scrisse *Guglielmo Tell*. Dopo la prima rappresentazione nello stesso anno, egli abbandonò le scene anche se continuò a comporre musica.

A Parigi il compositore ebbe il tempo di creare altre opere ma non a teatro, bensì in cucina. Nella sua casa di campagna Rossini invitò spesso gli amici per assaggiare insieme con loro le sue raffinate invenzioni culinarie. Morì vicino a Parigi nel 1868. Celebre è una sua frase: «Lo stomaco è il direttore che dirige la grande orchestra delle nostre passioni».

b. Quali sono gli infiniti dei seguenti verbi?

1. nacque = ...
2. fu = ...
3. seguirono = ...
4. decise = ...
5. invitò = ...
6. morì = ...

D.2 Rispondete a coppie alle seguenti domande.

1. Cosa imparò Rossini al liceo musicale?
2. Quando e dove scrisse *Guglielmo Tell*?
3. Quando decise di lasciare le scene, quale fu la seconda passione che coltivò?

D.3 Comunicate!
Scambiatevi delle informazioni su Puccini e Rossini usando il passato remoto.
Per aiutarvi, potete utilizzare le seguenti parole ed espressioni.

A andò a vivere, accusò, nacque, abbandonò, compose, rubò, non sopportò, scrisse, fu, morì, vendette, frequentò, continuò, imparò, non dimostrò, invitò

B le scene, la cameriera, le invenzioni culinarie, la convivente, le doti canore, il rapporto, gli amici, il carattere lunatico, le canne dell'organo, la musica, l'amante, la viola ed altri strumenti ad arco, donnaiolo, Parigi, il conservatorio

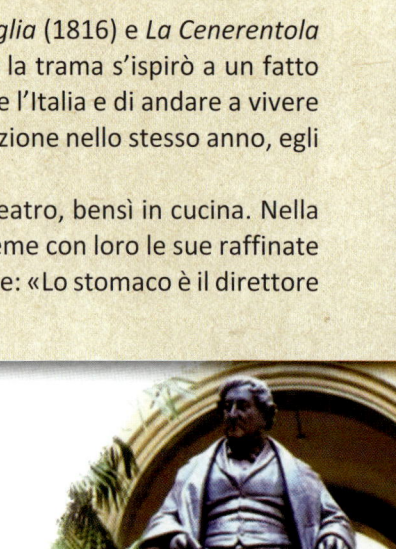

Chi scrisse…?

D.4 a. Ascoltate la lettura della cavatina.

2. Semiramide di G. Rossini

Atto I, scena IX

Semiramide

Bel raggio lusinghier,
di speme, e di piacer
al fin per me brillò.
Arsace ritornò.
Sì, a me verrà.
Quest'alma che sinor
gemé, tremò, languì,
oh! Come respirò!
Ogni mio duol sparì.
Dal cor, dal mio pensier,
si dileguò il terror.
…

b. Adesso leggete ad alta voce. Attenzione alla pronuncia.

c. Scegliete in significato corretto delle parole in blu.

1. **lusinghiero** significa
   a. ☐ piacevole
   b. ☐ spiacevole

2. **speme** significa
   a. ☐ disperazione
   b. ☐ speranza

3. **sinor** significa
   a. ☐ fino ad ora
   b. ☐ signore

4. **languire** significa
   a. ☐ fiorire
   b. ☐ perdere le forze

d. Completate a coppie con le parole della cavatina la parafrasi del *Bel raggio lusinghier*.

Alla fine per me ....(1) il bel raggio ....(2), di speranza e di ....(3)!
Arsace ....(4). Verrà a ....(5).
Quest'alma che ....(6) gemette, ...(7), languì.

e. Guardate il glossario e provate a tradurre il testo D.4a con l'aiuto dell'insegnante.

L'italiano nell'aria 1

Unità 4

D.5 Sapete rispondere?

Quiz di cultura operistica

1. Semiramide è la regina
   a. ☐ d'Egitto.
   b. ☐ di Babilonia.
   c. ☐ d'Etiopia.

2. Cos'è una cavatina?
   a. ☐ Un'aria di fine Ottocento.
   b. ☐ Un'aria di sortita.
   c. ☐ Un sinonimo di recitativo.

3. Dove nacque Gioacchino Rossini?
   a. ☐ A Roma.
   b. ☐ A Busseto.
   c. ☐ A Pesaro.

4. L'opera *Semiramide*
   a. ☐ fu la prima opera di Rossini.
   b. ☐ non ebbe successo.
   c. ☐ fu l'ultima di Rossini in Italia.

5. Rossini fu appassionato
   a. ☐ di cucina.
   b. ☐ d'arte.
   c. ☐ di storia.

6. In quanti atti si divide *Semiramide*?
   a. ☐ È un atto unico.
   b. ☐ In tre atti.
   c. ☐ In due atti.

7. *Semiramide* è tratta dall'omonima tragedia di
   a. ☐ Shakespeare.
   b. ☐ Voltaire.
   c. ☐ Hugo von Hoffmannstahl.

8. "Lunatico" significa
   a. ☐ allegro.
   b. ☐ volubile.
   c. ☐ equilibrato.

esercizi 12-13d

E

E.1 Ascoltate il messaggio che Gioia lascia a Cecilia e completate il testo.

Ciao Cecilia, sono Gioia.
Come stai? Peccato, non sei a casa! Ho una novità da raccontarti. Sai, finalmente abito vicino all'università.
Il ....(1) appartamento è proprio carino.
Lo divido con la ....(2) amica Beatrice e il ....(3) gatto, con Luciano e la ....(4) ragazza.
E tu e il ....(5) nuovo lavoro?
Mi chiami quando hai due minuti di tempo?
Ciao, a presto!

Chi scrisse...?

E.2 Completate la tabella con i possessivi usati nell'attività E.1.

AGGETTIVI POSSESSIVI				
	singolare		plurale	
	maschile	femminile	maschile	femminile
io	il	la	i miei	le mie
tu	il	la tua	i tuoi	le tue
lui/lei/Lei	il	la	i suoi	le sue
noi	il nostro	la nostra	i nostri	le nostre
voi	il vostro	la vostra	i vostri	le vostre
loro	il lor**o**	la lor**o**	i lor**o**	le lor**o**

1. Al singolare e al plurale i possessivi hanno sempre l'articolo.
2. Beatrice e **il suo** gatt**o**. / Beatrice e **la sua** cas**a**. — Luciano e **il suo** gatt**o**. / Luciano e **la sua** cas**a**.
3. Il lor**o** gatt**o**. / I lor**o** gatt**i**. (di Beatrice e Luciano) — La lor**o** cas**a**. / Le lor**o** cas**e**. (di Beatrice e Luciano)
4. Con i nomi di parentela al singolare non si usa mai l'articolo determinativo. Esempio:
    mio marito / mia moglie
    tuo fratello / tua sorella
    suo padre / sua madre
    nostro figlio / nostra figlia
    vostro zio / vostra zia

   ma: *il lor**o** nonno / la lor**o** nonna*

   Attenzione! Nel linguaggio operistico: *Suo marito, il conte.* ➔ **Vostro** *marito, il conte.*

I pronomi possessivi hanno la stessa forma degli aggettivi ma non sono seguiti da un sostantivo: *La mia borsa e la **tua** sono sul tavolo.*

E.3 Scegliete la forma giusta.

1. La mia/Mia viola è a casa.
2. Suo/Il suo insegnante di canto è molto bravo.
3. I loro/Loro genitori sono in Ungheria.
4. Nostri/I nostri figli studiano a Firenze.
5. Questa è la vostra/vostra prenotazione.
6. La loro/Loro sorella abita in America.
7. La tua/Tua zia è contralto, vero?
8. La sua/Sua auto non funziona.
9. Gianni, dove sono i tuoi/tuoi amici?
10. Miei/I miei cugini sono artisti.

E.4 Completate le frasi con i seguenti possessivi: **tua, il loro, i suoi, il suo, la vostra, la tua**.

1. Signora Magni, ecco .... tavolo!
2. Jacopo, ... amica è soprano lirico, vero?
3. Gli studenti vanno al museo con .... professore.
4. Ragazzi, ... città è proprio bella!
5. Signora De Crescenzo, dove sono .... figli?
6. Riccardo, ... moglie è di Atene, vero?

L'italiano nell'aria 1

Unità 4

E.5 **a. Ascoltate la lettura del testo.**

3. Linda di Chamounix di G. Donizetti
Atto II, scena III

Marchese

Un sol momento.
Questo vostro appartamento
non c'è male, egli è grazioso;
ma d'offrirvi io mi fo vanto
un palazzo sontuoso.
I più splendidi equipaggi,
servitù, cavalli e paggi,
a' vostri ordini un banchiere,
quanto mai vi fa piacere...

b. Adesso leggete il testo ad alta voce. Attenzione alla pronuncia.

c. Guardate il glossario e provate a tradurre il testo con l'aiuto dell'insegnante.

esercizi 14a-16

F

E ancora...

F.1 a. Osservate la tabella.

GLI INTERROGATIVI			
Chi	invariabile	si riferisce a persone o animali	Chi sei/sono?
Che / Che cosa / Cosa	invariabile	si riferiscono soltanto a cose	Che ↘ Che cosa → studi? Cosa ↗
Quale Quali	variabile	si riferiscono a persone o cose	Quale opera preferisci? Quali registi conosci?
Quanto Quanti Quanta Quante	variabile	si riferiscono a persone o cose	Quanto costa il biglietto? Quanti spartiti hai? Quanta pazienza che hai! Quante persone ci sono?

b. Completate.

1. .... compri al mercato?
2. - .... anni hai? - Ho diciott'anni ma nessuno mi crede!
3. .... ti telefona tutti i giorni?
4. .... libri presterai a Michele?
5. .... cioccolata mangi al giorno?
6. .... viene con me al concerto di Rihanna domani?

Chi scrisse...?

G

G.1 Scegliete il verbo giusto e completate il testo.

abbandonò ◆ iniziò ◆ morì ◆ rimase ◆ incontrò

Georg Friedrich Händel (1685-1759)

Händel ....(1) prestissimo a suonare il clavicembalo ed ebbe i primi successi ad Amburgo, dove dominava l'arte italiana. ....(2) nella città tedesca fino al 1706. Poi andò a Firenze, Roma, Napoli e a Venezia. Fu un periodo decisivo perché ....(3), tra gli altri, Scarlatti, Corelli e Pasquini. Bravissimo organista, scrisse numerose cantate, serenate, opere, oratori e divenne impresario teatrale. A Londra scrisse un *Te Deum* per la corte inglese. ....(4) l'Inghilterra per Dublino e lì ebbe un'accoglienza trionfale. La sua debole vista divenne ben presto cecità e ....(5) a Londra nel 1759.

G.2 Leggete.

Richard Wagner (1813-1883)

Antiebreo, con un temperamento ribelle e difficile, una vita avventurosa e piena di debiti, Richard Wagner fu sempre alla ricerca di mecenati per poter realizzare le sue visioni musicali. Il re Ludwig II di Baviera ebbe per lui ammirazione e devozione. Lo aiutò economicamente per anni e finanziò la costruzione del suo teatro di Bayreuth, inaugurato nel 1876 con *L'anello del Nibelungo*. Il compositore tedesco, che scrisse sempre da solo i libretti e le musiche delle sue opere, riformò il teatro musicale. Ogni anno il Festival wagneriano lo celebra.

G.3 Leggete e indicate (✓) il sinonimo corretto.

Wolfgang Amadeus Mozart (1756-1791)

Alla morte di Mozart, girò negli ambienti viennesi un terribile sospetto, considerato valido ancora oggi da molti biografi. Il sospetto è che Antonio Salieri avvelenò Mozart. Tra Salieri e Mozart ci fu una continua rivalità, anche se Salieri fu, tra i due, il più famoso e apprezzato. Qual è la versione ufficiale? Pieno di debiti, con una vita frenetica e disordinata, Mozart ebbe una paralisi e morì a 35 anni.

1. il sospetto
   a. ☐ il dubbio
   b. ☐ il pensiero
   c. ☐ la sorpresa

2. avvelenò
   a. ☐ ferì
   b. ☐ uccise con il veleno
   c. ☐ contrastò

3. vita frenetica
   a. ☐ vita pericolosa
   b. ☐ vita movimentata
   c. ☐ vita tranquilla

Unità 4

G.4 Leggete.

Giuseppe Verdi (1813-1901)

Giuseppe Verdi morì a Milano in una fredda notte di gennaio del 1901. Al *Grand Hotel et de Milan*, in Via Manzoni, il celebre compositore trascorse spesso i lunghi mesi invernali nella suite 105-106 composta da un salone, tre stanze e due balconi. L'agonia di Verdi durò sei giorni. A quei tempi carrozze e cavalli facevano un gran rumore e i milanesi decisero di mettere della paglia sulla strada, per non disturbare "il grande maestro". Ancora oggi nella suite dell'albergo c'è un grande ritratto di Verdi.

G.5 Leggete e scrivete l'infinito dei verbi che sono al passato remoto.

Vincenzo Bellini (1801-1835)

La vita del siciliano Bellini, anche se breve, fu importante per la storia della musica. Compose dodici opere, tra cui *La sonnambula*, *I Capuleti e i Montecchi*, *La Norma* e *I Puritani*, oltre a musica sinfonica e romanze da camera. Al conservatorio di Napoli fu allievo dell'operista Nicola Zingarelli, che gli fece conoscere le musiche di Mozart, Hayden e Beethoven. Chopin, che influenzò la sua vena melodica, l'ammirò molto. Bellini declamava più volte i versi dei suoi personaggi ad alta voce fino a quando trovava la melodia giusta. I suoi temi: la malinconia, l'amore, il dolore, le emozioni. Morì a Parigi e fu sepolto vicino a Chopin. Dal 1876 la sua tomba è nel Duomo di Catania, sua città natale.

esercizi 17-19b

Unità 5

Veramente, io Le consiglio...

A

A.1 Ascoltate il dialogo.

Bartezzaghi - strumenti musicali

Gianluca e Filippo sono nel negozio e guardano gli articoli musicali.

Commesso: Buongiorno, desidera?
Gianluca: Cerco una custodia per il mio violino.
Commesso: Una custodia morbida o rigida?
Gianluca: Ma non so, Lei cosa mi consiglia?
Commesso: Beh, io Le consiglio la custodia rigida perché protegge meglio lo strumento.
Gianluca: Va bene... quanto costa la custodia rigida?
Commesso: Dipende. Ci sono diversi prezzi: da 50 a 200 euro circa. Le mostro una custodia che vendiamo molto bene a un ottimo prezzo. Ecco qua!
Filippo: Perché non gli chiedi se c'è uno sconto?
Gianluca: Sì, buona idea! Una domanda: c'è uno sconto per gli studenti del conservatorio?
Commesso: Sì, per gli studenti c'è il 15%, ma gli chiediamo di presentare la tessera universitaria.

A.2 Rispondete.

1. Cosa vuole comprare Gianluca?
2. Con chi va Gianluca da *Bartezzaghi - strumenti musicali*?
3. Che cosa gli consiglia il commesso?
4. Che cosa dice Filippo a Gianluca?
5. Che sconto c'è per gli studenti?
6. Che cosa devono mostrare gli studenti al commesso?

A.3 Adesso leggete il dialogo A.1 e scandite bene le parole. Attenzione alla pronuncia.

A.4 Leggete di nuovo il dialogo e completate.

...
Gianluca: Ma non so, Lei cosa ....(1) consiglia?
Commesso: Beh, io ....(2) consiglio la custodia rigida perché protegge meglio lo strumento.
Gianluca: Va bene... quanto costa?
Commesso: Dipende. Ci sono diversi prezzi: da 50 a 200 euro circa. ....(3) mostro una custodia che vendiamo molto bene e a un ottimo prezzo. Ecco qua!

L'italiano nell'aria 1

Unità 5

Filippo: Perché non ....(4) chiedi se c'è uno sconto per gli studenti del conservatorio?
Commesso: Sì, il 15%, ma ....(5) chiediamo di presentare la tessera universitaria.

A.5 Osservate la tabella.

	I PRONOMI INDIRETTI			
mi	mandi un messaggio su WhatsApp.	→	Tu mandi un messaggio su WhatsApp *a me*.	
ti	scrivo una lettera.	→	Io scrivo una lettera *a te*.	
gli	scrive una storia.	→	Lia scrive una storia *a lui*.	
le	dice la verità.	→	Cesare dice *a lei* la verità.	
Le	piace l'opera, signore/a?	→	Signore/a, *a Lei* piace l'opera?	
ci	spiegate la regola.	→	Voi spiegate la regola *a noi*.	
vi	spediamo un messaggio.	→	Noi spediamo un messaggio *a voi*.	
gli	telefoni.	→	Tu telefoni *a loro* (Laura e Gianna).	

> I pronomi personali indiretti rispondono alla domanda *a chi?, a che cosa?*
> Alla 3ª persona plurale abbiamo anche: *Telefoni a Laura e Gianni.* = *Telefoni loro* (forma meno usata).

A.6 Completate le frasi come nell'esempio in blu.

1. Isabella parla *a Carlo*. — *Gli* parla.
2. - Quando telefoni alla signora Rossi? - .... telefono domani.
3. Valeria e Bianca scrivono a Roberta. — .... scrivono.
4. Il direttore parla con gli insegnanti. — .... parla.
5. Stefano dà le cuffie a Regina. — .... dà le cuffie.
6. Lara chiede le informazioni alle colleghe. — .... chiede le informazioni.
7. - Che cosa regali al signor Verdi? - .... regalo una bottiglia di vino.

> Trovate una lista dei verbi che richiedono i pronomi personali indiretti nel *Quaderno degli esercizi* a pagina 158, esercizio 3a.

esercizi 1-4c

A.7 Comunicate!
Leggete le informazioni a pagina 73 e fate il dialogo come nell'esempio.
Scegliete una delle risposte del/della commesso/a.

A
Cliente: Cerco/Vorrei un portafoglio di pelle o di stoffa. Lei cosa mi consiglia?

B
Commesso/a:
a. Beh, io **Le** consiglio un portafoglio di pelle perché è pratico, robusto ed elegante.
b. Beh, io **Le** consiglio un portafoglio di stoffa perché è leggero e più economico.

Veramente, io Le consiglio...

Cliente

1. Un portafoglio di pelle o di stoffa.
2. Una borsa di pelle con tracolla morbida o rigida.
3. Un abito da sera, di seta o di cotone, per un concerto.
4. Una custodia di stoffa o sintetica per il computer portatile.
5. Un tablet con una memoria da 8 oppure 32 GB.
6. Un portafoto di plexiglass o d'argento.

Commesso/a

1. Di pelle è pratico, robusto ed elegante / di stoffa è leggero e più economico.
2. Morbida è più leggera / rigida è più robusta.
3. Di seta è più elegante / di cotone è più economico.
4. Di stoffa protegge di più / sintetica è più di moda.
5. Da 32 GB contiene più libri / da 8 GB contiene meno libri.
6. Di plexiglas è più moderno / d'argento è molto più classico.

A.8 a. Leggete i testi ad alta voce e cercate i pronomi indiretti.

1. Rigoletto di G. Verdi
Atto III, scena II

Duca

...
È sempre misero
chi a lei s'affida
chi le confida
mal cauto il core!

...

2. Le nozze di Figaro di W.A. Mozart
Atto I, scena II

Figaro
Se vuol ballare, signor Contino,
il chitarrino le suonerò.
Se vuol venire nella mia scuola,
la capriola le insegnerò.

...

b. Guardate il glossario e provate a tradurre i testi con l'aiuto dell'insegnante.

esercizi 5-8c

Unità 5

B

B.1 Ascoltate il dialogo e rispondete alle domande.

Michela cerca delle corde

Michela: Buongiorno, vorrei un parere per il mio violino. Cerco delle corde.
Commesso: Gliele mostro subito. Ecco qui alcuni tipi: d'acciaio, di budello, in Perlon e...
Michela: Diego, le prendo d'acciaio? Cosa ne dici?
Diego: Uhm, non lo so veramente. Devi chiederlo a un esperto come Pierluigi. Lui è liutaio e lo sa certamente!
Michela: Gliene parli tu stasera, quando lo vedi?
Diego: Sì, d'accordo, gliene parlo io!
Commesso: Personalmente gliele consiglio in Perlon, perché è possibile modulare benissimo il suono. Le faccio vedere una corda?
Michela: Sì, volentieri... questo tipo di corda va bene, credo...

1. Che cosa cerca Michela per il suo violino?
2. Che cosa le propone il commesso?
3. Che lavoro fa Pierluigi?
4. Che cosa consiglia il commesso a Michela?

B.2 Ascoltate la seconda parte del dialogo tra Michela e il commesso. Rispondete alle domande.

A proposito...

Michela: A proposito, ho bisogno anche di un archetto.
Commesso: Qui in negozio abbiamo solo archetti in fibra di carbonio. Se lo vuole di pernambuco, che è un legno del Brasile, glielo ordino.
Michela: Lei, che cosa mi consiglia?
Commesso: Glieli consiglio tutti e due, anche se c'è una grande differenza di prezzo perché l'archetto di pernambuco è di qualità superiore. Ho la descrizione degli archetti. Gliela stampo?
Michela: Sì, grazie mille! ...Allora, ci penso e torno domani con un amico.

1. Ci sono due tipi di archetto. Quali?
2. Perché c'è una grande differenza di prezzo?
3. Michela compra subito l'archetto?

B.3 Leggete i dialoghi B.1 e B.2 e scandite bene le parole. Attenzione alla pronuncia.

B.4 Rispondete a coppie.

1. Michela cerca delle corde. Cosa risponde il commesso?
....

2. Che consiglio dà il commesso a Michela sul tipo di corde?
....

Veramente, io Le consiglio...

3. Che consiglio dà il commesso a Michela sugli archetti?
   ....

4. Il commesso ha una descrizione degli archetti. Cosa dice a Michela?
   ....

B.5 a. Osservate le frasi e la tabella.

IL COMMESSO MOSTRA **LE CORDE** **A MICHELA**.

IL COMMESSO **GLIELE** MOSTRA.

PRONOMI COMBINATI *GLIELO, GLIELA, GLIELE, GLIELI, GLIENE*					
	+ lo	+ la	+ li	+ le	+ ne
gli ↘ le ↗	glielo	gliela	glieli	gliele	gliene

Nei pronomi combinati, la 3ª persona singolare (*gli/le*) e plurale (*gli*) del pronome indiretto forma un'unica parola con i pronomi diretti e con *ne*. Una **-e-** unisce i due tipi di pronomi.

b. Riformulate le frasi con i pronomi combinati.

1. Il commesso consiglia tutti e due gli archetti a Michela.
   ....

2. Il commesso stampa la descrizione degli archetti a Michela.
   ....

3. Il commesso può ordinare l'archetto di pernambuco a Michela.
   ....

4. Il commesso mostra una corda a Michela.
   ....

c. Inserite i pronomi combinati come nell'esempio in blu.

1. - Per favore, spedisci subito la lettera a Martina. - No, ...*gliela*...... spedisco domani.
2. - Tiziano, porta il libro di Chimica al tuo professore! - Sì, ... porto subito.
3. - Devo prendere due regali per Giorgio e Vera. - .... compriamo insieme?
4. - Quando dai le corde a Lilli? - .... do subito.
5. - Oggi spedisci le dispense a Gino e Achille? - No, non .... spedisco.
6. - Regalo un CD di musica classica a Pia. - Ed io .... compro uno di jazz!
7. - Quando dici la verità a Gaia? - .... dico stasera.

esercizi 9-14

L'italiano nell'aria 1

Unità 5

B.6 a. Osservate le frasi e la tabella.

IO **TI** PRESTO IL MIO ARCHETTO.

IO **TE LO** PRESTO.

PRONOMI COMBINATI *MI, TI, CI, VI* + *LO/LA/LI/LE/NE*					
	+ lo	+ la	+ li	+ le	+ ne
mi	me lo	me la	me li	me le	me ne
ti	te lo	te la	te li	te le	te ne
ci	ce lo	ce la	ce li	ce le	ce ne
vi	ve lo	ve la	ve li	ve le	ve ne

Nei pronomi combinati, i pronomi indiretti *mi, ti, ci, vi* diventano **me, te, ce, ve**.

b. Trasformate le frasi con i pronomi combinati, come nell'esempio in blu.

1. (io) Ti do il mio spartito.   *(io) Te lo do.*
2. (noi) Vi prestiamo i CD di pronuncia italiana.
3. (tu) Mi regali il sassofono.
4. (voi) Ci comprate le biografie di Haydn e Bach.
5. (io) Vi canto la cavatina.
6. (tu) Mi vendi il tuo ottavino.
7. (noi) Ti mandiamo un'e-mail.

B.7 a. Ascoltate i testi e sottolineate i pronomi combinati.

3. Così fan tutte di W.A. Mozart
Atto II, scena V

Guglielmo
Il core vi dono,
bell'idolo mio.
Ma il vostro vo' anch'io
via, datelo a me.

Dorabella
Mel date, lo prendo;
ma il mio non vi rendo.
Invan mel chiedete:
più meco ei non è.

Guglielmo
Se teco non l'hai,
perché batte qui?

Dorabella
Se a me tu lo dai,
che mai balza lì?

Dorabella e Guglielmo
È il mio coricino
che più non è meco:
ei venne a star teco,
ei batte così.
...

Veramente, io Le consiglio...

4. *Don Pasquale* di G. Donizetti
Atto III, scena VIII

Norina

La moral di tutto questo
è assai facile trovar.
Ve la dico presto presto
se vi piace d'ascoltar.

Ben è scemo di cervello
chi s'ammoglia in vecchia età;
va a cercar col campanello
noie e doglie in quantità.

> In genere nel linguaggio operistico *me lo*, *te lo*, *ce lo*, *ve lo* ecc. sono scritti uniti (**melo**, **telo**, **celo**, **velo** ecc.). Alcune volte, per assecondare il ritmo musicale, cade anche la vocale finale (**mel**, **tel**).
> **meco**, **teco** sono forme antiche e significano *con me*, *con te*.

b. Lo sapete? Indicate (✓) la risposta giusta.

1. Ma il vostro vo' anch'io qui significa
   - a. ☐ ...vado anch'io.
   - b. ☐ ...vedo anch'io.
   - c. ☐ ...voglio anch'io.

2. Ben è scemo di cervello... significa
   - a. ☐ è una persona non intelligente.
   - b. ☐ è una persona con cervello.
   - c. ☐ è una persona intelligente.

3. Chi s'ammoglia... significa
   - a. ☐ restare solo.
   - b. ☐ rifiutare una donna.
   - c. ☐ sposare una donna.

c. Leggete i testi ad alta voce. Attenzione alla pronuncia.

d. Guardate il glossario e provate a tradurre i testi B.7a con l'aiuto dell'insegnante.

esercizi 15-20b

C

C.1 Osservate la tabella.

LE PREPOSIZIONI SEMPLICI E I PRONOMI PERSONALI INDIRETTI (forma tonica)	
di - a - da - in - con - su - per - tra/fra	me / te / lui / lei / noi / voi / loro

> Le preposizioni semplici richiedono l'uso dei pronomi personali indiretti (forma tonica).

L'italiano nell'aria 1

Unità 5

C.2 a. Leggete i testi e sottolineate i pronomi indiretti (forma tonica) con le preposizioni semplici.

---

5. *Il barbiere di Siviglia* di G. Rossini

Atto I, scena I

Fiorello

Piano, pianissimo,
senza parlar,
tutti con me
venite qua.

Il Conte D'Almaviva

Con lei se parlar mi riesce,
non voglio testimoni.
Che a quest'ora io tutti i giorni
qui vengo per lei...
...

---

6. *La serva padrona* di G.B. Pergolesi

Parte I, scena unica

Uberto

Sempre in contrasti
con te si sta.
E qua e là,
e su e giù
e sì e no.
Or questo basti,
finir si può.

---

b. Adesso leggete i testi ad alta voce. Attenzione alla pronuncia.

c. Guardate il glossario e provate a tradurre con l'aiuto dell'insegnante.

esercizio 21

D

D.1 Osservate la tabella.

IL VERBO *PIACERE*							
singolare				plurale			
(A me)	mi		l'opera.	mi			i concerti.
(A te)	ti		il gorgheggio.	ti			le arie.
(A lui/A lei/A Lei)	gli/le/Le	**piace**	la batteria.	gli/le/Le	**piacciono**		le cavatine.
(A noi)	ci		suonare la chitarra.	ci			i tamburi.
(A voi)	vi		ascoltare un duetto.	vi			le arie antiche.
(A loro)	gli		cantare.	gli			i recitativi.

1. Le due forme *a me piace / mi piace* (plurale: *a me piacciono / mi piacciono*) sono uguali nel significato. Scegliete voi quale usare!
2. *non mi piace / non mi piacciono*: **non** precede il pronome.
   a me non piace / a me non piacciono: **non** segue il pronome.
3. Seguono la regola di *piacere* anche: *dispiacere, garbare, mancare, servire, sembrare/parere*, ecc.

78 settantotto   Edizioni Edilingua

Veramente, io Le consiglio...

D.2 a. Inserite i pronomi indiretti e il verbo piacere come negli esempi in blu.

1. - A Giacomo piacciono le opere di Händel? - Sì, *a lui piacciono* molto.
2. - A te piace andare al cinema? - No, ... non ....
3. - A loro piace la nuova maestra di canto? - Sì, ... tantissimo!
4. - Ad Alessia e Carlo piacciono le città barocche? - Sì, ... abbastanza.

b.

1. - Lucia, *ti piace* Violetta nell'opera *La Traviata*? - Sì, mi piace molto.
2. - Carletto, ... suonare la batteria? - Sì, mi piace tantissimo.
3. - Rosina e Ludovico, ... queste arie? - Sì, ci piacciono abbastanza.
4. - Signora Mochi, ... la musica jazz? - No, non mi piace per niente.

D.3 a. Ascoltate la lettura dei testi e poi cercate e sottolineate i verbi piacere, garbare e parere.

7. **La Bohème di G. Puccini**

Quadro I, scena I

Mimì

Sì. Mi chiamano Mimì,
ma il mio nome è Lucia.
La storia mia è breve.
A tela o a seta
ricamo in casa e fuori...
Son tranquilla e lieta
ed è mio svago
far gigli e rose.
Mi piaccion quelle cose
che han sì dolce malìa,
che parlano d'amor, di primavere,
di sogni e di chimere,
quelle cose che han nome poesia...
Lei m'intende?

Quadro II, scena I

Schaunard

Quel brutto coso
Mi par che sudi!

Quadro III, scena I

Musetta

Che mi gridi? Che mi canti?
All'altar non siamo uniti.
Io detesto quegli amanti
che la fanno da mariti...
Fo all'amor con chi mi piace!
Non ti garba? Ebbene, pace.
Ma Musetta se ne va.

b. A coppie controllate i verbi sottolineati.

c. Adesso leggete i testi ad alta voce. Attenzione alla pronuncia.

d. Guardate il glossario e provate a tradurre con l'aiuto dell'insegnante.

esercizi 22-25

Unità 5

E

E ancora...

E.1 Osservate la tabella.

I PRONOMI INDIRETTI CON I VERBI MODALI	
1°	**2°**
Mi vuoi dare le corde?	Vuoi dar**mi** le corde?
Ti devo telefonare?	Devo telefonar**ti**?
Le puoi scrivere l'indirizzo?	Puoi scriver**le** l'indirizzo?
Le posso dare la mia e-mail?	Posso dar**Le** la mia e-mail?
Gli devo mandare un messaggio?	Devo mandar**gli** un messaggio?
Ci vuoi regalare due biciclette?	Vuoi regalar**ci** due biciclette?
Vi dobbiamo spedire i giornali?	Dobbiamo spedir**vi** i giornali?
Gli puoi fare un favore?	Puoi far**gli** un favore?

I pronomi si mettono prima del verbo modale o dopo il verbo all'infinito che, in questo caso, perde la **-e** finale. Le due forme **sono uguali** nel significato.

E.2 Osservate la tabella.

I PRONOMI COMBINATI CON I VERBI MODALI	
1°	**2°**
Me lo puoi prendere, per favore?	Puoi prender**melo**, per favore?
Te li devo riportare domani?	Devo riportar**teli** domani?
Gliela vuole inviare Giulio.	Vuole inviar**gliela** Giulio.
Ce le può dare Michela.	Può dar**cele** Michela.
Ve lo devo scrivere io?	Devo scriver**velo** io?
Glieli vogliamo leggere noi!	Vogliamo legger**glieli** noi!

Anche qui le due forme **sono uguali** nel significato.

E.3 Completate con i pronomi indiretti o combinati e i verbi modali, come nell'esempio in blu.

1. (voi) _Me li potete prestare / Potete prestarmeli_ un attimo?
   (potere prestare a me / gli auricolari)

2. Leonardo _ci deve riportare l'auto / deve riportarci_ l'auto la prossima settimana.
   (dovere riportare a noi)

3. (io) _____ il metronomo domani.
   (potere restituire a te)

4. (noi) _____ per il suo compleanno.
   (volere regalare a Gaia / la chitarra)

5. (tu) _____ la prossima settimana.
   (dovere comprare a tuo figlio / il computer portatile)

6. Anna e Lisa _____ le corde nuove domani.
   (dovere portare a me)

Veramente, io Le consiglio...

F

F.1 a. Leggete i testi.

Lo sai che a Cremona...?

A Cremona tutto parla di musica e di strumenti a corda e ad arco. È la città di celebrità come Claudio Monteverdi, inventore dell'opera, e di Antonio Stradivari, Andrea Amati, Carlo Bergonzi e Giuseppe Guarneri del Gesù, maestri liutai del Settecento, mentre il Teatro Comunale è dedicato ad Amilcare Ponchielli, musicista e operista dell'Ottocento. Ma è soprattutto Antonio Stradivari a rappresentarla nel mondo con un monumento e una piazza. Una visita da non dimenticare è quella al Museo del Violino che, nella sala "Scrigno dei gioielli", ospita i capolavori di Amati e Guarneri del Gesù e una ricca collezione di viole, violini, violoncelli. Una sezione è dedicata esclusivamente a Stradivari e al suo laboratorio.
Ancora oggi, una volta la settimana, un maestro suona gli antichi strumenti per mantenerli in uso.

I tre liutai

Per molti anni i tre liutai Amati, Guarneri e Stradivari lavorarono nello stesso quartiere della piccola Cremona. Una leggenda racconta che un giorno Amati mise un cartello davanti alla sua bottega: "Facciamo i migliori violini d'Italia". Anche Guarneri volle imitare l'idea di Amati e fece un cartello con scritto "Facciamo i migliori violini del mondo". A quel punto anche Stradivari dovette scrivere davanti al suo laboratorio "Noi facciamo i migliori violini del quartiere".

b. Leggete.

Quali legni sono adatti per costruire un violino?
Acero dei Balcani per cassa, fondo e manici.
Abete della Val di Fiemme per la tavola armonica.

Di quali materiali abbiamo bisogno per costruire un archetto?
Fibra di carbonio e legno di pernambuco.

Quanto tempo è necessario per costruire un violino?
Circa 150 ore, cioè 3-4 settimane.

Quante sono le botteghe di liutai a Cremona?
Sono circa 170.

A Cremona ci sono studenti nelle liuterie?
Sì, italiani e stranieri.

Per informazioni: www.scuoladiliuteria.it

Unità 5

F.2 a. Leggete il testo.

Il violinista maratoneta

Bello, bravo e modernissimo, David Garrett, nato nel 1980 ad Aachen in Germania, è nel Guinness dei Primati come violinista più veloce del mondo. La sua brillante carriera è simile a quella di Mozart. Il padre, appassionato violinista, regala al fratello il primo violino ma è David che, a 4 anni, impara da solo a suonarlo. A 7 anni il primo successo davanti al pubblico. Poi studia al Conservatorio di Lubecca e a Berlino. A 14 anni firma un contratto con la Deutsche Grammophon. Frequenta in seguito la famosa Juilliard School di New York e studia con Itzhak Perlman. Con i guadagni delle tournée compra il violino Giovanni Battista Guadagnini del 1772 e suona sia nella musica da camera sia come solista nei teatri più famosi del mondo: un modo rivoluzionario per far conoscere ai giovani il mondo classico e le correnti musicali moderne. Nel suo album *Rock Symphonies* interpreta anche le musiche dei Nirvana e dei Metallica. Il suo modo di vestire? Jeans stracciati, borchie, catenelle.

b. Completate e scegliete l'alternativa giusta.

1. Tre parole per descrivere David Garrett: ....
2. La città tedesca Aachen in italiano è: Augusta   Amburgo   Aquisgrana
3. Come veste Garrett: ....
4. Avete altre informazioni su di lui: ....

esercizi 26-28

Unità 6

Non dimenticate di...

A.1 Ascoltate il dialogo.

In segreteria

Isabella: Ragazzi, è quasi mezzogiorno e la segreteria chiude. Prendiamo subito i moduli!
Giulia: Sì, va bene. Andiamo!
...
Segretaria: Ecco, questi sono i moduli d'iscrizione! Per favore, scrivete in stampatello, mettete i vostri dati personali e la data. Non dimenticate di firmare il modulo! Consegnate o spedite direttamente in segreteria entro il 31 luglio.
Riccardo: D'accordo! Grazie e arrivederci! Allora, cerchiamo delle penne e compiliamo subito i moduli!

Piazza Garibaldi, Parma
Battistero, Parma
Teatro Regio, Parma

A.2 Rispondete.

1. Dove sono Giulia, Riccardo e Isabella?
2. Che cosa consegna la segretaria ai tre studenti?
3. Che cosa consiglia la segretaria ai ragazzi?

A.3 Adesso leggete il dialogo e scandite bene le parole. Attenzione alla pronuncia.

A.4 a. Cercate i verbi nel dialogo e inseriteli accanto alle forme dell'infinito.

1. consegnare: ....!
2. scrivere: ....!
3. mettere: ....!
4. prendere: ....!
5. spedire: ....!
6. cercare: ....!
7. compilare: ....!
8. andare: ....!

b. Scegliete la risposta giusta.

Le forme verbali del testo A.1 esprimono un: ☐ comando ☐ consiglio

L'italiano nell'aria 1

Unità 6

c. Completate la tabella.

	IMPERATIVO DIRETTO (verbi regolari)		
	-ARE	-ERE	-IRE
(noi)	parl**iamo**!	ripet........!	fin........!
(voi)	parl**ate**!	ripet**ete**!	fin**ite**!

esercizio 1

A.5 Ascoltate.

Ecco i moduli. Iniziamo!

Isabella: Riccardo, ma che fai? Scrivi in stampatello! Tu, Giulia, incolla bene la foto e firma chiaramente!
Giulia: Cosa scrivo per la nazionalità? Italiana o inglese?
Riccardo: Giulia, inserisci tutte e due le nazionalità! E tu, Isabella, non dimenticare di mettere il tuo nuovo indirizzo e-mail!
Giulia: Oh, Riccardo, stai attento! Guarda, c'è un errore! Per favore, prendi un modulo nuovo e compila bene!
Isabella: Giulia, sei già pronta? Bene, allora, per favore, va' alla posta, compra i francobolli e prendi anche una busta grande!

A.6 Adesso leggete il dialogo e scandite bene le parole. Attenzione alla pronuncia.

A.7 Cercate nel testo e completate.

1. *Isabella a Riccardo*: .... in stampatello!
2. *Giulia a Riccardo*: .... attento! ...., c'è un errore!
3. *Isabella a Giulia*: .... bene la foto e .... chiaramente!
4. *Giulia a Riccardo*: .... un nuovo modulo e .... bene!
5. *Riccardo a Giulia*: .... tutte e due le nazionalità!
6. *Riccardo a Isabella*: .... di mettere il tuo nuovo indirizzo e-mail!
7. *Isabella a Giulia*: .... alla posta e .... i francobolli!

A.8 a. Completate la tabella.

	IMPERATIVO DIRETTO (verbi regolari)			
	-ARE	-ERE	-IRE	
(tu)	compr**a**!	scriv**i**!	part**i**!	inser**isci**!
	guard........!	prend........!	sent........!	fin........!

84 ottantaquattro — Edizioni Edilingua

Non dimenticate di...

> La **2ª persona singolare** termina con **-a** per i verbi in **-are**; i verbi in **-ere** e **-ire** hanno la stessa desinenza del presente indicativo. Ricordate che è un comando, quindi attenzione al tono della voce!

b. Completate le frasi con i verbi all'imperativo.

1. Ciro, ... (aspettare) un momento, vengo subito!
2. Guido, ... (finire) di fare i compiti!
3. Virginia, ... (suonare) di nuovo lo stesso pezzo!
4. Piero, quando vai a Roma, ... (salutare) Luigi da parte mia.
5. Tommaso, ... (scrivere) velocemente!
6. Allegra, ... (mangiare) tutta la pizza!

A.9 Compilate il modulo d'iscrizione al Conservatorio di Parma.

MINISTERO DELL'UNIVERSITÀ E DELLA RICERCA

CONSERVATORIO DI MUSICA "ARRIGO BOITO"

Via del Conervatorio, 27/a – 43100 - Parma – Italia - tel. +39 0521 381911 fax +39 0521 200398

DIPLOMA ACCADEMICO - TRIENNIO IN DISCIPLINE MUSICALI

DIPARTIMENTO DEGLI STRUMENTI A TASTIERA E A PERCUSSIONE

Modulo d'iscrizione

FOTO	Il/La sottoscritto/a ....
	nato/a a .... il ....
	nazionalità .... residente a ....
	in via/piazza .... n. civico .... C.A.P. ....
	telefono .... cellulare ....
	e-mail ....

CHIEDE

L'ISCRIZIONE al triennio in discipline musicali per l'anno ....

Data .... Firma ....

L'italiano nell'aria 1

Unità 6

A.10 Comunicate!

Silvia è al lavoro e telefona a Lorenzo in ufficio per ricordargli alcune cose da fare. Anche Lorenzo le ricorda qualcosa. Assumete il ruolo di Silvia e Lorenzo e coniugate gli infiniti all'imperativo.

A
Ciao Lorenzo, allora... ti dico cosa devi fare stamani!
1. Mandare alla segretaria l'e-mail d'iscrizione al seminario di Power Point.
2. Informare tua madre che sabato io non vengo.
3. Ricordare a tua sorella di restituirmi il dizionario di cinese.
4. Scrivere a Gianluca per la cena di sabato sera.
5. Ordinare in Internet il libro di Yoga.

B
Uhm..., Silvia, anche tu devi fare diverse cose urgentemente!
1. Spedire le lettere che sono sul tavolo, prima però comprare i francobolli.
2. Fare la spesa perché io non ho tempo.
3. Lavare la macchina entro domani.
4. Pagare le tasse d'iscrizione al corso di ballo.

A.11 a. Ascoltate la lettura dei testi e inserite i verbi.

1. Le nozze di Figaro di W.A. Mozart
Atto IV, scena VIII

Figaro

...................(1) un po' quegli occhi,
uomini incauti e sciocchi,
...................(2) queste femmine,
...................(3) cosa son.
...

2. Le nozze di Figaro di W.A. Mozart
Atto IV, scena X

Susanna

...
Deh ....(4), ...(5), o gioia
bella, ...(6) ove amore per goder t'appella,
finché non splende in ciel notturna face
finché l'aria è ancor bruna e il mondo tace.
...

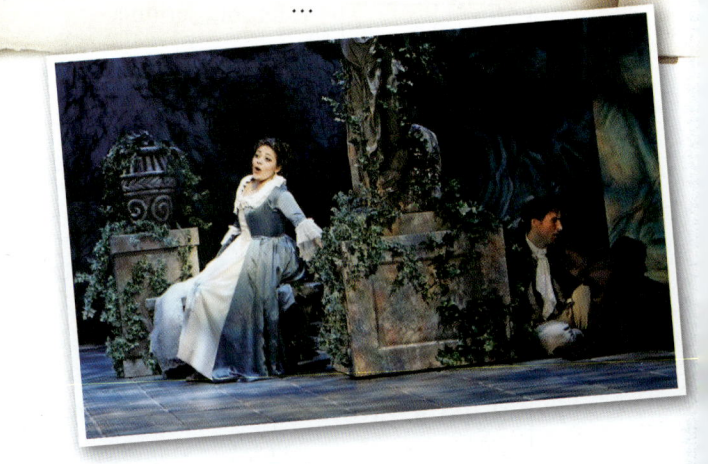

b. Adesso leggete ad alta voce i testi. Attenzione alla pronuncia.

Non dimenticate di...

c. Cercate nei testi i verbi all'imperativo.

2ª persona singolare: ....

2ª persona plurale: ....

forma negativa: ....

d. Guardate il glossario e provate a tradurre i testi con l'aiuto dell'insegnante.

esercizi 2a-5c

A.12 Completate le frasi con la 2ª persona plurale (*voi*) del verbo, che spesso è la forma di cortesia del linguaggio operistico.

1. Giannetta a Nemorino: «......*Venite*...... (venire)!»
2. Violetta a Germont: «........................... (dire) alla giovine che...»
3. Violetta ad Alfredo: «Deh, ... (partire), e sull'istante.»
4. Dandini ad Alidoro: «Vi mando al diavolo: .... (venire) qua.»
5. Alidoro a Cenerentola: «........................... (tacere)! .... (venire) meco.»
6. Ferrando a Don Alfonso: «........................... (pagare) soltanto 24 zecchini.»
7. Guglielmo a Dorabella: «........................... (cedere), o cara!»
8. Nemorino a Dulcamara: «Dottore... .... (perdonare)... è ver che...»
9. Coro a Nemorino: «........................... (scegliere).»
10. Clorinda a Magnifico: «........................... (dire), papà barone, voi che avete un bel testone.»

esercizi 6a-c

A.13 a. Osservate la tabella.

IMPERATIVO NEGATIVO	
(tu)	**Non parlare** a voce alta!
(voi)	**Non parlate** a voce alta!

La **forma negativa** dell'imperativo alla **2ª persona singolare** è sempre **non + infinito**.

b. Completate con le forme negative, come negli esempi in blu, e scrivete due frasi.

1. telefonare — *Non telefonare!* — *Non telefonate!*
2. arrivare in ritardo
3. suonare il tamburo di notte
4. dimenticare di firmare
5. fare errori
6. ....
7. ....

esercizi 7-9

L'italiano nell'aria 1

Unità 6

A.14 a. Osservate la tabella.

	dare	dire	fare	stare	andare	avere	essere
IMPERATIVO DIRETTO (verbi irregolari)							
(tu)	da' / dai	di'	fa' / fai	sta' / stai	va' / vai	abbi	sii

Forme irregolari alla **2ª persona plurale**: **abbiate** (avere), **siate** (essere).

b. Trasformate l'imperativo plurale al singolare.

Promemoria per Luca e Sabrina
- andate dal liutaio e ritirate il mio violino.
- state attenti con il mio Mac.
- dite alla nonna che sto a Siena due giorni.
- date il mio iPod a zia Gianna.
- siate prudenti in moto.
- abbiate pazienza con la piccola Susanna.
- fate attenzione a chiudere bene la porta di casa.

ciao papà

Promemoria per Luca
- va' dal liutaio e ritira il mio violino.

esercizi 10-15d

B.1 a. Ascoltate il dialogo.

Pausa di mezzogiorno

Giorgio: Come sono stanco! Facciamo una pausa?
Pierluigi: Ma sì, andiamo al bar a mangiare qualcosa!
Giorgio: Cosa prendiamo?
Pierluigi: Io prendo una fetta di torta al cioccolato e un caffè... ma forse la torta non è una buona idea.
Giorgio: Eh dai, prendila per una volta!
Pierluigi: Allora prendiamola insieme e dividiamola in due. Cosa ne pensi?
Giorgio: No, io preferisco un tramezzino con formaggio e prosciutto e una spremuta d'arancia.
Pierluigi: Un tramezzino? Va bene, prendilo, però non con la spremuta ma con un bicchiere di vino bianco.
Giorgio: Vino? Ma sei matto? Alle 14 abbiamo di nuovo lezione e non voglio dormire in classe. Dai, chiamiamo il cameriere e ordiniamo!

Non dimenticate di...

b. Scegliete e indicate (✓) la risposta corretta.

1. Cosa vuole ordinare Giorgio?
   a. ☐ Un caffè.
   b. ☐ Una spremuta d'arancia.
   c. ☐ Un tè freddo.

2. Giorgio prende
   a. ☐ una fetta di torta.
   b. ☐ un tramezzino.
   c. ☐ un panino.

3. Secondo Pierluigi, cosa deve bere Giorgio?
   a. ☐ Un caffè.
   b. ☐ Un bicchiere di vino bianco.
   c. ☐ Un cappuccino.

4. Giorgio risponde a Pierluigi:
   a. ☐ "Ma scherzi?"
   b. ☐ "Ma dai!"
   c. ☐ "Ma sei matto?"

B.2 a. Osservate la tabella.

L'IMPERATIVO CON I PRONOMI DIRETTI		
Ascolta / Ascoltate	me!	Ascolta**mi**! / Ascoltate**mi**!
Metti / Mettiamo / Mettete	il CD!	Metti**lo**! / Mettiamo**lo**! / Mettete**lo**!
Segui / Seguite	noi!	Segui**ci**! / Seguite**ci**!

Voi conoscete già i pronomi diretti presentati nell'unità 3 (*E.5*). In questa tabella sono presentati con l'imperativo. Ricordate che tutti i pronomi alla **2ª singolare** e alla **1ª e 2ª plurale** stanno **dopo** l'imperativo!
Attenzione che con *da'*, *di'*, *fa'*, *sta'*, *va'* la consonante iniziale del pronome raddoppia: da**lla**, di**llo**, fa**lla**, ecc.

b. Adesso a coppie leggete il dialogo e scandite bene le parole. Attenzione alla pronuncia.

c. Cercate nel dialogo B.1a gli imperativi con i pronomi diretti.

d. Rispondete.

Angelo non è sicuro e chiede a Rossella:

1. Bevo una spremuta?
2. Mangio un tramezzino?
3. Prendo due pezzi di pizza?
4. Compro sei bottiglie d'acqua?
5. Posso aiutarti?

Rossella risponde:

Sì, *bevila!*
Sì, ...
Sì, ...
Sì, ...
Sì, ...

Rossella e Guido chiedono:

1. Ripetiamo i recitativi?
2. Invitiamo Gianni?
3. Seguiamo le indicazioni?
4. Cantiamo questa canzone?
5. Possiamo aiutarti?

Stefano risponde:

Sì, *ripeteteli!*
Sì, ...
Sì, ...
Sì, ...
Sì, ...

L'italiano nell'aria 1

Unità 6

B.3

a. Ascoltate la lettura dei testi e completate.

3. L'elisir d'amore di G. Donizetti
Atto II, scena VIII

Adina

...
........................(1) alfine, ah!
........................(2):
tu mi sei caro, e t'amo:
quanto ti fei già misero,
farti felice io bramo:
il mio rigor dimentica,
ti giuro eterno amor.

4. Don Giovanni di W.A. Mozart
Atto I, scena XVI

Zerlina

...
Ma se colpa io non ho,
ma se da lui ingannata rimasi;
e poi che temi? Tranquillati, mia vita;
non mi toccò la punta delle dita.
Non me lo credi? Ingrato!
Vien qui, sfogati, ...(3),
fa' tutto di me quel che ti piace:
ma poi, Masetto mio, ma poi fa' pace.

5. La gazza ladra di G. Rossini
Atto II, scena IV

Ninetta e Giannetto
Addio!
Che barbaro dolor!
Più non resisto, o Dio!
Sento mancarmi il cor!

Giannetto
Oh, cielo, ...(4)
al caro ben.

Ninetta
O scaglia un fulmine
che m'arda il sen.

b. Adesso leggete i testi ad alta voce. Attenzione alla pronuncia.

c. Guardate il glossario e provate a tradurre i testi con l'aiuto dell'insegnante.

esercizi 16-20

B.4 **Comunicate!**
Assumete il ruolo di A e B che vogliono mangiare qualcosa in un bar. Usate le espressioni del dialogo **B.1a** e i vocaboli qui di seguito.

panna cotta - spumante - panino - pizzetta - birra alla spina
una fetta di torta - prosecco - gelato - cappuccino - aranciata

A
Che cosa prendi/prendiamo?
Vuoi bere/mangiare qualcosa?
Dividiamo...

B
Per me...
Io prendo.../Prendiamo...
Preferisco.../Preferiamo...

Non dimenticate di...

C.1 a. Osservate la tabella.

L'IMPERATIVO CON I PRONOMI INDIRETTI
Spiega **a me**. = Spiega**mi**!
Di' **a Stefano**. = Di**gli**!
Di' **a Daniela**. = Di**lle**!
Consiglia **a noi**. = Consiglia**ci**!
Rispondi **a Marta e Virginia**. = Rispondi**gli**! / Rispondi **loro**!
Rispondi **a Luigi e Sandro**. = Rispondi**gli**! / Rispondi **loro**!

Voi conoscete già i pronomi indiretti presentati nell'unità 5 (*A.5*). In questa tabella sono con l'imperativo. Ricordate che i pronomi stanno sempre **dopo** l'imperativo alla 2ª singolare e alla 1ª e 2ª plurale! Gli imperativi monosillabici (da', fa', di', sta', va') **raddoppiano la consonante** del pronome che segue, se combinati con **mi**, **le**, **ci**: *Dammi il giornale!*

b. Leggete e sottolineate l'imperativo con i pronomi indiretti.

Consigliami!

Stefano, spiegami, cosa devo chiedere alla maestra di canto per migliorare la mia voce?
Dille di insegnarti la respirazione e di impostarti la voce!

Cosa devo dire a Marcello che vuole studiare il sassofono?
Digli di sentire questo strumento come una parte di sé e di approfondire la tecnica della produzione del suono!

...E a Marianna che vuole studiare l'arpa?
Consigliale di studiare bene scale e arpeggio e di fare almeno 3 ore di esercizi al giorno!

Cosa posso consigliare a Susan e a Vladimir che vogliono diventare cantanti lirici?
Di' loro di imparare bene la tecnica del canto!
Digli di controllare sul dizionario la pronuncia corretta delle parole prima di memorizzarle!

c. Osservate la tabella e trasformate le frasi, come nell'esempio in blu.

1. Di' a me. → *Dimmi!*
2. Da' a lui il libretto della *Gazza ladra*. → ....
3. Parla a Giovanna. → ....
4. Telefona ai nonni e salutali. → ....
5. Spiega a Gaia la regola grammaticale. → ....
6. Presta a noi la tua motocicletta. → ....
7. Di' a Gaspare e a Gianni di venire presto. → ....

Unità 6

C.2 a. Ascoltate la lettura dei testi e sottolineate gli imperativi con i pronomi indiretti.

Don Pasquale di G. Donizetti

6. *Atto II, scena III*

Don Pasquale

Una bomba in mezzo al core.
Per carità, dottore,
ditele se mi vuole,
mi mancan le parole
sudo, agghiaccio... son morto.

7. *Atto III, scena VI*

Ernesto e Norina

Tornami a dir che m'ami,
dimmi che mia tu sei;
quando tuo ben mi chiami
la vita addoppi in me.
La voce tua sì cara
rinfranca il core oppresso:
sicuro a te dappresso,
tremo lontan da te.

8. Turandot di G. Puccini

Atto III

Liù

...
Stringete... ma chiudetemi la bocca
ch'ei non mi senta!
Non resisto più!

b. Adesso leggete i testi ad alta voce. Attenzione alla pronuncia.

c. Guardate il glossario e provate a tradurre i testi con l'aiuto dell'insegnante.

esercizi 21-23

C.3 a. Lavorate a coppie.

Tu sei **Alberto** e parli con Stella. Leggi le frasi.

1. Anna vorrebbe una borsa di pelle, ma non ha i soldi!
2. Claudio vorrebbe il tuo numero di telefono!
3. Non ho ancora detto a Giorgio del mio brutto sogno!

Tu sei **Stella** e rispondi ad Alberto usando i verbi *regalare*, *dare*, *raccontare*.

1. - .... tu la borsa!
2. - .... pure il mio numero!
3. - .... il tuo brutto sogno stasera!

Non dimenticate di...

b. Adesso scambiatevi i ruoli.

> Tu sei **Stella** e parli con Alberto. Leggi le frasi.
>
> 1. Non so se comprare a Piero un tablet usato. Cosa dici?
> 2. Mario vuole sapere se vado in Toscana con lui!
> 3. Luisella non sa dove dormire a Londra!
> 4. Perché non parliamo domani con il professore?

> Tu sei **Alberto** e rispondi a Stella usando i verbi *dire, comprare, parlare, consigliare*.
>
> 1. - Ma sì, ... un tablet usato.
> 2. - Dai, ... di sì!
> 3. - .... l'Hotel Ritz.
> 4. - No, io non ho tempo domani. .... tu!

D

D.1 Ascoltate.

Regalagliela... diteglielo... portamene

1
Giorgio: Senti Pierluigi, questi sono i tuoi appunti di teoria della musica, vero?
Pierluigi: Ah, li hai tu? È da stamattina che li cerco. Per favore, restituiscimeli subito! Domani ho un test e stasera devo ripassare.

2
Sara: Vuoi ancora delle pizzette?
Alessio: Sì, portamene ancora due! Non sono ancora sazio.

3
Leonardo: Beatrice vuole assolutamente una valigia nuova.
Giuliana: Regalagliela per il suo compleanno!

4
Luca e Lisa: Marcella, quando fai la festa?
Marcella: La prossima settimana. A proposito, se vedete John e Francis, diteglielo!

D.2 Leggete a coppie e sottolineate gli imperativi con i pronomi combinati presenti in **D.1**.

D.3 Qual è la forma giusta?

1. regalaglielo ☐   regalalogli ☐
2. prestameli ☐   prestamili ☐
3. ditecilo ☐   ditecelo ☐
4. dammelo ☐   daimelo ☐
5. consegnaticela ☐   consegnatecela ☐
6. diglilo ☐   diglielo ☐
7. datemele ☐   dateleme ☐
8. compratile ☐   compratele ☐

L'italiano nell'aria 1

Unità 6

D.4 **a.** Ascoltate la lettura dei testi e sottolineate gli imperativi con i pronomi combinati.

9. Il signor Bruschino di G. Rossini
Atto unico, scena XIII

Sofia
Ah, datemi lo sposo
e datemelo subito;
per lui può sol di giubilo
quest'anima brillar.

10. L'amico Fritz di P. Mascagni
Atto II, scena IV

Suzel
Io l'acqua attingerò.

David
Dammene un sorso.

b. Adesso leggete i testi ad alta voce. Attenzione alla pronuncia.

c. Guardate il glossario e provate a tradurre i testi con l'aiuto dell'insegnante.

esercizi 24-26

E

E ancora...

E.1 **a.** Osservate le immagini.

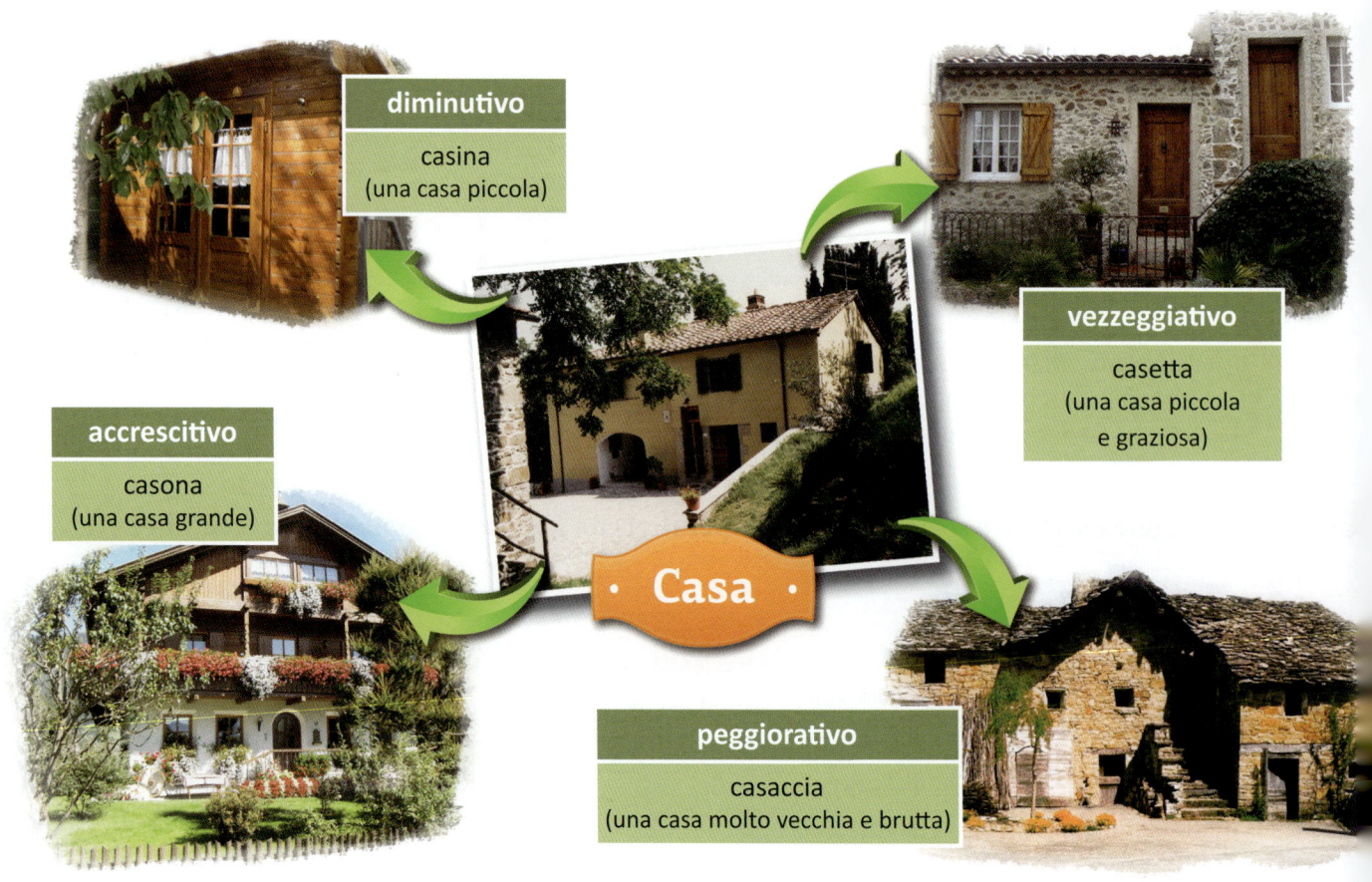

diminutivo
casina
(una casa piccola)

vezzeggiativo
casetta
(una casa piccola
e graziosa)

accrescitivo
casona
(una casa grande)

Casa

peggiorativo
casaccia
(una casa molto vecchia e brutta)

Non dimenticate di...

NOMI, AGGETTIVI E AVVERBI ALTERATI	
diminutivo -ino, -ello	bellino, babbino, benino, madamina, mogliettina, cuoricino, piccolina, manina, venticello, bruttina, Marcellina, ecc.
vezzeggiativo -etto, -uccio/-uzzo, -otto	cuffietta, arietta, Zerlinetta, giovinetto, zietto, boccuccia, ditucce, Santuzza, grassotta, magrotta, ecc.
accrescitivo -one/a, -accione	librone, donnona, benone, omaccione, scioccone, ecc.
peggiorativo -uccio, -accio, -astro	casuccia, ragazzaccio, biancastro, poetastro, giornataccia, bifolcaccio, ecc.

L'alterazione dei nomi, degli aggettivi e degli avverbi è frequente nell'opera.

b. Da dove derivano queste parole?

1. cuoricino — *cuore*
2. venticello ....
3. omaccione ....
4. cuffietta ....
5. giornataccia ....
6. biancastro ....
7. mogliettina ....
8. ditucce ....
9. benone ....
10. piccolina ....

esercizio 27

F

F.1 a. Leggete.

La breve vita di Maria Malibran (1808-1836)

«Maria Malibran, una giovane tanto rovinata dalla natura». (*Gioacchino Rossini*)

La vita di Maria Malibran è leggendaria nel mondo della musica per la sua morte prematura. Nacque a Parigi nel 1808, francese di origine spagnola, in una famiglia di cantanti lirici.
Le sue qualità canore le permisero di assumere ruoli da contralto, da soprano e anche da tenore. Infatti, nell'opera *Il pirata* di Bellini ella assunse il ruolo di Gualtiero. Le opere di Rossini e Bellini furono alla base del suo repertorio.
Ebbe un temperamento focoso, portato a parti drammatiche.
La sua breve vita terminò nel 1836 quando, all'età di 28 anni, morì tragicamente in seguito ad una caduta da cavallo.

Unità 6

b. Rispondete a coppie alle domande.

1. Come definì Rossini la cantante Maria Malibran?
2. Dove e quando nacque?
3. In quali ruoli cantò?
4. Quale ruolo assunse nell'opera *Il pirata*?
5. Chi furono i suoi compositori preferiti?
6. A che età morì e come?

F.2 Leggete e trovate i due sinonimi corretti.

Cecilia Gasdia

Per Cecilia Gasdia la grande opportunità di apparire in un famoso teatro lirico, come alla Scala di Milano, avvenne nel 1982. Qui sostituì all'ultimo momento Montserrat Caballé nell'opera *Anna Bolena* di Donizetti.
Considerata la migliore interprete rossiniana a livello internazionale, è apprezzata dai più famosi direttori d'orchestra. Negli Stati Uniti ha lavorato a fianco di Riccardo Muti al Metropolitan di New York, a Filadelfia e al Festival di Edimburgo. Nata a Verona nel 1960, nella sua lunga e importante carriera da soprano ci sono centinaia di ruoli, molte attività concertistiche e nel 2012 anche il ruolo da protagonista nell'operetta *La vedova allegra* di Franz Lehár.

1. Sinonimi di **teatro** sono
   a. ☐ arena
   b. ☐ sala
   c. ☐ anfiteatro

2. Sinonimi di **ruolo**
   a. ☐ lista
   b. ☐ personaggio
   c. ☐ parte

3. Sinonimi di **a fianco di...**
   a. ☐ insieme a...
   b. ☐ di fronte a...
   c. ☐ con

4. Sinonimi di **apprezzato/a**
   a. ☐ criticato/a
   b. ☐ stimato/a
   c. ☐ ammirato/a

F.3 a. Leggete e completate con i seguenti anni: 1977, 1923, 1939, 1965.

Maria Callas - La Divina

Di questa interprete, di origine greca, nata a New York nel ....(1) rimane per sempre nel pubblico il ricordo delle sue capacità interpretative. Nel ....(2) debuttò nella *Cavalleria rusticana* e vinse il premio del Conservatorio di Atene. Se per gli appassionati dell'opera fu "La Divina", privatamente visse storie molto complicate che influenzarono la sua

Non dimenticate di...

carriera, i successi e la sua personalità. Nel ....(3) decise di rinunciare al mondo della lirica e nel ....(4) morì a Parigi, in solitudine.

b. Leggete.

Ci sono molti aneddoti su Maria Callas. Uno dei più noti avvenne al Teatro alla Scala, al termine della *Traviata*, quando dal loggione arrivò sul palco un mazzo di ravanelli. Con questo gesto il pubblico volle segnalare la preferenza per le doti canore della rivale Renata Tebaldi.
Maria Callas era miope e quindi, nel raccogliere i ravanelli, li scambiò per fiori e ringraziò il pubblico. Altri episodi raccontano della sua superstizione e dell'amore per i bei gioielli, che lei considerò sempre come amuleti, da indossare soprattutto sul palcoscenico.

c. Leggete.

Il regista Zeffirelli disse di lei: "La sua voce non aveva limiti, era insieme soprano, mezzosoprano e contralto, ed ebbe il genio di trasformare questo difetto in virtù. In realtà, lei voleva fare il baritono che è l'unica voce bella e naturale, le altre sono costruite".

F.4 Leggete e trasformate i verbi dal presente al passato remoto.

Callas contro Tebaldi o Tebaldi contro Callas?

Una rivalità che dura/................(1) anni, ma forse è/................(2) un'invenzione della stampa o solo una cattiveria costruita dai rispettivi ammiratori per creare contrasti intorno alle due professioniste della lirica. Alla fine degli Anni Sessanta, quando Maria Callas ormai non cantava più, una sera dopo lo spettacolo al Metropolitan di New York, entra/................(3) nel camerino di Renata Tebaldi per farle i complimenti. L'abbraccio con la rivale è/................(4) sincero e da quel momento tutte le voci di un loro disaccordo scompaiono/................(5).

F.5 Leggete e inserite le preposizioni semplici e articolate.

Anna Netrebko (1971)

Soprano russo, nasce ....(1) 1971. Compie gli studi ....(2) Conservatorio di San Pietroburgo, vince un concorso ....(3) canto a Mosca e poi debutta ....(4) Salisburgo ....(5) *Flauto magico*. La sua attività nei teatri internazionali inizia nel 1995 ....(6) ruoli importanti nelle opere di Verdi, Mozart, Puccini, Donizetti e Gounod. Netrebko dichiara di amare in particolare il repertorio francese. Ogni anno partecipa ....(7) Festival di Salisburgo. Dal 2006 è cittadina austriaca.

esercizio 28

Unità 7

...Là mi dirai di sì!

A.1 Ascoltate la lettura delle quattro e-mail.

Sarò in Italia a marzo e...

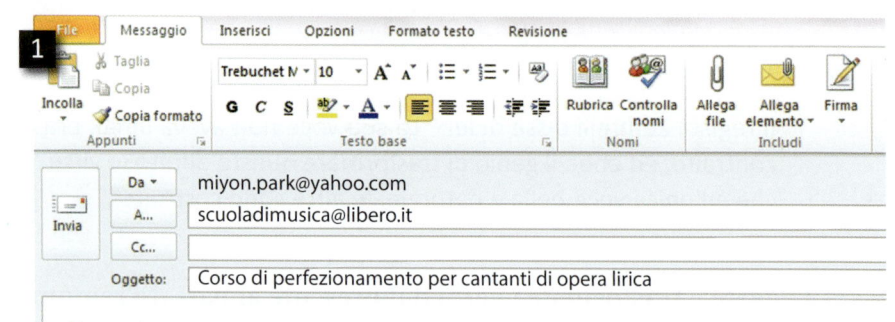

Da: miyon.park@yahoo.com
A...: scuoladimusica@libero.it
Cc...:
Oggetto: Corso di perfezionamento per cantanti di opera lirica

Buongiorno,

sono Miyon Park, una coreana di Seul. Fra sei mesi sarò in Abruzzo. Mi può mandare delle informazioni sul corso di perfezionamento a Sulmona per cantanti lirici? Quanto durerà, con quali professori studierò e quanto costerà il corso?

Grazie e cordiali saluti
Miyon Park

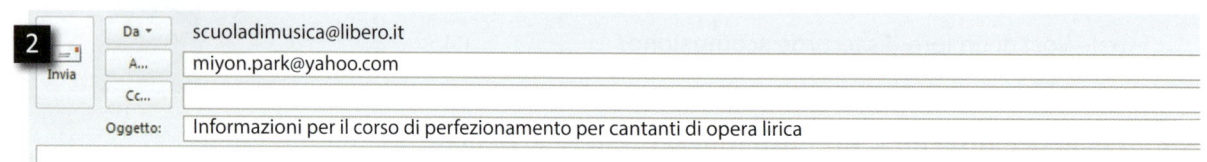

Da: scuoladimusica@libero.it
A...: miyon.park@yahoo.com
Cc...:
Oggetto: Informazioni per il corso di perfezionamento per cantanti di opera lirica

Gentile Miyon,

La ringrazio del Suo interesse per la nostra scuola di perfezionamento. Prima di frequentare il corso, Lei dovrà mandare il Suo curriculum e poi sostenere una prova di selezione che inizierà in settembre.
Nel modulo in allegato troverà tutte le informazioni, compreso il costo e le date.
Rimaniamo a Sua disposizione per altri chiarimenti.

Un saluto cordiale
La segreteria

Scuola di musica di Sulmona

...Là mi dirai di sì!

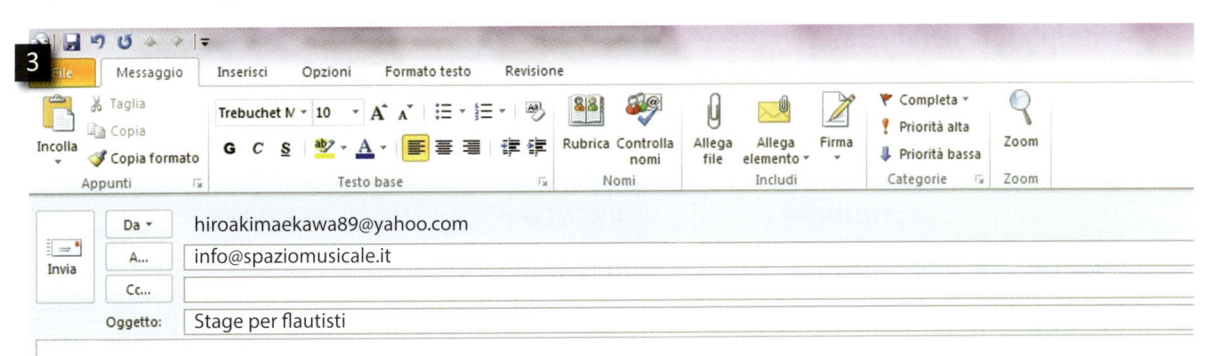

Da: hiroakimaekawa89@yahoo.com
A: info@spaziomusicale.it
Cc:
Oggetto: Stage per flautisti

Spettabile Segreteria,

cerco uno stage estivo per perfezionare la tecnica del flauto. Partirò dal Giappone in marzo e rimarrò in Italia due anni. Conosco già un po' d'italiano ma seguirò un altro corso quando arriverò in Italia.
Desidero sapere quali sono i requisiti per accedere allo stage.
Vi ringrazio.

Saluti
Hiroaki Maekawa

Da: info@spaziomusicale.it
A: hiroakimaekawa89@yahoo.com
Cc:
Oggetto: Informazioni stage per flautisti

Gentile signor Maekawa,

domani Le manderò per e-mail la relativa documentazione e il modulo d'iscrizione. Se deciderà di partecipare al corso, dovrà presentare domanda entro fine maggio.
A risentirLa, cordiali saluti.

Gabriella Sabatini
Segretaria della scuola *Spazio musicale* di Orvieto

A.2 Rispondete e controllate a coppie.

1. Quando sarà in Abruzzo Miyon?
2. Qual è il corso che vuole frequentare?
3. Quando dovrà sostenere la prova di selezione?
4. Quando partirà Hiroaki dal Giappone?
5. Che cosa vuole perfezionare in Italia?
6. Cosa gli manderà per e-mail la signora Sabatini?

A.3 Adesso a coppie leggete le e-mail e scandite bene le parole. Attenzione alla pronuncia.

L'italiano nell'aria 1

Unità 7

A.4 Completate la tabella.

FUTURO SEMPLICE			
	-ARE	-ERE	-IRE
	TROV~~ARE~~	PREND~~ERE~~	PART~~IRE~~
io	trov**erò**	prend**erò**	....
tu	trov**erai**	prend**erai**	part**irai**
lui/lei/Lei	....	prend**erà**	part**irà**
noi	trov**eremo**	prend**eremo**	part**iremo**
voi	trov**erete**	prend**erete**	part**irete**
loro	trov**eranno**	prend**eranno**	part**iranno**

Le forme del futuro dei verbi in **-are** e in **-ere** sono uguali.
Es. *Domani noi parl**eremo** con Giulio o gli scriv**eremo** un'e-mail.*
Gli infiniti che terminano in **-ciare**, **-sciare**, **-giare** perdono la **-i-** prima della desinenza.
Es. *cominciare* ➜ *comincerò; lasciare* ➜ *lascerò; mangiare* ➜ *mangerò*
I verbi in **-care** e **-gare** prendono la **-h-** in tutte le persone.
Es. *cercare* ➜ *cercherò, cercherai, cercherà, ...; pagare* ➜ *pagherò, pagherai, pagherà, ...*

A.5 Abbinate le forme verbali del futuro semplice.

1. io lavor   erà
2. loro prefer   erò
3. noi decid   irò
4. lui prend   iranno
5. tu cant   erà
6. lei ball   irà
7. voi telefon   erai
8. io sped   erete
9. lui pul   eremo

A.6 A coppie correggete le forme sbagliate del futuro semplice.

1. io vinciarò ....
2. loro spediranno ....
3. tu parlarai ....
4. lui telefonerà ....
5. noi cantaremo ....
6. voi capirite ....
7. loro domandaranno ....
8. tu perderai ....
9. lei piangerà ....
10. voi ascoltarete ....

...Là mi dirai di sì!

A.7 Formate delle frasi, come nell'esempio in blu.

1. Quando (tu-mandare) il curriculum vitae?
   Quando manderai il curriculum vitae?

2. Giulio, quando (vendere) la tua motocicletta?
   ....

3. Carlo e Maria, a che ora (voi-incontrare) il nuovo sassofonista del vostro gruppo?
   ....

4. Paolo e Gianni (partire) per San Pietroburgo alle 15.50.
   ....

5. Noi (lavorare) in una pizzeria per due mesi per guadagnare qualcosa.
   ....

6. Quest'estate (io-studiare) l'inglese a Colchester.
   ....

7. Domani Cristiano (imparare) a guidare l'auto.
   ....

esercizio 1

A.8 Osservate le tabelle. Cercate in **A.1** le forme mancanti.

FUTURO SEMPLICE (verbi irregolari)					
	ANDARE	**AVERE**	**DOVERE**	**FARE**	**SAPERE**
io	andrò	avrò	dovrò	farò	saprò
tu	andrai	avrai	dovrai	farai	saprai
lui/lei/Lei	andrà	avrà	....	farà	saprà
noi	andremo	avremo	dovremo	faremo	sapremo
voi	andrete	avrete	dovrete	farete	saprete
loro	andranno	avranno	dovranno	faranno	sapranno

	ESSERE	**RIMANERE**	**VENIRE**	**VOLERE**
io	....	....	verrò	vorrò
tu	sarai	rimarrai	verrai	vorrai
lui/lei/Lei	sarà	rimarrà	verrà	vorrà
noi	saremo	rimarremo	verremo	vorremo
voi	sarete	rimarrete	verrete	vorrete
loro	saranno	rimarranno	verranno	vorranno

Le forme irregolari perdono la vocale: io and**e**rò ➜ and**r**ò; tu sap**e**rai ➜ sapr**ai**.
La tabella con altri verbi irregolari è a pagina 194.

L'italiano nell'aria 1

Unità 7

A.9 a. Ascoltate la lettura dei testi e inserite i verbi mancanti.

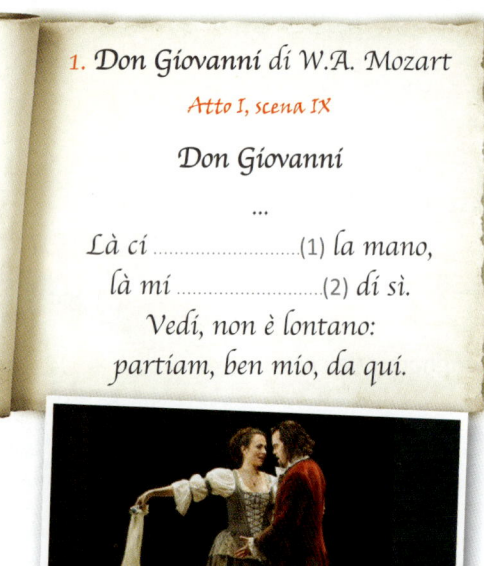

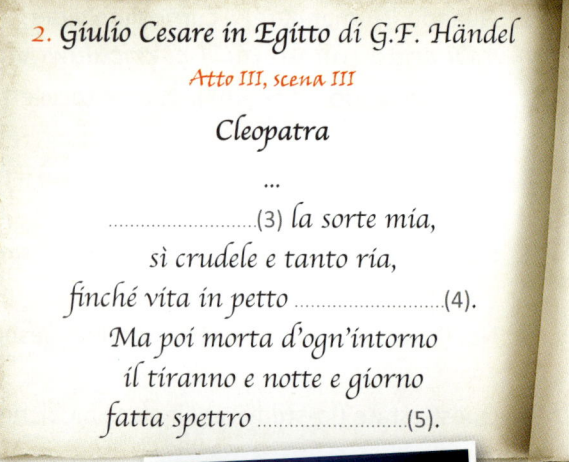

1. Don Giovanni di W.A. Mozart
Atto I, scena IX

Don Giovanni

...
Là ci _____(1) la mano,
là mi _____(2) di sì.
Vedi, non è lontano:
partiam, ben mio, da qui.

2. Giulio Cesare in Egitto di G.F. Händel
Atto III, scena III

Cleopatra

...
_____(3) la sorte mia,
sì crudele e tanto ria,
finché vita in petto _____(4).
Ma poi morta d'ogn'intorno
il tiranno e notte e giorno
fatta spettro _____(5).

b. Adesso leggete i testi ad alta voce. Attenzione alla pronuncia.

c. Guardate il glossario e provate a tradurre i testi con l'aiuto dell'insegnante.

esercizi 2-7c

A.10 Ricostruite le frasi e abbinate le domande alle risposte.

Fare progetti

1. Quest'estate andremo
2. In marzo avrò un
3. Il prossimo anno loro

a. incontro di lavoro con un famoso soprano.
b. frequenteranno un corso di perfezionamento.
c. a suonare nell'orchestra di Baltimora.

Fare ipotesi

1. Quanti anni ha Marta?
2. Che ore sono?
3. Ma dov'è Giorgio?

a. Sarà in ufficio.
b. Ne avrà 32!
c. Non lo so, saranno le due.

A.11 Comunicate!
Parlate del vostro futuro.

- Che cosa farai alla fine dei tuoi studi?
- Dove andrai in vacanza quest'estate?
- Se un giorno sarai ricco, come sarà la tua vita?
- Che cosa farai tra 10 anni?

esercizi 8-10c

...Là mi dirai di sì!

B

B.1 **a.** Ascoltate la lettura dell'aria e completate con le parole mancanti.

Qui Figaro invita in modo ironico il conte Almaviva a imparare a ballare; lui sarà il suo insegnante.

3. Le nozze di Figaro W.A. Mozart
Atto I, scena II

Figaro

Se vuol ballare, signor Contino,
il chitarrino Le suonerò.
Se vuol venire nella mia scuola,
la capriola Le insegnerò.
Saprò... ma piano,
meglio ogni arcano
dissimulando
scoprir potrò.

L'arte ....(1),
l'arte ....(2).
Di qua ....(3),
di là ....(4),
tutte le macchine rovescerò.
Se vuol ballare,
signor Contino,
il chitarrino
le suonerò.

b. Osservate la tabella.

GERUNDIO SEMPLICE		
-ARE	-ERE	-IRE
SCHERZ~~ARE~~	PUNG~~ERE~~	USC~~IRE~~
scherz**ando**	pung**endo**	usc**endo**

Il **gerundio semplice** indica un'azione contemporanea a quella del verbo principale.
Il soggetto è quasi sempre lo stesso: *Andando al conservatorio, incontro sempre Lucia* (io incontro sempre Lucia mentre vado al conservatorio).
Verbi irregolari al gerundio a pagina 194.

Azione simultanea:	(Loro) Mi guardano **sorridendo**.
Come? (modo):	Puoi comprare una nuova auto **lavorando** durante l'estate.
Perché (causa):	**Pagando** con la carta di credito non ho bisogno di portare i soldi con me.
Quando/Mentre (temporale):	**Tornando** a casa, compro il pane.
Se (ipotesi):	**Continuando** a fare gli esercizi, raggiungerai un buon livello.

c. Adesso leggete il testo ad alta voce. Attenzione alla pronuncia.

d. Guardate il glossario e provate a tradurre il testo con l'aiuto dell'insegnante.

esercizi 11-12

L'italiano nell'aria 1

Unità 7

B.2 a. Ascoltate il dialogo. Vero o falso?

                                                                                                         V   F

1. Igor sta leggendo un pezzo di Mozart.
2. Midori conosce il significato delle parole *pungendo*, *schermendo* e *dissimulando*.
3. Midori sa cosa succede nel brano.
4. Midori dice che il brano è una cavatina.
5. Igor dice che non è importante capire il significato delle parole, basta cantare a memoria.

b. Adesso leggete a coppie il dialogo e scandite bene le parole. Attenzione alla pronuncia.

Cosa stai facendo?

Midori: Igor, cosa stai facendo?
Igor: Non lo vedi? Sto ascoltando questo brano di Mozart. Lo conosci?
Midori: È ovvio che lo conosco!
Igor: Capisci il significato delle parole?
Midori: Ma cosa stai dicendo? Certo che no, studio l'italiano soltanto da dieci mesi, però conosco l'opera. So che cosa succede in questa cavatina e quindi, per intuizione, capisco il senso.
Igor: Bene, allora dimmi cosa vogliono dire *pungendo*, *schermendo* e *dissimulando*.
Midori: Uhm! Devo guardare sul dizionario anch'io. Mi stai interrogando, per caso?
Igor: Ma no, dai, sto scherzando! Lo so che è difficile l'italiano dell'opera, ma è importante capire le parole e le frasi e non cantare tutto a memoria.
Midori: Hai proprio ragione! Per questo sto cercando d'imparare bene l'italiano!

B.3 Inserite le forme mancanti di stare e, se necessario, anche i verbi al gerundio, come nell'esempio in blu.

1. - Vittorio, dove _____*stai*_____ andando?
   - _____*Sto andando*_____ (andare) a lezione di tromba.
2. - Svetlana, cosa _____ facendo?
   - _____ (telefonare) in Russia ai miei genitori.
3. - Cosa _____ succedendo?
   - Gli attori _____ (litigare) dietro le quinte.
4. - Ragazzi, cosa _____ guardando?
   - _____ (guardare) un video di Muti.
5. - Il tenore è veramente bravo?
   - Sì, gli spettatori lo _____ (applaudire).
6. - Paola, a chi _____ mandando un messaggio?
   - _____ (rispondere) a Chiara.
7. - E voi cosa _____ scrivendo?
   - _____ (compilare) i moduli.

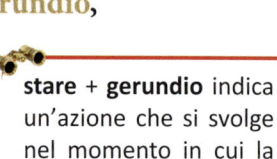

> **stare + gerundio** indica un'azione che si svolge nel momento in cui la persona parla.

...Là mi dirai di sì!

B.4 Comunicate!
Annabella e Giovanni al telefono domandano e raccontano che cosa stanno facendo per l'università. Utilizzate la forma **stare + gerundio**.

Annabella: Sto leggendo una biografia di Mozart e tu cosa stai studiando?
Giovanni: Io sto...

A
- leggere
- studiare
- scrivere
- ripetere
- elaborare
- analizzare
- preparare
- memorizzare

B
- il programma d'esame
- le informazioni
- esame di Storia della musica
- Antonio Cesti e Francesco Cavalli
- una tesi per il professor Cecchini
- una biografia di Mozart
- qualche progetto

B.5 Compilate la seguente tabella con nomi di personaggi che conoscete.

Pianisti	Cantanti lirici	Direttori d'orchestra	Violinisti

B.6 a. Osservate la tabella.

STARE PER + INFINITO

● Vittorio, dove stai andando? ● **Sto per andare** a lezione di tromba.
Qui Vittorio **ha l'intenzione di** andare a lezione di tromba.

b. Guardate le immagini e scrivete una frase. Utilizzate la forma stare per + infinito.

1. stare per partire
2. stare per telefonare
3. stare per piovere
4. stare per uscire

1. ....
2. ....
3. ....
4. ....

esercizi 13-14b

L'italiano nell'aria 1

Unità 7

E ancora...

C.1 a. Osservate la tabella.

		Aggettivo	Pronome
QUESTO - AGGETTIVO E PRONOME DIMOSTRATIVO			
Singolare	maschile	Quest**o** libr**o** è impegnativo! Quest'**o**rchestral**e** è bravo!	Quest**o** è impegnativo! Quest**o** è bravo!
Singolare	femminile	Quest'**a**ri**a** è difficile! Quest**a** tromb**a** è nuova!	Quest**a** è difficile! Quest**a** è nuova!
Plurale	maschile	Quest**i** libr**i** sono impegnativi! Quest**i** orchestral**i** sono bravi!	Quest**i** sono impegnativi! Quest**i** sono bravi!
Plurale	femminile	Quest**e** ari**e** sono difficili! Quest**e** tromb**e** sono nuove!	Quest**e** sono difficili! Quest**e** sono nuove!

> **Questo/a/i/e** si usa per indicare qualcosa/qualcuno **vicino alla** persona che parla.
> L'aggettivo dimostrativo è sempre seguito da un sostantivo. Il pronome sta da solo e sostituisce il nome.
> Esempio: **Questo libro** d'italiano è di Luisa e **questo** è di Giorgio!

b. Completate con le forme giuste di questo.

1. .... xilofono
2. .... sbagli
3. .... archetto
4. .... arpa
5. .... cuore
6. .... nacchere
7. .... uomini
8. .... studentesse
9. .... amica
10. .... zeffiretti
11. .... fisarmonica
12. .... oboe

C.2 a. Ascoltate la lettura dell'aria.

4. Rigoletto di G. Verdi

Atto I, scena I

Duca

Questa o quella per me pari sono
a quant'altre d'intorno mi vedo;
del mio core l'impero non cedo
meglio ad una che ad altra beltà.
La costoro avvenenza è qual dono
di che il fato ne infiora la vita;
s'oggi questa mi torna gradita,
forse un'altra doman lo sarà.

La costanza, tiranna del core,
detestiamo qual morbo, qual morbo crudele;
sol chi vuole si serbi fedele;
non v'ha amor, se non v'è libertà.
De' mariti il geloso furore,
degli amanti le smanie derido;
anco d'Argo i cent'occhi disfido
se mi punge, se mi punge una qualche beltà.

...Là mi dirai di sì!

b. Adesso leggete l'aria ad alta voce. Attenzione alla pronuncia.

c. Guardate il glossario e provate a tradurre l'aria con l'aiuto dell'insegnante.

C.3 a. Osservate la tabella.

		Articolo determinativo	Aggettivo	Pronome
QUELLO - AGGETTIVO E PRONOME DIMOSTRATIVO					
Singolare	maschile	il libro lo specchio l'uomo	Quel libro è impegnativo! Quello specchio è nuovo! Quell'uomo è vecchio!	Quello è impegnativo! Quello è nuovo! Quello è vecchio!
	femminile	l'amica la scuola	Quell'amica è bella! Quella scuola è moderna!	Quella è bella! Quella è moderna!
Plurale	maschile	i libri gli uomini gli specchi	Quei libri sono impegnativi! Quegli uomini sono vecchi! Quegli specchi sono nuovi!	Quelli sono impegnativi! Quelli sono vecchi! Quelli sono nuovi!
	femminile	le scuole le amiche	Quelle scuole sono moderne! Quelle amiche sono belle!	Quelle sono moderne! Quelle sono belle!

Quello/a/i/e si usa per indicare qualcosa/qualcuno **lontano dalla** persona che parla.
Le desinenze finali dell'aggettivo dimostrativo **quello** sono le stesse dell'articolo determinativo.
Codesto/Cotesto è molto frequente nel linguaggio operistico ed è tuttora usato nell'italiano letterario e nell'area toscana. Indica persona o cosa vicina a chi ascolta. Esempio: *Anna, dammi codeste fotocopie, per favore!*

b. Completate con le forme giuste di *quello*.

1. .... ventaglio
2. .... impero
3. .... scandali
4. .... capriola
5. .... spilla
6. .... amiche
7. .... scarpe
8. .... dizionario
9. .... arcani
10. .... quadro
11. .... biglietti
12. .... vestito

L'italiano nell'aria 1

Unità 7

C.4 a. Ascoltate la lettura dell'aria.

5. Don Giovanni di W.A. Mozart
Atto I, scena XV

Don Giovanni

Fin ch'han dal vino
calda la testa,
una gran festa
fa' preparar.
Se trovi in piazza
qualche ragazza,
teco ancor quella
cerca menar.

Senza alcun ordine
la danza sia:
chi 'l minuetto,
chi la follia,
chi l'alemanna
farai ballar.
Ed io frattanto,
dall'altro canto

con questa e quella
vo' amoreggiar.
Ah! la mia lista
doman mattina
d'una decina
devi aumentar.

b. Adesso leggete il testo ad alta voce. Attenzione alla pronuncia.

c. Guardate il glossario e provate a tradurre l'aria con l'aiuto dell'insegnante.

esercizi 15-16

C.5 Osservate le tabelle degli avverbi **poco**, **parecchio**, **molto**, **tanto**, **troppo**.

io	Lavoro	
tu	Canti	poco.
lui/lei/Lei	Capisce	parecchio.
noi	Studiamo	molto/tanto.
voi	Suonate	troppo.
loro	Leggono	

Poco, parecchio, molto, tanto, troppo come avverbi sono invariabili e modificano…

…il significato di un verbo.

Questo baritono		poco	conosciuto.
Questo manuale	è	parecchio	difficile.
Queste arie	sono	molto/tanto	famose.
Queste note		troppo	alte.

…il significato di un aggettivo.

(tu) Cominci a cantare	molto/tanto troppo	presto. tardi.
(tu) Arrivi sempre	parecchio poco	prima. dopo.

…il significato di un altro avverbio.

...Là mi dirai di sì!

C.6 Osservate la tabella degli aggettivi **poco**, **parecchio**, **molto**, **tanto**, **troppo**.

Lui canta poch**e** ari**e**.
Tu conosci parecch**ie** person**e**.
Loro suonano tant**i** strument**i**.
Io guadagno molt**i** sold**i**.
Voi fumate tropp**e** sigarett**e**.

> **Poco**, **parecchio**, **molto**, **tanto**, **troppo** come aggettivi sono variabili e modificano il significato di un nome.
>
> esercizi 17-22

C.7 a. Osservate le tabelle.

ALCUNI AGGETTIVI INDEFINITI	
qualche	Compro sempre **qualche libro** e **qualche rivista**.
alcuni/e	Compro sempre **alcuni libri** e **alcune riviste**.

> **Qualche** ha sempre il sostantivo al singolare. Indica una quantità indefinita.

ALCUNI AGGETTIVI INDEFINITI	
ciascuno/a	**Ciascuno studente** deve fare l'esame.
ogni	**Ogni studente** deve fare l'esame.
nessun/o/a	**Nessuno studente** deve fare l'esame.

> **Ciascuno** e **ogni** sono sinonimi ma **ciascuno** è meno usato nella lingua moderna.
> **Nessuno** ha valore negativo.

b. Completate. Sono possibili più soluzioni.

1. .... di noi ha un collegamento Internet.
2. .... miei amici partiranno per le Canarie la prossima settimana.
3. Leggo .... libro in lingua originale.
4. .... regista vuole mettere in scena quell'opera.
5. .... posto a teatro è numerato.
6. .... volta non capisco cosa dice mio padre.

C.8 a. Osservate la tabella.

ALCUNI PRONOMI INDEFINITI	
nulla/niente	Non mangio **niente**/**nulla**, perché non ho fame.
ognuno/ciascuno	**Ognuno**/**Ciascuno** è libero di decidere cosa fare.
qualcuno	**Qualcuno** sta suonando alla porta.
qualcosa	Ordino **qualcosa** da bere anche per voi!
nessuno	Non conosco **nessuno**.

> **Nessuno** davanti al verbo non richiede la negazione **non**: *Nessuno dorme a quest'ora.*
> **Nessuno** dopo il verbo richiede generalmente la negazione **non**: *Non parla a nessuno.*
> **Nessuno** lo usiamo per indicare una persona e **niente** e **nulla** li usiamo per indicare cose.

L'italiano nell'aria 1

Unità 7

b. Completate. Sono possibili più soluzioni.

1. Oggi non ho .... da fare per la scuola.
2. Hai .... su *I Masnadieri* di Verdi?
3. .... lo conosce!
4. Fabio, vuoi invitare .... a cena questa sera?
5. Purtroppo domani non verrà .... ad aiutarmi.
6. .... sa che cosa deve fare per risolvere la situazione.

D

D.1 a. Leggete.

Il costume fa l'artista

Intervista al costumista Giuseppe Innocenti, proprietario di I.G.L.1951, una delle più antiche sartorie teatrali d'Italia, fondata nel 1951 e gestita oggi insieme al fratello Luigi.
La sartoria collabora stabilmente con molti importanti teatri italiani.

Giornalista: Signor Innocenti, ci può spiegare come funziona una sartoria teatrale?
Innocenti: Il/La costumista, d'accordo con il regista, ci presenta i bozzetti dei costumi e noi li realizziamo. Due passi importanti sono la stoffa e la tintura, secondo i metodi più antichi.
Giornalista: Quante ore richiede la creazione di un costume?
Innocenti: Dipende dalla difficoltà del lavoro. Ad esempio, per un concerto di Maria Callas il vestito, del peso di 6 Kg. e con ricami a mano, richiese un mese e mezzo.
Giornalista: Quante persone lavorano nella Sua sartoria?
Innocenti: Fisse sono 10 persone e nei periodi di grande lavoro arrivano fino a 30. Da notare che ci sono sarte specializzate, rispettivamente per il taglio, maniche o il ricamo.
Giornalista: Ma Lei rimane sempre in sartoria o segue la compagnia teatrale?
Innocenti: Certo, la sartoria è mobile. A volte vado in trasferta con i miei collaboratori e rimaniamo fino alla consegna dei costumi, cioè fino al giorno in cui l'opera va in scena. Se tutto procede bene, ritorniamo a casa soddisfatti.
Giornalista: La sartoria lavora solo per i teatri lirici?

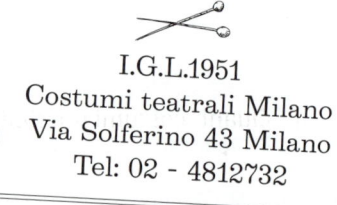

I.G.L.1951
Costumi teatrali Milano
Via Solferino 43 Milano
Tel: 02 - 4812732

...Là mi dirai di sì!

Innocenti: No, facciamo anche costumi per la TV, il cinema, il balletto e il teatro di prosa.
Giornalista: Dove può imparare un giovane questo mestiere?
Innocenti: Da noi, dove c'è anche la scuola per costumisti.
Giornalista: Quanti costumi possiede la Sua sartoria?
Innocenti: Ne abbiamo ben 13.000 e facciamo anche servizio di noleggio.
Giornalista: Lei vuol dire che ci sono teatri che comprano i costumi?
Innocenti: Sì, diciamo che i grandi teatri del mondo, di solito, li ordinano e li comprano direttamente da noi, oppure li noleggiano.
Giornalista: Due ultime domande: quanto costa noleggiare un costume?
Innocenti: Difficile dirlo, direi dai 150 euro in su.
Giornalista: E quanto costa comprare un costume?
Innocenti: Dipende. Per esempio, gli abiti d'epoca come quelli del '500 e '600 richiedono una grande lavorazione e quindi dare un prezzo è difficile.
Giornalista: La ringrazio per la Sua cordialità e Le auguro ancora tanti successi per questo lavoro così interessante e creativo.

b. Rispondete. Vero o falso?

	V	F
1. La sartoria del signor Innocenti nasce nel 1951.	☐	☐
2. Il signor Innocenti la gestisce da solo.	☐	☐
3. Nella sartoria lavorano 8 persone fisse.	☐	☐
4. Non ci sono sarte specializzate.	☐	☐
5. La sartoria I.G.L.1951 ha anche una scuola per costumisti.	☐	☐
6. Noleggiare un costune costa dai 250 euro in su.	☐	☐

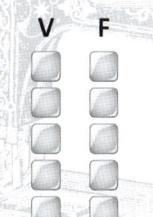

D.2 Comunicate!
Fate un'intervista.

A Sei un giornalista che intervista B.

B Sei il costumista, il signor Innocenti, e rispondi alle domande di A.

Domande del giornalista

1. Quante ore sono necessarie per la creazione di un costume?
2. Lei segue la compagnia teatrale o rimane sempre a Milano?
3. Lavora solo per i teatri lirici?
4. Quanti costumi possiede la sua sartoria?
5. Quanto costa comprare un costume?

L'italiano nell'aria 1

L'italiano nell'aria 1

Corso d'italiano per cantanti lirici e amanti dell'opera

Donatella Brioschi
Mariella Martini-Merschmann

Quaderno degli esercizi

edilingua

www.edilingua.it

Unità 1

Sì, siamo tutti artisti!

1 a. Leggete il testo ad alta voce. Attenzione alla pronuncia.

> **1. Don Giovanni di W.A. Mozart**
> Atto II, scena VI
>
> *Zerlina*
>
> Vedrai, carino, se sei buonino,
> che bel rimedio ti voglio dar!
> È naturale, non dà disgusto,
> e lo speziale non lo sa far.
> È un certo balsamo...
> ...

b. Sottolineate le forme del verbo *essere*.

c. Guardate il glossario e provate a tradurre il testo. Verificate in classe con l'aiuto dell'insegnante.

2 Completate con il verbo *essere*, come nell'esempio in blu.

a.
1. - Sono Carlotta e tu? - Io sono Matilda.
2. Io .... Agnese e lei .... Alessia.
3. Piacere, (io) .... Leonardo.
4. (Tu) .... Gianluca? Lui .... Francesco e io .... Alice.
5. Io .... Chiara e tu ....?
6. Lei .... Giulia e lui .... Giacomo.

b.
1. Voi .... Giada e Guido.
2. Lei .... Isabella e lui .... Ludovico.
3. Daniele Gatti e Riccardo Muti .... celebri.
4. Giovanni, loro .... Sandro e Lucrezia, vero?
5. Buongiorno, Lei .... la signora Caciolli, vero?
6. (Io) .... maestro di musica al Conservatorio *Luigi Boccherini* di Lucca.

L'italiano nell'aria 1

Unità 1

3 Completate con le seguenti parole date alla rinfusa.

- ....(1), io sono Michela e tu?
- Ciao, sono Marco. ....(2)!
- ....(3)!
...
- Oh, è ....(4). Ho lezione di canto. ....(5)!
- Ciao, ...(6)!

> a presto
> Ciao
> Piacere
> tardi
> Piacere
> A dopo

4 Completate con il verbo *essere* alla forma di cortesia.

1. - Lei, ... la signora Biagini?   - Sì, sono io!
2. - Lei, ... il signor Cecchini?   - No, sono il signor Bilaghi.
3. - Lei, ... il maestro Magnani?   - Sì, sono io.
4. - Lei, ... la signora Aglianò, vero? - No, sono la signora Bertocci.

5 Completate come negli esempi in blu.

a.
1. Michele è di Genova.
2. Clotilde .... Napoli e io .... Siracusa.
3. Io .... Lucca e Jacopo .... Chieti.
4. .... dove .... Giacomo e Guido?
5. Tu .... Brescia e noi .... Bolzano.
6. Io sono di Busseto. E voi .... dove .... ?

b.
1. - Moira, di dove sei?   - Sono di Cesena.
2. - .... Chiara?   - Lei è di Lecce.
3. - Signori Cini, ... ?   - Siamo di Perugia.
4. - .... Giovanni?   - Lui è di Siena.
5. - .... Cecilia e Piero?   - Loro sono di Firenze.
6. - Signora Magneschi, Lei .... ? - Sono di Pisa.

6 Mettete al plurale le seguenti parole, come nell'esempio in blu.

1. istituto → istituti
2. chiave → ....
3. direttore → ....
4. amore → ....
5. ballerina → ....
6. pianoforte → ....
7. signora → ....
8. studente → ....
9. bacchetta → ....
10. concerto → ....
11. insegnante → ....
12. conservatorio → ....

Sì, siamo tutti artisti!

7 Mettete al plurale le parole in blu, come nell'esempio.

1. Io sono direttore d'orchestra. → Noi siamo due direttori d'orchestra.
2. Tu sei baritono. → Voi siete due ……………… .
3. Lui è basso e Lisa è contralto. → Loro sono due ……………… e Lisa e Gaia sono due ……………… .
4. Iva è soprano e io sono tenore. → Iva e Rita sono due ……………… , io e Renzo siamo ……………… .
5. Guido è cantante. → Guido e Giacomo sono due ……………… .
6. Alessio è maestro di canto. → Alessio e Mario sono due ……………… di canto.

8 a. Leggete i testi ad alta voce. Attenzione alla pronuncia.

2. Il barbiere di Siviglia di G. Rossini
Atto I, scena II

Figaro
...
Pronto prontissimo
son come il fulmine;
son il factotum della città.
Ah, bravo Figaro!
...

3. Il matrimonio segreto di D. Cimarosa
Atto I, scena V

Fidalma
È vero che in casa
io son la signora
...
è vero ch'io godo
la mia libertà...
...

b. Sottolineate le forme del verbo *essere*.

c. Guardate il glossario e provate a tradurre i testi. Verificate in classe con l'aiuto dell'insegnante.

9 Mettete l'articolo determinativo al singolare.

1. ……… città
2. ……… scherzo
3. ……… lezione di canto
4. ……… yogurt
5. ……… oboe
6. ……… melodia
7. ……… incontro
8. ……… arpa
9. ……… canto
10. ……… aula
11. ……… zaino
12. ……… pubblico

10 Mettete al plurale, come nell'esempio in blu.

1. la bacchetta → le bacchette
2. la scala → ………
3. il direttore → ………
4. lo scandalo → ………
5. l'organo → ………
6. la lezione → ………
7. lo studente → ………
8. il museo → ………
9. il ruolo → ………
10. l'arpa → ………
11. la classe → ………
12. la tromba → ………

L'italiano nell'aria 1

Unità 1

11 Completate con *c'è* / *ci sono*, come negli esempi in blu.

1. - Che cosa c'è sul tavolo? — - Ci sono due penne e il libro di solfeggio.
   - C'è il tenore oggi? — - Sì, c'è.
2. - Che cosa .... nella borsa? — - .... il libro d'italiano.
3. - Che cosa .... qui? — - .... quattro sedie e lo stereo.
4. - Che cosa .... in classe? — - .... solo il pianoforte.
5. - Che cosa .... nell'armadietto? — - .... l'iPod, il cellulare e il computer portatile.
6. - .... il direttore d'orchestra? — - No, ma .... i tenori.
7. - Che cosa .... sul tavolo? — - .... l'iPhone e due spartiti.
8. - Che cosa .... nello zaino? — - .... i libri e il dizionario d'italiano.
9. - Qui .... la sala per concerti? — - Sì, ...
10. - Che cosa .... sul palcoscenico? — - .... due arpe e due viole.

12 Mettete gli aggettivi al plurale, come nell'esempio in blu.

1. nuova — nuove
2. celebre — ....
3. importante — ....
4. tranquilla — ....
5. coreana — ....
6. allegra — ....
7. francese — ....
8. moderna — ....
9. basso — ....
10. difficile — ....
11. bello — ....
12. elegante — ....
13. straniero — ....
14. buono — ....
15. grande — ....
16. americano — ....

13 Completate gli aggettivi, come negli esempi in blu.

a.
1. città moderna
2. scenografia argentin......
3. tenori brav......
4. ragazza russ......
5. cantanti nuov......
6. musica antic......
7. tono tranquill......
8. ragazze stranier......

b.
1. tenore cinese
2. teatro grand......
3. concerto interessant......
4. ritmi veloc......
5. signora elegant......
6. baritono important......
7. ruoli facil......
8. esercizi difficil......

Sì, siamo tutti artisti!

14 a. Chi sono?

Maria Callas
Tito Gobbi
Arturo Toscanini
Raina Kawaibanska
Riccardo Muti
Renato Bruson
Luciano Pavarotti
Placido Domingo

direttore d'orchestra	tenore	soprano	baritono
....	....	....	....
....	....	....	....

b. Aggiungete altri nomi!

15 Completate come nell'esempio in blu.

1. La fontana di Trevi a Roma è **bella e antica** (bello/antico).
2. L'aria di questo spartito è .... e .... (difficile/lungo).
3. Giacomo e Guido sono .... (simpatico).
4. Mary è .... mentre Regina è .... (straniero/italiano).
5. Questa bacchetta è .... mentre queste arpe sono .... (vecchio/nuovo).
6. Cristina è .... e .... (giovane/bello).
7. Il ruolo di Rosina è .... e .... (impegnativo/interessante).
8. Vicenza è una città .... e .... (piccolo/tranquillo).

L'italiano nell'aria 1

Unità 1

16 Completate come nell'esempio in blu.

1. Madeleine è   *francese*, di Lyon.
2. Wladimir è   ...., di Cracovia.
3. Il signor Park è   ...., di Seul.
4. Akiko e Masako sono   ...., di Osaka.
5. Yannis Stratos è   ...., di Atene.
6. La signora Carlsson è   ...., di Stoccolma.
7. John e Jimmy sono   ...., di Washington.
8. Nerita e Milda sono   ...., di Vilnius.
9. Hans e Jutta sono   ...., di Stoccarda.
10. Karima è   ...., di Marrakech.
11. Il signor Van Dyk è   ...., di Amsterdam.
12. Felipa Alvarez è   ...., di Buenos Aires.

marocchina, tedeschi, olandese, americani, svedese, greco, ~~francese~~, giapponesi, argentina, coreano, polacco, lituane

17 Completate come nell'esempio in blu.

	Maschile	Femminile	Plurale
1.	Aki è giapponese.	Mikiko è giapponese.	Aki e Mikiko sono giapponesi.
2.	Pierre è	Marie è francese.	Pierre e Marie sono ....
3.	Milos è	Ágnès è	Milos e Ágnès sono ungheresi.
4.	Leandro è	Consuelo è spagnola.	Leandro e Consuelo sono ....
5.	Igor è russo.	Tatiana è	Igor e Tatiana sono ....
6.	Dimitru è	Antoana è rumena.	Dimitru e Antoana sono ....
7.	Roberto è italiano.	Cristina è	Roberto e Cristina sono ....

18 **a.** Inserite il sostantivo singolare o plurale.

1. il ....   i caffè
2. l'università   le ....
3. l'auto   le ....
4. la ....   le città
5. il re   i ....
6. la ....   le foto

b. Inserite il sostantivo corretto.

1. l'...............   l'attrice
2. il giornalista   la ....
3. il ....   la pianista
4. il ....   la collega
5. il direttore   la ....
6. il ....   la pittrice

Sì, siamo tutti artisti!

19 Leggete il testo e indicate (✓) la risposta corretta.

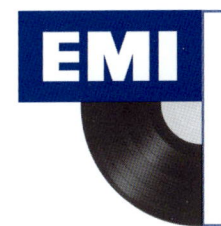

> **EMI** (Electric and Music Industries). Questo è l'acronimo dell'etichetta musicale fondata nel 1931 (millenovecentotrentuno), vicino a Londra. Dal 1967 (millenovecentosessantasette) è presente in Italia come EMI italiana per la musica leggera e classica. Sono molti gli artisti che hanno legato la loro fama alla casa discografica, tra questi Enrico Caruso, Maria Callas e Riccardo Muti.

1. EMI nasce nel
   - a. ☐ 1921
   - b. ☐ 1931
   - c. ☐ 1967

2. In Italia, la EMI è nota per
   - a. ☐ la musica jazz e pop
   - b. ☐ la musica da camera e sacra
   - c. ☐ la musica leggera e classica

20 Leggete il testo.

Casa editrice Ricordi

Nel campo della musica i simboli di Milano sono il Teatro alla Scala, l'opera e le case editrici musicali come la Ricordi che pubblica nel 1808 (milleottocentootto) i libretti delle opere di Rossini, Cimarosa, Paisiello, Puccini e Verdi.

Nel 1825 (milleottocentoventicinque) la casa editrice Ricordi compra il catalogo musicale del Teatro alla Scala e Giulio Ricordi è il primo a credere nel talento di Giuseppe Verdi. Nel 1958 (millenovecentocinquantotto) nasce la Dischi Ricordi. Dal 2007 (duemilasette) la Ricordi è di proprietà dell'Universal Music Group.

Nella Biblioteca Braidense di Milano c'è l'**Archivio storico Ricordi** che ha una collezione privata molto importante di partiture, spartiti, lettere di musicisti e librettisti, bozzetti, scenografie, fotografie, libri e manifesti. Possiede anche quasi tutti gli originali delle opere di Verdi e Puccini.

1. Sottolineate le parole che capite in questo testo.
2. Cosa c'è nell'archivio storico Ricordi?

   ....

3. Quali sono i simboli di Milano?

   ....

Unità 1

21 a. Completate il testo con gli articoli determinativi.

Casa editrice Sonzogno

............(1) casa editrice musicale Sonzogno nasce nel 1874 (milleottocentosettantaquattro) a Milano ed è rivale di Ricordi. La Sonzogno compra ....(2) spartiti francesi di Massenet e Bizet e ....(3) primo successo internazionale è proprio con la *Carmen* di Bizet, in traduzione italiana. Nel 1917 (millenovecentodiciassette) la Sonzogno pubblica gli spartiti di Puccini, *La rondine* e *Inno a Roma*. Nel 1923 (millenovecentoventitré), ...(4) industriale e musicista Piero Ostali compra la casa editrice musicale e ancora oggi ....(5) famiglia Ostali continua la tradizione, anche con nuove forme musicali e con compositori di musica leggera.

21 b. Scrivete il singolare o il plurale delle seguenti parole.

1. .... gli spartiti francesi
2. il primo successo ....
3. la traduzione italiana ....
4. .... le nuove forme musicali

Unità 2

Un'audizione

1 Completate con *avere*, come nell'esempio in blu.

1. Maria **ha** due biglietti per *Il Trovatore* di Verdi.
2. Tu .... la prova con il maestro domani.
3. Cecilia .... la lezione di canto con Chiara e Giacomo.
4. Domani (io) .... l'audizione per il ruolo di Azucena.
5. Stefano e Vito .... l'incontro con il regista alle 10.
6. Noi .... due inviti per stasera a teatro.
7. Adesso (voi) .... il corso di dizione italiana al conservatorio.
8. Il direttore d'orchestra .... sempre il leggìo, la bacchetta e la partitura.

2 Completate le domande con il verbo *avere*, come nell'esempio in blu.

1. - **Avete** delle fotocopie anche per me? — Sì, certamente!
2. - .... (tu) il computer? — No, ma ho l'iPhone.
3. - Giorgio e Camilla .... i biglietti per il teatro? — Credo di sì!
4. - Giancarlo, ... il dizionario d'italiano? — Sì, è qui!
5. - .... (voi) lezione con il maestro Girardelli? — No, (lui) non ha tempo oggi.
6. - Chi .... il metronomo di Gisella? — Il maestro di pianoforte!
7. - Michela, quando .... lezione? — Domani!
8. - Lisa e Anna, perché non .... la prove oggi? — Perché non c'è il tenore.

3 Unite le frasi delle due colonne, come nell'esempio.

1. - Hai il seminario di Storia della musica, oggi?
2. - Io sono di Como, e tu?
3. - È bella Cagliari?
4. - Leo e Aldo hanno lo spartito?
5. - Roma ha molti alberghi antichi, e Sydney?
6. - Avete il biglietto per il teatro?
7. - Che ruolo ha Chiara nel *Barbiere di Siviglia*?
8. - Il Teatro La Fenice è a Vicenza?

a. - Aldo ha lo spartito ma Leo no!
b. - Lei è Rosina.
c. - A Sydney invece sono moderni.
d. - Ma no, è a Venezia!
e. - Sì, è bella!
f. - Io sono di Caserta.
g. - Sì, con Warren Scott.
h. - Sì, certo!

4 *Essere o avere?*

1. Voi .... l'audizione.
2. Guglielmo e Roberto .... di Sestri.

L'italiano nell'aria 1

Unità 2

3. Il flauto .... nuovo.
4. Io e Carmen .... due ruoli importanti.
5. Luisa .... italiana e tu .... tedesca.
6. La voce di Giovanna .... bella e melodiosa.
7. Voi .... stranieri, vero?
8. Marina .... il libro *I musicisti italiani*.

5 Indicate (✓) la risposta giusta.

1. Buongiorno signori Esposito, come state?
   - a. ☐ Stanno benissimo!
   - b. ☐ Stiamo bene, grazie!
   - c. ☐ State bene!

2. Ciao Vittoria, come stai?
   - a. ☐ Sto abbastanza bene e tu?
   - b. ☐ Sta bene!
   - c. ☐ Stai bene!

3. Come sta Claudio?
   - a. ☐ Sto bene!
   - b. ☐ Sta bene!
   - c. ☐ Stai bene!

4. Signora Ricci, come sta oggi?
   - a. ☐ Così così!
   - b. ☐ Sta bene!
   - c. ☐ Stanno bene!

6 Coniugate i verbi dati accanto, come nell'esempio.

1. Noi *ascoltiamo* la musica jazz.
2. Che cosa ...., signora Bianchi?
3. (io) .... ascoltare Bach.
4. Giancarlo .... un messaggio su WhatsApp.
5. Voi .... solo il cinese.
6. Io e Guglielmo .... l'*Aida*.
7. (tu) .... la lingua italiana?
8. Angelo e Lara .... domani per Roma.

ascoltare
prendere
preferire
scrivere
parlare
guardare
capire
partire

Un'audizione

7 Completate con i verbi al presente indicativo. I verbi non sono in ordine.

ascolta ✦ finisce ✦ arrivano ✦ partite ✦ guardate ✦ capiscono ✦ odia ✦ mangiamo ✦ parli ✦ sono

1. Paolo e Cinzia .... a Verona domani in aereo.
2. (tu) Non .... bene l'italiano.
3. Ciro .... un CD di musica classica.
4. La lezione .... alle tre, vero?
5. (voi) .... il film su Chopin?
6. Loro non .... il tedesco.
7. (noi) .... gli spaghetti.
8. (io) .... di Napoli e voi?
9. Domani (voi) .... in treno, vero?
10. Giulia .... la musica Heavy Metal.

Fiume Adige, Verona

8 Completate con il presente indicativo degli infiniti dati alla rinfusa.

1. (tu) .... a Genova?
2. Giada, quando .... l'e-mail?
3. Michela non .... stasera.
4. Voi .... una camera doppia.
5. (tu) .... il violoncello molto bene!
6. Ludmilla non .... l'italiano.
7. La biblioteca .... tutti i giorni.
8. Marco non .... il film con noi domani.
9. Lei non .... l'opera.
10. Io .... l'orchestra.

spedire
capire
vedere
suonare
partire
amare
dirigere
aprire
abitare
prenotare

9 a. Leggete e coniugate i verbi.

Yoko Kikuchi - pianista giapponese, nata a Gumma nel 1977. Da Tokyo .... (1. arrivare) in Italia e qui .... (2. studiare) all'Accademia pianistica Internazionale di Imola. Interprete mozartiana, ... (3. vincere) nel 2002 il Concorso Mozart di Salisburgo. .... (4. viaggiare) per il mondo con orchestre famose.

Glenn Gould - pianista, organista, compositore canadese (1932-1982). Celebri le sue *Variazioni di Goldberg*. Molti i premi e i riconoscimenti.

L'italiano nell'aria 1

Unità 2

Clara Haskil - pianista rumena. Nata nel 1895, ...(5. iniziare) la carriera nel 1909. È allieva di Alfred Cortot e grande interprete mozartiana. Muore nel 1960. A Vevey ....(6. esistere) la Fondazione Clara Haskil per giovani pianisti.

b. Rispondete alle domande.

1. Dove nasce Yoko Kikuchi?
   ....
2. Dove studia in Italia Yoko Kikuchi?
   ....
3. In che anno Yoko Kikuchi vince il concorso Mozart?
   ....
4. Di che nazionalità è Glenn Gould?
   ....
5. Chi è Clara Haskil?
   ....
6. Quando inizia la carriera Clara Haskil?
   ....

10 a. Leggete l'alfabeto italiano.

Le lettere italiane sono 21										
a	**b**	**c**	**d**	**e**	**f**	**g**	**h**	**i**		**l**
a /a/	bi /bi/	ci /tʃi/	di /di/	e /e/	effe /ɛffe/	gi /dʒi/	acca /acca/	i /i/		elle /ɛlle/
m	**n**	**o**	**p**	**q**	**r**	**s**	**t**	**u**	**v**	**z**
emme /ɛmme/	enne /ɛnne/	o /ɔ/	pi /pi/	qu /qu/	erre /ɛrre/	esse /ɛsse/	ti /ti/	u /u/	vu /vu/	zeta /dzeta/

Le lettere straniere sono 5				
j	**k**	**w**	**x**	**y**
i lunga /il'lunga/	cappa /'kappa/	doppia vu /doppja'vu/	ics /'iks/	ipsilon /'ipsilon/

Ricordate che le lettere dell'alfabeto sono tutte femminili.

Un'audizione

b. Come facciamo lo spelling (pronunciare le lettere una alla volta) di un cognome al telefono? Completate come nell'esempio in blu.

1. Io sono Elena Mischi. — *emme - i - esse - ci - acca - i*
2. Io sono Roberto Guaschino. ....
3. Io sono Laura Brioschi. ....
4. E il tuo cognome? ....

c. ...E se l'altra persona non capisce bene, usiamo l'alfabeto e le città.

Io sono Elena Mischi. emme come *Milano* - i come *Imola* - esse come *Siena* - ci come *Como* - acca come *hotel* - i come *Imola*

A come Ancona		H come Hotel		Q come Quarto	
B come Bologna		I come Imola		R come Roma	
C come Como		L come Livorno		S come Siena	
D come Domodossola		M come Milano		T come Torino	
E come Enna		N come Napoli		U come Udine	
F come Firenze		O come Otranto		V come Venezia	
G come Genova		P come Palermo		Z come Zara	

d. Quando l'altra persona non capisce bene, come fai lo spelling per...

...il tuo nome? ....

...il tuo cognome? ....

11 a. Leggete e sottolineate nel testo i verbi al presente indicativo.

1. L'elisir d'amore di G. Donizetti

Atto I, scena I

Nemorino

Quanto è bella, quanto è cara!
Più la vedo, e più mi piace...
Ma in quel cor non son capace
lieve affetto ad inspirar.
Essa legge, studia, impara...
Non v'ha cosa ad essa ignota...
Io son sempre un idiota,
io non so che sospirar.
Chi la mente mi rischiara?
Chi m'insegna a farmi amar?

b. Adesso rileggete ad alta voce. Attenzione alla pronuncia.

c. Guardate il glossario e provate a tradurre il testo. Verificate in classe con l'aiuto dell'insegnante.

L'italiano nell'aria 1

Unità 2

12 Riascoltate i mini dialoghi di pagina 32 (attività *C.4*) del *Libro dello studente* e scrivete le parole mancanti.

1. - Ciao, ... Angelo Grotta e tu chi sei?
   - .... Aurora Magni, ...!
   - Piacere!

2. - .... signora Grilli, come sta?
   - Bene, grazie! ...., signor Sogus?
   - Abbastanza bene, grazie!

3. - ...., ... con la signora Ferrari?
   - No, sono la signora Bracci!

4. - .... signori Innocenti! Come ....?
   - Benissimo, grazie!

5. - ...., e voi chi ....?
   - .... Angela e Clara... e tu chi sei?
   - Ludovico!

6. - Ciao Paolo, come .... oggi?
   - .... troppo ...., ho ancora mal di testa!
   - Oh, mi dispiace!

13 Inserite la negazione *non*. Scegliete il verbo giusto e coniugate.

1. Oxana .... bene l'italiano.
2. Lei .... ma scrive messaggi su WhatsApp.
3. Clara e Achille .... mai in aereo.
4. Noi .... a Parigi.
5. La regista .... con attori italiani.
6. Tu .... la camera.

abitare   capire   viaggiare   prenotare   telefonare   lavorare

14 Inserite gli articoli indeterminativi.

1. .... spettacolo
2. .... flauto
3. .... ottava
4. .... coro
5. .... arpa
6. .... scena
7. .... yogurt
8. .... duetto
9. .... orchestra
10. .... sbaglio
11. .... idea
12. .... scherzo
13. .... voce
14. .... zero
15. .... studente

Un'audizione

15 a. Leggete i testi.

Arturo Benedetto Michelangeli – pianista italiano, nasce nel 1920 e già da piccolo suona il pianoforte. Nel 1939 vince il concorso per pianisti a Ginevra. Il suo repertorio: Debussy e Ravel. Martha Argerich è tra le sue allieve all'Accademia italiana pianisti di Brescia. Michelangeli muore nel 1995 a Lugano.

Martha Argerich (1941)
Pianista argentina, inizia a suonare a tre anni e debutta nel 1949 a Buenos Aires. Vince vari premi, però solo nel 1965 arriva al successo come solista. Per aiutare giovani talenti nel 2002 fonda il progetto Martha Argerich a Lugano, dove ogni anno a giugno ha luogo il festival. Inoltre nella sua brillante carriera ci sono molte interpretazioni di sonate e musica da camera con altri famosi musicisti.

Herbie Hancock (1940)
Anche lui fa parte dei bambini prodigio. A sette anni suona già il pianoforte.
Il pianista, con un repertorio jazz e funky, esordisce nel 1963 con il Miles Davis Quintet. Poi incontra il regista italiano Michelangelo Antonioni e per lui scrive le musiche del film *Blow up* (1967). Da allora compone molte altre colonne sonore e pubblica tantissimi album. *Cantaloupe Island* è uno dei brani più celebri del suo repertorio. Nel 2012 partecipa anche all'Umbria Jazz Festival di Perugia.

b. Cercate e scrivete il sinonimo delle parole in blu. Se non lo sapete, fate una ricerca!

pezzo musicale da film • ~~precoce~~ • gara • percorso di successo
raccolta di brani che un cantante/musicista interpreta

1. Chi è un bambino **prodigio**? È un bambino **precoce**.
2. Che cos'è un **repertorio**? Il repertorio è una ....
3. Cos'è una **colonna sonora**? Una colonna sonora è un ....
4. Cos'è un **concorso** per pianisti? Un concorso è una ....
5. Cos'è una **brillante carriera**? Una brillante carriera è un ....

16 Completate come nell'esempio.

1. Tu non puoi venire, devi studiare.
   Voi non **potete** venire, **dovete** studiare.
2. Io non posso partire domani perché voglio andare alla festa della scuola di musica.
   Noi ....
3. Lui non deve fare tutto oggi, può fare gli esercizi anche domani.
   Loro ....

L'italiano nell'aria 1

Unità 2

4. Tu non puoi ancora cantare al concerto.
   Voi ....

5. Loro non vogliono suonare stasera perché devono lavorare tutto il giorno.
   Lei ....

6. Noi non possiamo fare gli esami domani.
   Io ....

7. Voi non dovete fare niente.
   Tu ....

8. Lei deve parlare con il professore.
   Loro ....

17 Rispondete alle domande come nell'esempio in blu.

1. Mangiamo insieme stasera?
   No, devo (dovere) fare gli esercizi di solfeggio.

2. Allegra e Cinzia sono al concerto domani sera?
   No, ... (volere) vedere un film.

3. Ci sono anche Ciro e Diego alla festa?
   No, purtroppo .... (dovere) lavorare.

4. Marco, perché suoni il sassofono adesso?
   Perché .... (volere) fare gli esercizi.

5. Perché Giacomo studia tanto?
   Perché .... (dovere) fare l'esame di teoria musicale.

6. Perché non cantate nel coro stasera?
   Non .... (potere) cantare perché partiamo per Palermo.

7. Non continuate a fare gli esercizi?
   No, ... (volere) parlare un po'.

8. Canta Irina stasera?
   No, non .... (volere) cantare perché non sta bene.

18 a. Leggete i testi e sottolineate i verbi modali.

2. Don Giovanni di W.A. Mozart

Atto I, scena I

Leporello

Notte e giorno faticar
per chi nulla sa gradir
piova e vento sopportar,
mangiar male e mal dormir...
voglio far il gentiluomo,
e non voglio più servir.

Oh, che caro galantuomo!
Voi star dentro con la bella,
ed io far la sentinella!
Ma mi par che venga gente...
non mi debbo far sentir.

Un'audizione

3. Don Pasquale di G. Donizetti

Atto II, scena V

Norina

Idolo mio, vi supplico
scordar questa parola.
«Voglio», per vostra regola,
«Voglio», lo dico io sola;
tutti obbedir qui devono,
io sola ho a comandar.

b. Adesso, rileggete i testi ad alta voce. Attenzione alla pronuncia.

c. Guardate il glossario e provate a tradurre. Verificate in classe con l'aiuto dell'insegnante.

19 a. Leggete il testo.

Daniel Barenboim

Nasce in Argentina nel 1942 da genitori di origine russa. A cinque anni comincia le lezioni di pianoforte con la madre e poi con il padre, che rimane il suo unico maestro. A otto anni debutta con un concerto a Buenos Aires. Arthur Rubinstein e Adolf Busch influenzano la sua vita. Nel 1952 Barenboim va con la famiglia in Israele e due anni dopo i genitori portano Daniel a Salisburgo per partecipare a un corso tenuto da Igor Markevitch. Proprio lì conosce Furtwängler e assiste ai suoi concerti. Furtwängler considera Daniel Barenboim un fenomeno. Il pianista ha un repertorio che va da Mozart a Beethoven, da Brahms a Bartók. In seguito, diventa anche direttore d'orchestra. La sua carriera è ricca di successi e di prestigiosi riconoscimenti ed è conosciuto in tutto il mondo.

b. Rispondete alle domande.

1. Quando e dove nasce Daniel Barenboim? ....
2. Quando comincia Daniel le lezioni di pianoforte? ....
3. All'inizio chi insegna a suonare il pianoforte al piccolo Daniel? ....
4. Come considera Furtwängler il pianista Barenboim? ....

20 Abbinate i numeri alle parole, come nell'esempio.

1	trentacinque
16	quarantaquattro
21	tredici
98	sessantasei
23	trentotto
66	novantotto
35	ventuno
13	sedici
38	uno
44	ventitré

L'italiano nell'aria 1

Unità 2

21 Completate la data. Scrivete in lettere il giorno e il mese, come nell'esempio in blu.

1. Milano, 13 / 11 tredici novembre
2. Firenze, 17 / 12 ....
3. Sciacca, 31 / 10 ....
4. Lecco, 1 / 7 ....

22 Scrivete gli anni in lettere, come nell'esempio in blu.

1. 1492 millequattrocentonovantadue
2. 2009 ....
3. 2016 ....
4. 1983 ....

23 Il mio numero di telefono è... Completate come nell'esempio in blu.

> Che cos'è un prefisso?
> 0039 è il prefisso per l'Italia, 06 è il prefisso di Roma

1. 0565 - 23 78 95   prefisso: zero cinque sei cinque - due tre sette otto nove cinque
2. 040 - 57 92 99   ....
3. 0039 - 157 55 00 67   ....
4. ...E qual è il tuo numero?   ....

24 a. Leggete.

Lang Lang

Definito un *enfant prodige*, perché già a tre anni prende lezioni di pianoforte, il cinese Lang Lang nasce a Shenyang nel 1982. A nove anni entra al Conservatorio di Pechino e nel 1995 vince a Tokyo il premio Tschaikowsky.
Nel 2001 al Carnegie Hall di New York tiene il primo concerto con l'Orchestra Sinfonica di Baltimora.
Da allora suona con le più importanti orchestre internazionali e nel 2008 partecipa come musicista all'apertura dei Giochi Olimpici di Pechino.
Per la critica è uno dei pianisti più dotati al mondo.
Le sue caratteristiche: la gestualità e la profonda empatia con il pubblico. Nel 2012 suona a Berlino con il leggendario pianista Herbie Hancock *Rapsody in*

Un'audizione

Blue di Gershwin. Lang Lang dice in un'intervista: «È un pezzo che ha una tradizione, permette improvvisazioni. Tutti conoscono questa melodia, anche i profani. È un'opera che appartiene a tutto il mondo!».

b. Sostituite nelle frasi le date sbagliate.

1. Nel 2012 / .... al Carnagie Hall di New York tiene il primo concerto.
2. Nel 1982 / .... suona a Berlino in coppia con il leggendario pianista Herbie Hancock *Rapsody in Blue* di Gershwin.
3. Nel 2008 / .... partecipa come musicista all'apertura dei Giochi Olimpici di Pechino.
4. Nasce a Shenyang nel 1995 / ....

25 Scrivete i numeri ordinali, come nell'esempio in blu.

1. Lorenzo ha un'audizione al Teatro Massimo di Palermo: è il (1°) primo a suonare.
2. Gregorio è il (4°) ....
3. Roberto è l'(8°) ....
4. Virgilio è il (6°) ....
5. Vincenzo è il (10°) ....
6. Marcello è il (2°) ....
7. Girolamo è il (5°) ....
8. Gianluca è il (9°) ....
9. Riccardo è l'(11°) ....

26 Completate le risposte.

1. - Quanti anni ha Giulio?   - (lui) .... 48 anni.
2. - Quanti anni avete?   - (noi) .... 65 anni.
3. - Quanti anni hanno Allegra e Alice?   - (loro) .... 17 anni.
4. - E tu, quanti anni hai?   - ....

Unità 3

Sui tetti di Roma!

1 a. Scegliete la preposizione semplice corretta: *di, con, su, per, tra/fra.*

1. .... chi è questo triangolo?
2. Qui c'è una stanza libera .... te.
3. Il teatro è .... la chiesa e il museo.
4. Parliamo spesso .... il fratello di Gaia.
5. C'è uno sbaglio .... uno spartito di scale musicali.
6. Il treno per Roma parte .... 20 minuti.
7. C'è la foto .... Luisa .... un giornale italiano.
8. Verona è famosa .... l'Arena.

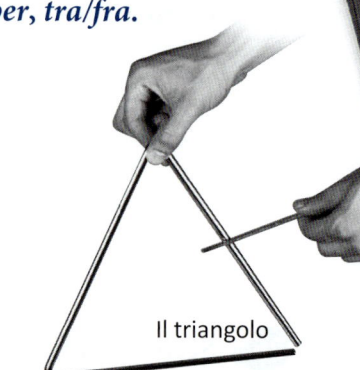

Il triangolo

2 Completate le frasi con le preposizioni giuste. *Perché uso una preposizione e non un'altra? Spiegate nella vostra lingua madre, come nell'esempio in blu.*

1. Loro vanno in Canada e dopo in Giappone.

   Uso "in" con le nazioni.

2. Io e Rocco andiamo in ufficio .... autobus, Gaia .... treno, Carlo .... moto e Lisa .... auto.

3. Mauro abita .... Corso Italia, ma l'ufficio dove lavora è .... Piazza Toscanini.

4. Sonia lavora due giorni .... farmacia, tre giorni .... pizzeria e due volte al mese .... discoteca!

5. Adesso Michele è ancora .... Milano ma stasera è .... Parigi.

6. Giulia è .... lezione, Francesco è ancora .... letto e Gianni è .... scuola.

7. Domani io e Lia andiamo .... cantare nel coro.

8. Io e Sara andiamo prima .... Sandro e dopo veniamo .... te.

Sui tetti di Roma!

3 Completate con le preposizioni semplici *di, a, da, in*.

1. Sono .... Firenze e abito .... Via de' Tornabuoni.
2. Siamo .... casa.
3. Raffaella arriva sempre .... ufficio .... auto.
4. Rebecca lavora .... biblioteca.
5. Carla, Gino ed io andiamo .... farmacia e poi .... gelateria. Vuoi qualcosa?
6. Preferisci restare .... montagna oppure ritornare .... città?
7. Stasera sei .... Giada anche tu?
8. Allora, andiamo .... Berlino .... treno o .... aereo?

4 Leggete il testo e rispondete alla domanda.

> **Un premio importante**
> Il primo nome è Gramophone Award e nasce nel 1946 negli Stati Uniti, poi diventa Grammy Award ed è considerato il premio Oscar in campo musicale tra 105 categorie e 30 generi musicali. Il vincitore riceve la statuetta a forma di grammofono d'oro.

Che cos'è il grammofono?

a. ☐ Un apparecchio per ascoltare i dischi.
b. ☐ Un apparecchio per ascoltare la radio.
c. ☐ Un apparecchio per comporre musica.

5 Completate come nell'esempio in blu.

1. *dei* turisti (di + i)
2. .... bar (a + il)
3. .... studenti (a + gli)
4. .... balcone (da + il)
5. .... concerti (a + i)
6. .... opere (in + le)
7. .... alberi (su + gli)
8. .... stanza (in + la)
9. .... audizione (a + l')
10. .... giardini (in + i)
11. .... italiane (di + le)
12. .... palcoscenico (su + il)

6 a. Completate con le preposizioni articolate.

1. .... (in + i) ristoranti di Roma ci sono sempre molti turisti.
2. .... (su + la) terrazza di Matteo ci sono molti fiori .... (in + i) vasi.
3. Il violino è .... (in + la) stanza .... (su + il) tavolo.
4. Beatrice scrive .... (su + gli) spartiti.
5. .... (in + il) giornale ci sono molti annunci di camere per studenti.
6. È bellissima la vista .... (di + i) monumenti e .... (di + le) ville di Roma .... (da + il) balcone!

L'italiano nell'aria 1

Unità 3

b. Completate con le preposizioni articolate, come nell'esempio in blu.

| dal | negli | al | nella | negli | alla | dalla | nel | sul |

1. Vorrei fare una vacanza negli Stati Uniti con te.
2. Porto il biglietto per il concerto .... signora Bianchi.
3. Ci sono due attori e due attrici .... palcoscenico.
4. Domani andiamo .... maestra di canto per esercitare la cavatina di Lady Macbeth.
5. Io e Ciro andiamo .... regista per parlare dei nuovi ruoli.
6. I tuoi spartiti sono .... borsa.
7. .... mese d'agosto molti europei sono in vacanza .... Emirati Arabi.
8. Consegniamo il documento .... signor Chionsini.

7. Completate con le preposizioni semplici o articolate.

1. Prima mangiamo .... ristorante *da Ciro* e dopo andiamo .... concerto.
2. Giorgio prende il taxi .... l'aeroporto.
3. Chiara è già .... Luca. Io e Jacopo invece prima andiamo .... banca e .... supermercato.
4. Quando andiamo .... ristorante paghiamo sempre .... la carta di credito.
5. Il sabato sera Lia e Vera sono spesso .... discoteca o .... pizzeria.
6. Sì, vivo .... Italia, ... Toscana, ... Pisa, ... Via Volterra, 6.
7. Andiamo sempre .... bicicletta .... conservatorio.
8. Io e Sara abitiamo .... centro storico, ... Piazza Mazzini, e andiamo .... università a piedi.

8. Completate con le preposizioni articolate.

1. Le canzoni .... musicista Tosti sono molto conosciute.
2. Michela mette i libri .... armadietto.
3. .... opere ci sono molte parole difficili e antiche.
4. .... pianoforte ci sono gli spartiti.
5. I flauti .... studenti sono molto costosi.
6. La vita .... musicisti è molto interessante.
7. Martha Argerich suona con il collega .... Accademia musicale.
8. .... palcoscenico ci sono due soprani e un baritono.

Francesco Paolo Tosti

Sui tetti di Roma!

9 Conoscete i nomi di questi strumenti a fiato? Completate la lista.

basso tuba ◆ flauto dolce ◆ sassofono ◆ controfagotto ◆ corno francese ◆ tromba ◆ trombone

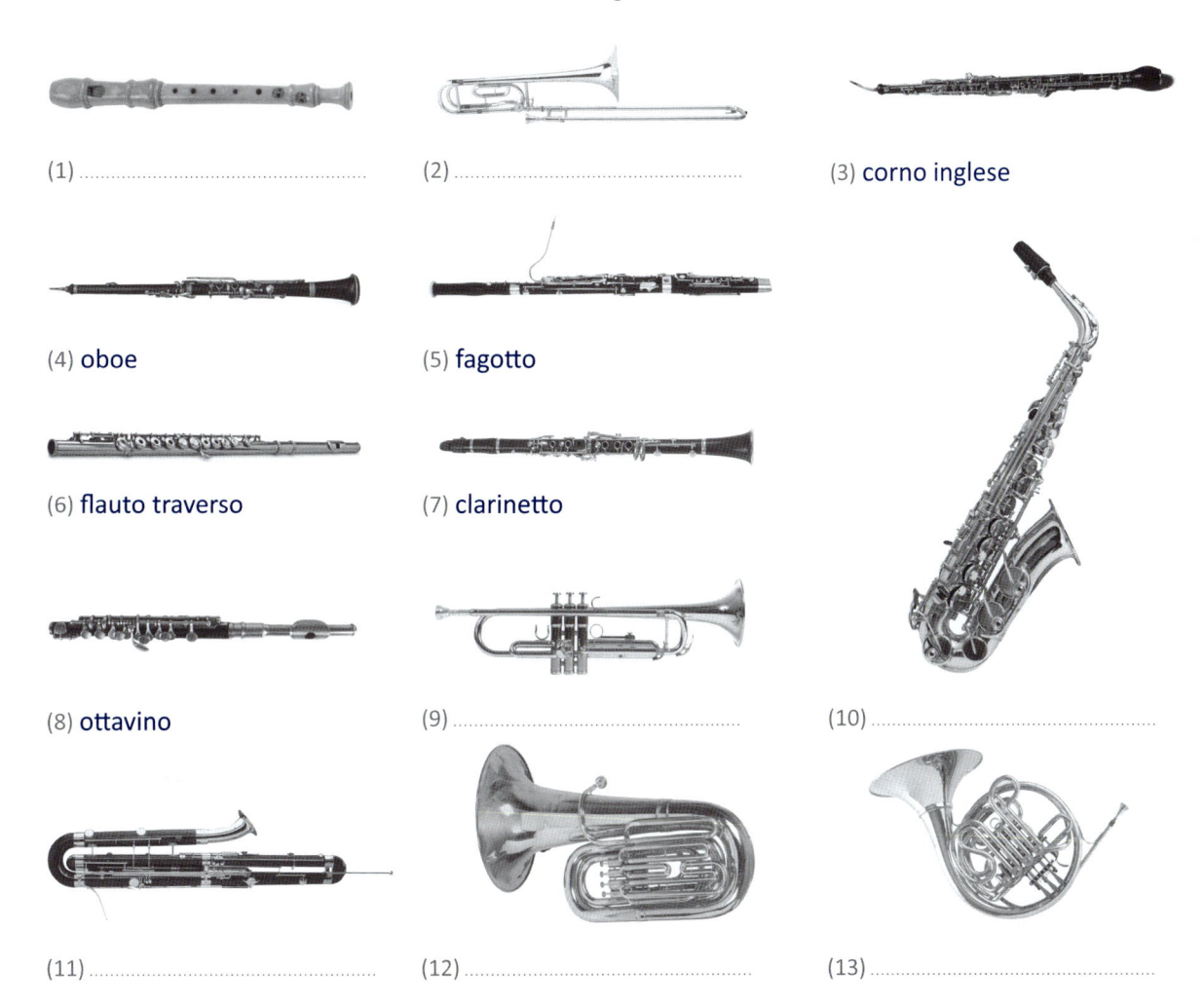

(1) ....

(2) ....

(3) **corno inglese**

(4) **oboe**

(5) **fagotto**

(6) **flauto traverso**

(7) **clarinetto**

(8) **ottavino**

(9) ....

(10) ....

(11) ....

(12) ....

(13) ....

10 Completate con le preposizioni semplici, articolate o con gli indicatori spaziali.

1. La casa è .... Roma, ... Via Fiume, vicino .... albergo *Le fonti*.
2. Tu vai fino .... incrocio, giri .... destra e accanto .... posta c'è la Chiesa di S. Vito.
3. Lisa lavora .... accademia, Gioia .... biblioteca, Giorgio .... ufficio di suo padre.
4. Prima degli esami studiamo molto ogni giorno e poi andiamo .... fare jogging.
5. Non ho il numero privato .... Rosanna, ma solo il numero .... ufficio dove lavora.
6. Domani ho un appuntamento .... l'avvocato Senatore che ha l'ufficio davanti .... stazione.
7. Io e Gigi siamo .... posta, poi andiamo .... Lara per prendere gli appunti di storia .... opera.
8. Preferisco abitare .... centro, di fronte .... Basilica di San Petronio.

L'italiano nell'aria 1

Unità 3

11 Leggete i due messaggi su WhatsApp e trovate le preposizioni sbagliate. Scrivete le forme corrette nella colonna accanto, come nell'esempio in blu.

Mitsuko e Igor, amici di Mariella, sono in vacanza e scrivono due messaggi su WhatsApp con alcuni errori.

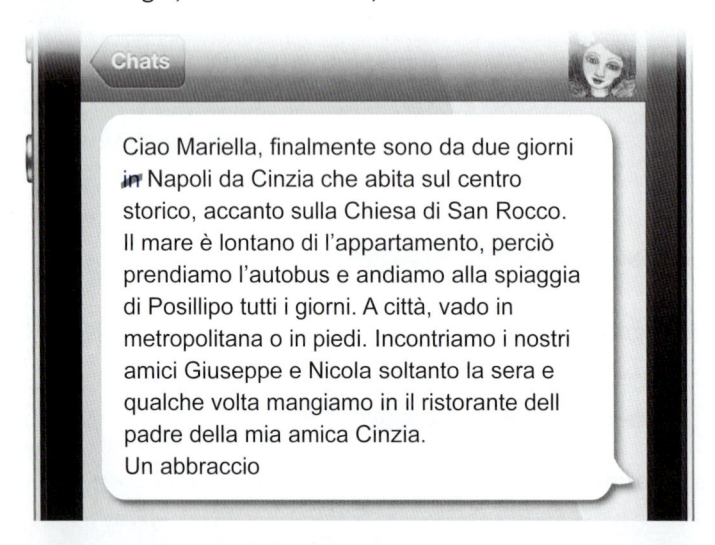

Chat 1:
Ciao Mariella, finalmente sono da due giorni in Napoli da Cinzia che abita sul centro storico, accanto sulla Chiesa di San Rocco. Il mare è lontano di l'appartamento, perciò prendiamo l'autobus e andiamo alla spiaggia di Posillipo tutti i giorni. A città, vado in metropolitana o in piedi. Incontriamo i nostri amici Giuseppe e Nicola soltanto la sera e qualche volta mangiamo in il ristorante dell padre della mia amica Cinzia.
Un abbraccio

1° messaggio WhatsApp
1. in → a
2. _____ → _____
3. _____ → _____
4. _____ → _____
5. _____ → _____
6. _____ → _____
7. _____ → _____
8. _____ → _____

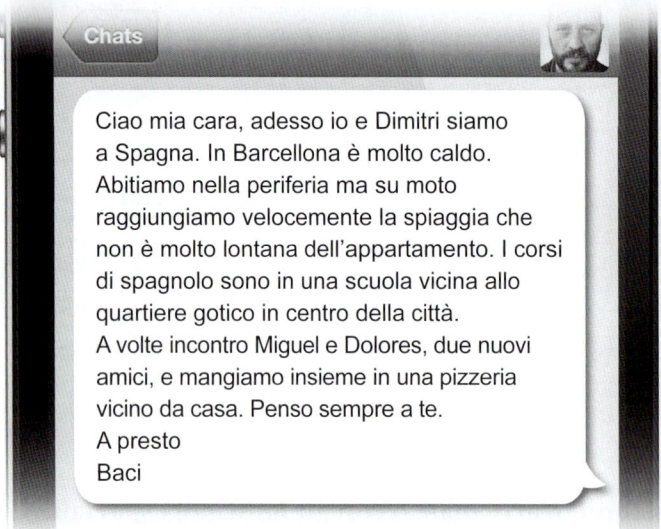

Chat 2:
Ciao mia cara, adesso io e Dimitri siamo a Spagna. In Barcellona è molto caldo. Abitiamo nella periferia ma su moto raggiungiamo velocemente la spiaggia che non è molto lontana dell'appartamento. I corsi di spagnolo sono in una scuola vicina allo quartiere gotico in centro della città.
A volte incontro Miguel e Dolores, due nuovi amici, e mangiamo insieme in una pizzeria vicino da casa. Penso sempre a te.
A presto
Baci

2° messaggio WhatsApp
1. _____ → _____
2. _____ → _____
3. _____ → _____
4. _____ → _____
5. _____ → _____
6. _____ → _____
7. _____ → _____
8. _____ → _____

12 Completate il dialogo tra Gilda e Fabio con: *a* (x4), *fino al, all', di fronte al, da, accanto a*. Segnate il percorso sulla cartina.

Gilda: Fabio, sai dov'è la biblioteca del conservatorio?

Fabio: Ti faccio vedere subito sull'iPhone. Ecco la piantina. Ora siamo alla Chiesa di San Babila e sono dieci minuti a piedi _____(1) qui. Dunque, devi girare subito _____(2) sinistra in Corso Monforte. Poi vai _____(3) grande incrocio con Via Visconti di Modrone e lì giri _____(4) destra. Percorri la via e la prima _____(5) sinistra è Via Mascagni. L'entrata della biblioteca è _____ _____(6) negozio di pianoforti.

Sui tetti di Roma!

Gilda: E la mensa universitaria?

Fabio: È qualche metro più in là. Esci dalla biblioteca, vai ....(7) sinistra e, ...(8) angolo della farmacia, giri ancora a sinistra in Via Conservatorio. La mensa è ....(9) una libreria.

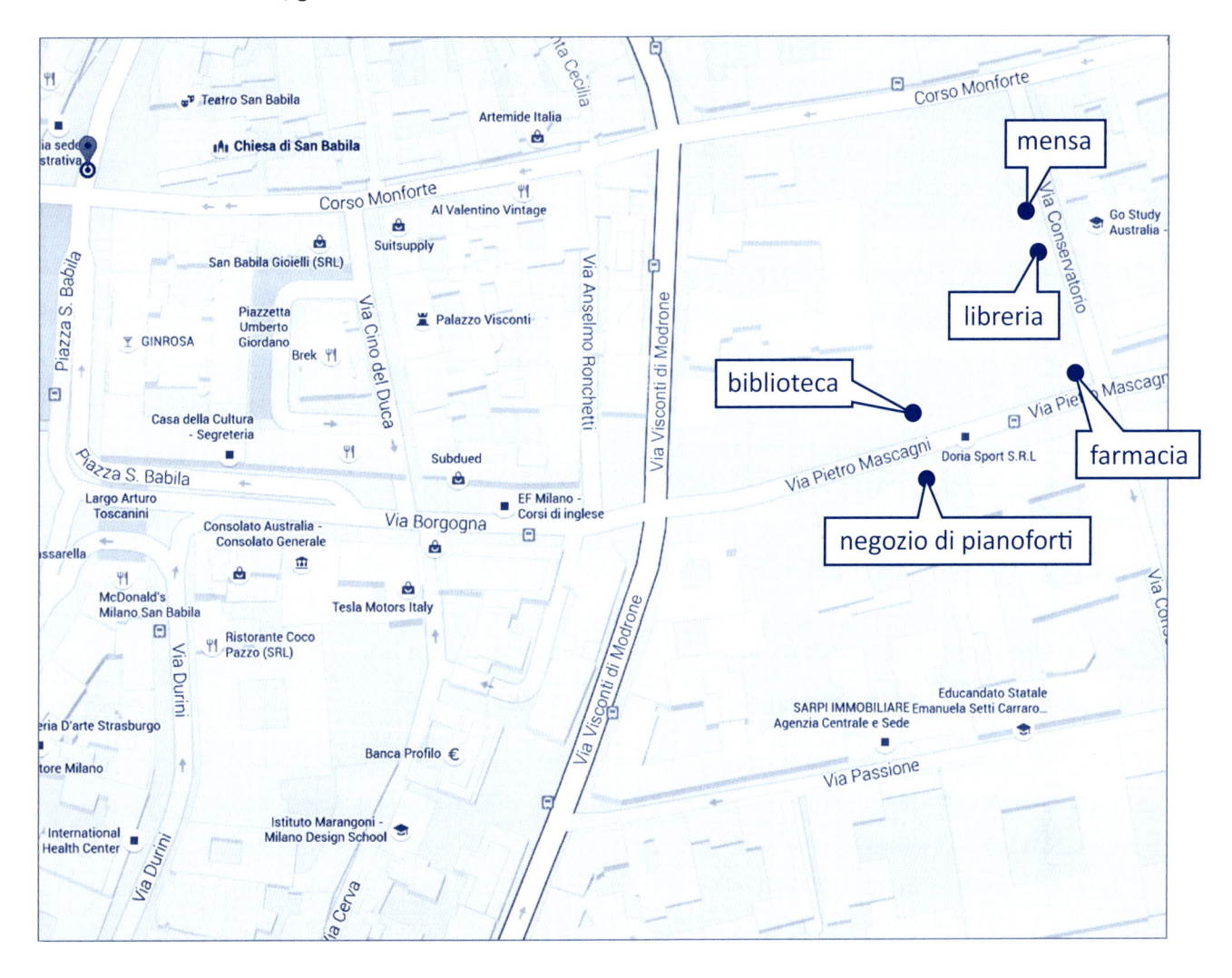

13 Collegate le frasi.

1. Pia e Valerio
2. Il direttore
3. Tu
4. Io e il professore
5. Professor Bonacci, domani
6. Il sassofonista
7. Stasera Lara e Anna
8. Noi
9. Alcuni attori famosi
10. La prossima settimana sono a Pisa

a. e salgo sulla torre per fare delle foto.
b. vengono da noi a cena.
c. danno uno spettacolo in piazza.
d. e l'arpista escono tardi domani sera.
e. diciamo a Maria di venire domani.
f. fa la selezione dei coristi alle tre.
g. paghi l'affitto a Fabrizio tutti i mesi.
h. scegliamo i libri di solfeggio per gli studenti.
i. vengo un'ora più tardi!
l. rimangono qui a suonare pezzi di jazz.

L'italiano nell'aria 1

Unità 3

14 Scegliete la forma corretta del verbo, come nell'esempio.

1. Stasera pagiamo/**paghiamo** noi il ristorante.
2. Io vado/ando a comprare il nuovo CD di Pink.
3. Giovanna e Rita sanno/sano già che i posti a teatro sono in terza fila.
4. I figli di Donatella usciono/escono con gli amici per andare al concerto di Katy Perry.
5. Luisa e Roberto vengono/venono da noi più tardi.
6. La protagonista di *Madama Butterfly*, Cio-Cio-San, muoie/muore nell'ultimo atto.
7. Mi dite/dicete dove devo andare per partecipare all'audizione?

15 Completate le frasi con i verbi irregolari.

1. Io non .... (sapere) se vengo in discoteca stasera.
2. Secondo me, voi .... (fare) pochi esercizi con lo strumento musicale.
3. Cristina e Franco .... (andare) a Genova a comprare un corno francese.
4. Maria, che tipo di appartamento .... (cercare)?
5. Non ricordo se nella *Cavalleria rusticana* .... (morire) solo Turiddu o .... (morire) anche altre persone.
6. Forse .... (io-scegliere) la Facoltà di Fisica dell'Università di Napoli.

16 Mettete i pronomi diretti *lo, la, li, le*, come negli esempi in blu.

1a.	- Chi compra il biglietto aereo?	- Lo compro io!
1b.	- Chi compra i biglietti aerei?	- Li compro io!
2a.	- Chi prepara la lezione?	- La prepara Agnese.
2b.	- Chi prepara le lezioni?	- Le prepara Agnese.
3.	- Ti piace la stanza?	- Sì, ... prendo subito!
4.	- Leggete il giornale tutti i giorni?	- No, non .... leggiamo quasi mai.
5.	- Chi compra i regali per Piero e Laura?	- .... compra Virginia.
6.	- Dove metti le chiavi di solito?	- .... metto qui sul tavolo.
7.	- Chi porta la chitarra?	- .... porta sicuramente Ilaria.
8.	- Chi suona il flauto?	- .... suona Massimiliano.

17 Completate con i pronomi diretti *mi, ti, ci, vi*.

1. - Enrico, mi ami o non .... ami? — - No, non .... amo!
2. - Mamma, ci porti tu alla prova generale del coro? — - No, ... accompagna papà!
3. - Luca, sai che .... vedo ogni giorno andare in moto? — - Davvero?
4. - Ragazzi, ... ringrazio molto per l'invito a cena! — - Di niente!
5. - Sara, io e Tullio non capiamo quest'aria. .... aiuti? — - Sì, certamente!
6. - Dove .... aspetti stasera? — - Ti aspetto davanti al cinema.

Sui tetti di Roma!

18 Completate con i pronomi diretti.

1. - Quando vedi l'insegnante di canto? — .... vedo adesso.
2. - Chi dirige il *Rigoletto* stasera? — .... dirige Diego Matheuz.
3. - Quando prenoti i posti a teatro? — .... prenoto oggi.
4. - Quando compri il pianoforte? — .... compro quando ho i soldi.
5. - Chi interpreta i ruoli di Mimì e Rodolfo? — .... interpretano due debuttanti.
6. - Chi controlla le luci del teatro? — .... controllano Bruno e Carlo.
7. - Professoressa, conosce la storia di *Madama Butterfly*? - Certo, ... conosco a memoria.
8. - I giovani ascoltano spesso la musica classica? - No, non .... ascoltano quasi mai.

19 Completate il dialogo con i pronomi diretti.

mamma: Simone, è pronta la valigia?
Simone: Non ancora. Mancano un bel po' di cose! Per esempio, dove sono le t-shirt?
mamma: ....(1) trovi nel primo cassetto!
Simone: E i pantaloni gialli?
mamma: Come sempre ....(2) trovi nell'armadio.
Simone: ...E il cavo per il cellulare?
mamma: Ma non ....(3) vedi? È qui sulla scrivania!
Simone: Sì, hai ragione. Prendo anche la borsa nera?
mamma: No, non ....(4) portare, è troppo grande. A proposito, quando ci telefoni? Stasera?
Simone: ....(5) chiamo quando arrivo in albergo.
mamma: ....(6) sai che io e papà siamo in ansia quando viaggi da solo.
Simone: Va bene, allora ....(7) chiamo quando arrivo a Londra.

20 a. Osservate alcuni verbi che rispondono alla domanda *chi? che cosa?*

aiutare	capire	guardare	ringraziare	suonare
amare	cercare	imparare	salutare	tradire
ascoltare	chiudere	incontrare	sapere	trovare
aspettare	conoscere	invitare	sbagliare	vedere
baciare	decidere	mettere	scegliere	vendicare
bere	dimenticare	pregare	scusare	vincere
cantare	finire	ricevere	seguire	visitare

L'italiano nell'aria 1

Unità 3

b. Scrivete 4 frasi, utilizzando i verbi della tabella. Controllate in classe con l'insegnante.

Tu visiti la Chiesa di San Vito ogni anno. → Tu la visiti ogni anno.
Io incontro Riccardo ogni mattina. → Io lo incontro ogni mattina.

1. ....
2. ....
3. ....
4. ....

21. Completate come negli esempi in blu.

1a. - Quanti libretti d'opera conosci? - Ne conosco cinque. / - Non ne conosco nessuno.
1b. - A scuola, quante ragazze conosci? - Ne conosco venti. / - Non ne conosco molte.

2. - Ho due copie della rivista *Sipario* di questo mese. - Allora .... voglio un......!
3. - Ci sono tutti gli orchestrali per iniziare la prova? - No, ... mancano tre.
4. - Quante scale musicali fai al giorno? - .... faccio quattro o cinque.
5. - Aldo, regali anche a me un biglietto per il *Macbeth*? - Mi dispiace, non .... ho più.
6. - Quanti CD di musica classica hai? - .... ho circa 100.
7. - Quante cavatine conosci? - .... conosco molt......
8. - Noi non riceviamo mai messaggi su WhatsApp, e voi? - Noi .... riceviamo molt......

22. Completate come nell'esempio in blu.

1. - Quando incontri Gianni? - Domani alle sei.
2. - Quando finisce la lezione di canto? - .... una
3. - A che ora partite per Roma? - .... 18.05.
4. - Quando vai al corso d'italiano? - .... 10.00 .... 11.30.
5. - A che ora comincia la prova generale? - .... 19.45.
6. - A che ora chiude la biblioteca? - .... 20.00 in punto!
7. - Quando uscite di casa la mattina? - .... sette e mezzo.

23. a. Adesso, leggete i testi ad alta voce. Attenzione alla pronuncia.

1. *Il barbiere di Siviglia* di G. Rossini
Atto II, scena XIV

Rosina

Mi sembra aver inteso qualcuno a favellar.   Sento un rumore... cieli!
È mezzanotte, e Lindoro non vien.   Rientriam, qui viene il mio tutore.

Sui tetti di Roma!

2. La serva padrona di G.B. Pergolesi
Intermezzo I

...

Uberto

Questa è per me disgrazia;
son tre ore che aspetto, e la mia serva
portarmi il cioccolatte non fa grazia,
ed io d'uscire ho fretta.

O flemma benedetta! Or sì, che vedo
che per esser sì buono con costei,
la causa son di tutti i mali miei.

...

3. Don Pasquale di G. Donizetti
Atto III, scena II

Don Pasquale (legge)

...

Fra le nove e le dieci della sera
sarò dietro al giardino,
dalla parte che guarda a settentrione.

...

4. La Cenerentola di G. Rossini
Atto I, scena V

...

Ramiro
Or ora arriva.

Don Magnifico
E quando?

Ramiro
Tra tre minuti.

Don Magnifico
Tre minuti! Ah, figlie!

...

b. Scrivete le risposte.

1. Da quante ore Uberto aspetta la cioccolata?
2. Che ore sono mentre Rosina aspetta Lindoro?
3. Quando sarà Don Pasquale dietro al giardino?
4. Tra quanti minuti arriva la persona che Don Magnifico aspetta?

c. Provate a tradurre i testi e verificate in classe con l'aiuto dell'insegnante.

24. Collegate le frasi, come nell'esempio.

1. Quando vai al lavoro?
2. Perché non telefoni a Carla?
3. Quanti libri leggi in un mese?
4. Hai tutti gli spartiti di Sergio?
5. Con chi va Stella al cinema?
6. Volete venire all'opera anche voi?

a. No, ne ho solo uno.
b. Sì, grazie! Ci veniamo volentieri.
c. Ci vado domani.
d. Non ne ho voglia.
e. Ci va con i soliti amici.
f. Ne leggo cinque.

L'italiano nell'aria 1

Unità 3

25. Completate il dialogo.

Stefania: Andiamo da Marta stasera?
Davide: Oh no. Lo sai che non ....(1) vado volentieri. È noiosa e non so di cosa parlare.
Stefania: Sì, lo dicono tutti che è noiosa, però è gentile.
Davide: Sì, gentile ma avara. Se però andiamo da lei, non portiamo niente in regalo!
Stefania: Beh, ma dobbiamo portare qualcosa!
Davide: Abbiamo ancora le bottiglie di vino rosso di tuo padre?
Stefania: Sì, ...(2) abbiamo ancora tre.
Davide: Ecco, allora ....(3) prendi una e da Marta ....(4) vai da sola!

26. Trasformate secondo l'esempio in blu.

1. Angela, ti posso aiutare a sistemare la stanza? = Angela, posso aiutarti a sistemare la stanza?
2. Gianni, stasera li voglio chiamare. = ...
3. Mirco la deve amare tanto! = ...
4. Vi vogliamo invitare a cena! = ...
5. .... = Può aiutarlo oggi o domani.
6. Per favore, li devi ascoltare! = ...
7. .... = Vogliono suonarla per Luisa!
8. .... = Puoi chiamarle stasera?

27. Guardate il disegno di questo teatro e abbinate le parole ai numeri.

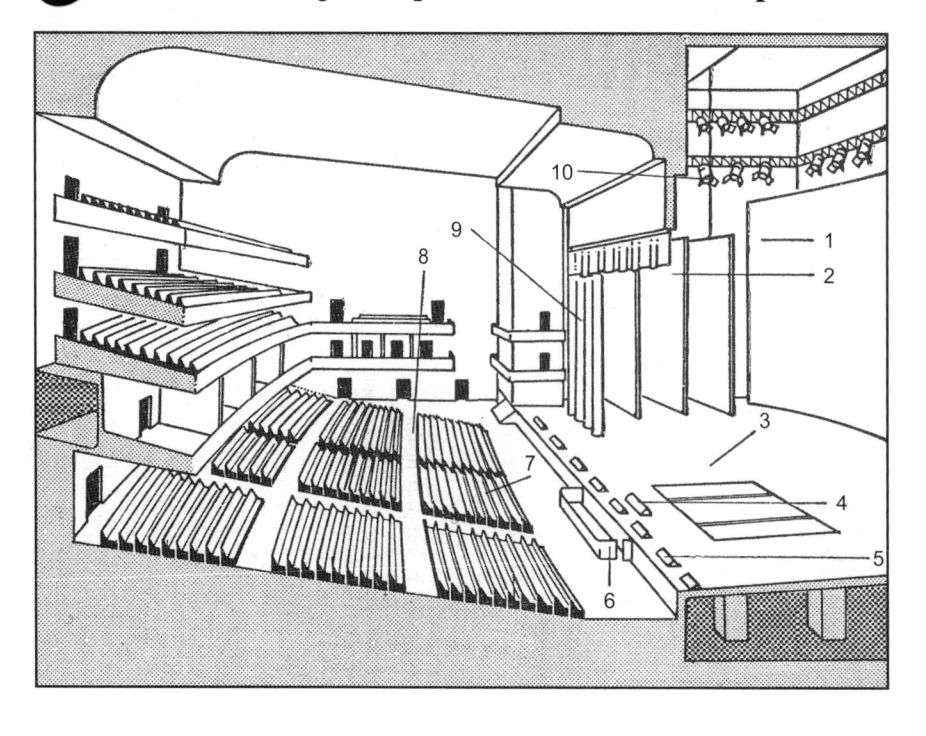

a. ☐ sipario
b. ☐ palcoscenico
c. ☐ orchestra
d. ☐ luci
e. ☐ buca del suggeritore
f. ☐ quinte
g. ☐ fondale
h. ☐ platea
i. ☐ corridoio
l. ☐ luci della ribalta

Sui tetti di Roma!

28 Completate come nell'esempio.

1. **Dico** (io-dire) a Marcella di venire da noi stasera?
2. _____ (loro-sapere) che voi domani cantate nel coro del Nabucco?
3. Mamma, lo sai che noi _____ (dire) sempre la verità!
4. _____ (io-rimanere) ancora mezz'ora qui da voi.
5. Il maestro Mancuso _____ (dare) ancora lezioni di pianoforte
6. Cristina, Lucia, _____ (sapere) suonare il flauto?

29 Qual è la parola estranea?

1. chiave di violino, hit parade, diesis, bemolle
2. palcoscenico, strumentista, arrangiatore, maestro del coro
3. musica leggera, liscio, tango, musica pesante
4. recitativo, violino, xilofono, tamburo
5. debuttare, mimare, recitare, prenotare
6. botteghino, arena, sferisterio, teatro

30 Leggete i due testi e rispondete alle domande.

I flauti Muramatsu

Questi flauti, suonati dai più importanti artisti internazionali, nascono nel 1923 a Tokyo, in Giappone, e l'artigiano che li fabbrica per la prima volta è Koichi Muramatsu, grande appassionato di flauto traverso. Nei laboratori, ancora oggi, un'équipe di specialisti giapponesi studia nuove tecniche per affinare le qualità di questo strumento d'oro e d'argento, costruito a mano con grande precisione meccanica.

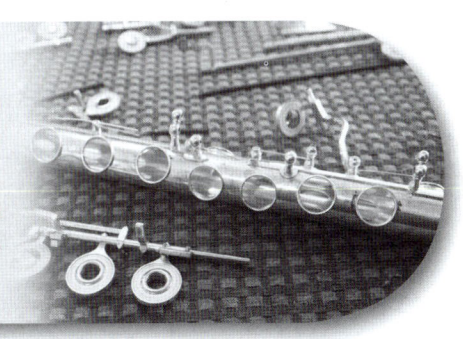

Il flautista di Belfast

James Galway, irlandese, nasce a Belfast nel 1940. Noto come flautista d'orchestra, ma anche come solista, suona nei teatri più celebri del mondo. Galway racconta che si esercita almeno tre ore al giorno, che incomincia sempre con la scala musicale e che la sua esperienza è il risultato di incontri fortunati con grandi interpreti come Yehudi Menuhin, Isaac Stern, Maria Callas e Jessie Norman. Galway considera come suo erede l'italiano Davide Formisano.

1. In che anno nascono i flauti Muramatsu?
2. Qual è la passione di Koichi Muramatsu?
3. Quante ore al giorno suona Galway come minimo?
4. Secondo Galway, chi è il suo erede musicale?
5. Scrivete il nome di un/una flautista famoso/a nel vostro Paese.

L'italiano nell'aria 1

Unità 4

Chi scrisse...?

1 Mettete i seguenti verbi all'infinito, come nell'esempio in blu.

1. noi domandammo — domandare
2. loro credettero — ....
3. ella dormì — ....
4. tu ricevesti — ....
5. io vendetti — ....
6. lui finì — ....

2 Inserite i pronomi personali, come nell'esempio in blu.

egli ✦ ~~tu~~ ✦ esse ✦ voi ✦ ella ✦ essi

1. Alla festa dell'anno scorso **tu** ballasti tanto.
2. .... (Piero) andò a Venezia da solo.
3. .... (Marco e Aldo) cantarono benissimo.
4. .... (Pia e Lucia) lavorarono insieme per due anni.
5. Ricordo che .... finiste gli esami molto tardi.
6. .... (Laura) vendette il violino all'amico di Lisa.

Piazza San Benedetto, Norcia

3 **a.** Completate con le forme al passato remoto, come nell'esempio in blu.

1. L'anno scorso Gianna **andò** (andare) in Umbria e .... (visitare) Perugia, Todi e Norcia. Non .... (potere) invece vedere Assisi.
2. Cinque anni fa, Giorgio .... (passare) le vacanze a Roma.
3. Noi .... (invitare) Susanna a teatro. Lei però non .... (accettare).
4. Il 2 maggio quando il celebre maestro Martini .... (festeggiare) gli 80 anni, ... (noi-fare) una bella festa al conservatorio.
5. Dove .... (tu-trovare) la lettera del nonno di Giuliano?
6. Giancarlo .... (dimenticare) di telefonare a Marcella.
7. Ludwig van Beethoven .... (morire) a Vienna il 26 marzo 1827.
8. Per tanti anni Renata .... (conservare) tutte le foto di famiglia.

b. Completate con le forme al passato remoto.

1. Marco .... (aprire) la finestra e .... (salutare) Giovanna.
2. Lucilla .... (parlare) con il professore e dopo .... (andare) via.
3. Maria Malibran .... (dimostrare) di essere una bravissima cantante.
4. Andrea .... (ricevere) da Miriam un CD con le musiche di Brahms.

Chi scrisse...?

5. Aldo _____ (incontrare) Leo e _____ (loro-programmare) di uscire insieme.
6. Rossini _____ (debuttare) al Teatro alla Scala nel 1817 con *La gazza ladra*.
7. Mio zio Giulio _____ (vendere) la radio per pochi soldi.
8. Idomeneo, re di Creta, _____ (tornare) dal figlio Idamante, dopo la guerra di Troia.

4 Segnate il verbo giusto.

1. Giuseppe Verdi ebbi / ebbero / ebbe due mogli.
2. Paganini fummo / fu / fui un famoso violinista.
3. Maria Callas e Renata Tebaldi furono / fummo / foste rivali per anni.
4. Quei due baritoni non ebbi / ebbero / avemmo molti applausi.
5. *Nabucco* e *I due Foscari* fummo / furono / foste i primi successi di Verdi.
6. Sergej Prokofiev ebbi / aveste / ebbe come maestro anche Nikolaj Rimskij-Korsakov.

5 Completate le frasi con il passato remoto. Se non ricordate alcune forme irregolari, consultate la tabella a pagina 193.

a.
1. Ludovico e Giangiacomo _____ (nascere) a Milano nel 1919.
2. Da giovane Chiara _____ (passare) un lungo periodo in Cina.
3. A Parigi Mara _____ (leggere) molti libri in francese e lo _____ (apprendere) bene.
4. L'ultima volta che loro _____ (fare) un viaggio insieme _____ (essere) nel 1978.
5. All'esame la giovane Yao Peng _____ (comprendere) le domande dei professori e _____ (rispondere) bene, con una buona pronuncia.
6. Renata _____ (vivere) felice con suo marito ma poi _____ (conoscere) Gianni e...

b.
1. Quel giorno _____ (loro-venire) a casa mia con molto ritardo.
2. Era buio e Mimì _____ (accendere) la candela.
3. Tre anni fa, _____ (tu-spendere) molto per comprare il flauto nuovo?
4. La signora Dini _____ (chiudere) il negozio e non lo _____ (riaprire) più.
5. Gigliola e Chiara non _____ (rispondere) alla mia lettera.
6. L'albergo _____ (piacere) e Michele _____ (decidere) di restarci.
7. Quel tenore purtroppo _____ (concludere) la sua bella carriera con una morte tragica.
8. Loro _____ (perdere) molto tempo all'ufficio postale.

Unità 4

6 Inserite nelle frasi i verbi al passato remoto, come nell'esempio.

1. Rossini chiese a Donizetti di scrivere un'opera, *Il Marin Faliero*.
2. Giacomo Puccini .... a Bruxelles nel 1924.
3. Nel 1778 l'arciduca Ferdinando d'Asburgo-Este .... il Teatro alla Scala.
4. Maria Callas .... a New York nel 1923 e .... una delle più importanti interpreti della lirica del secolo scorso.
5. Giuseppe Verdi .... 18 opere in 14 anni.
6. Mozart .... Costanza Weber ed .... 6 figli.

> essere
> ~~chiedere~~
> sposare
> scrivere
> morire
> nascere
> avere
> inaugurare

7 **a.** Leggete l'aria ad alta voce. Attenzione alla pronuncia.

1.

Vissi d'arte, vissi d'amore,
non feci mai male ad anima viva.
Con man furtiva
quante miserie conobbi, aiutai.
Sempre con fe' sincera
la mia preghiera
ai santi tabernacoli salì.
Sempre con fe' sincera
diedi fiori agli altar.

Nell'ora del dolore
perché, perché, Signore,
perché me ne rimuneri così?
Diedi gioielli della Madonna al manto,
e diedi il canto
agli astri, al ciel, che ne ridean più belli.
Nell'ora del dolore
perché, perché, Signore,
perché me ne rimuneri così?

b. Cercate i verbi al passato remoto e metteteli all'infinito.

1. .... (x2)
2. ....
3. ....
4. ....
5. ....
6. .... (x3)

Chi scrisse…?

c. Rispondete. Se non lo sapete, fate una ricerca!

1. Chi è la protagonista dell'aria *Vissi d'arte*? ....
2. Che lavoro fa? ....
3. Di che opera si tratta? ....
4. fe' è la forma breve di …?
5. tabernacolo significa
   - a. ☐ quadro
   - b. ☐ nicchia con immagini sacre
6. Qual è il sinonimo di manto?
   - a. ☐ mantello
   - b. ☐ velo
7. Qual è il significato di Diedi gioielli della Madonna al manto
   - a. ☐ Diedi i gioielli con il mantello della Madonna.
   - b. ☐ Diedi i gioielli per il mantello della Madonna.

d. Adesso provate a tradurre l'aria e verificate in classe con l'aiuto dell'insegnante.

8 Leggete i testi. Vero o falso?

Georges Bizet (1838-1875)

Il compositore francese nacque in una famiglia di musicisti, cominciò presto a prendere lezioni di solfeggio e a 10 anni entrò al conservatorio. Bizet è famoso soprattutto per *L'Arlésienne* e *Carmen*. Quest'ultima opera fu considerata immorale per la sigaraia che fumava, per gli zingari, per i contrabbandieri e per un finale crudele. Le critiche portarono il compositore a una terribile crisi depressiva. Ai tempi *Carmen* fu considerata troppo "wagneriana", ma oggi è per i francesi la loro opera nazionale.

Charles Gounod (1818-1893)

Il compositore francese Gounod è noto per *Faust*, *Romeo et Juliette*, *La reine de Saba* e l'*Ave Maria*, su un preludio di Bach. Questa è la versione che ancora oggi la chiesa cattolica preferisce durante i matrimoni rispetto a quella di Schubert, altrettanto bella e famosa. Il motivo è che per la chiesa l'*Ave Maria* di Schubert rimase un Lied profano, anche se egli vi aggiunse un testo sacro.

	V	F
1. Bizet nacque in una famiglia aristocratica.	☐	☐
2. La chiesa cattolica preferisce l'*Ave Maria* di Schubert.	☐	☐
3. *Carmen* fu considerata troppo "wagneriana".	☐	☐
4. Gounod ebbe una terribile crisi depressiva per l'*Ave Maria*.	☐	☐
5. Bizet morì nel 1875.	☐	☐

Unità 4

9 Completate le frasi con i verbi al passato remoto.

1. Gioacchino Rossini .... (nascere) a Pesaro nel 1792 e .... (scrivere) molte opere.
2. La prima rappresentazione di *Semiramide* .... (essere) al Teatro La Fenice di Venezia nel 1823.
3. Maria Callas .... (debuttare) al Teatro alla Scala di Milano nel 1950 e .... (cantare) l'*Aida*.
4. Enrico Caruso .... (diventare) famoso molto presto e .... (vivere) solo fino a 48 anni.
5. Nel 1859 Giuseppe Verdi .... (sposare) in seconde nozze il soprano Giuseppina Strepponi. Nel 1896 egli .... (fondare) la Casa di Riposo per Musicisti e .... (morire) nel 1901 a Milano.
6. Paganini .... (apprendere) solo le prime nozioni di musica dal padre, poi .... (studiare) da autodidatta.

10 a. Leggete il testo e sottolineate i verbi al passato remoto.

Francesco Paolo Tosti, il padre di *Marechiare*

Chi non conosce la celebre melodia di *Marechiare*?
La bellissima serenata napoletana è di Francesco Paolo Tosti, mentre il testo è di Salvatore Di Giacomo.
Il cantante, pianista e compositore Tosti, che nacque a Ortona (in Abruzzo) nel 1846, studiò violino e composizione al famoso Conservatorio di Napoli "San Pietro a Majella".
A Roma conobbe il compositore Giovanni Sgambati e lì diventò cantante.
Nel 1875 Tosti andò a Londra e iniziò la sua carriera di compositore. Il successo fu enorme.
Compose oltre cinquecento romanze, per canto e pianoforte. Tra le più famose: *Vorrei morir*, *Non t'amo più*, *L'ultima canzone*, *Ideale*.
Nel 1906 Tosti diventò cittadino britannico. Tra i suoi amici il cantante Enrico Caruso e il re Edoardo VII, oltre a molti nobili inglesi. Nel 1910 egli tornò a vivere in Italia e morì a Roma all'età di 70 anni.

Conservatorio di musica San Pietro a Majella, Napoli

b. Vero o falso?

	V	F
1. *Marechiare* è una bellissima romanza napoletana.	☐	☐
2. A Roma, Tosti conobbe il compositore Giovanni Sgambati.	☐	☐
3. Nel 1910 diventò cittadino britannico.	☐	☐
4. Morì all'età di 60 anni.	☐	☐

Chi scrisse...?

c. Leggete la romanza ad alta voce. Attenzione alla pronuncia.

2. Non t'amo più! (1884)
Musica: F.P. Tosti
Parole: Carmelo Errico (1848-1892)

«Ricordi ancora il dì che c'incontrammo?
Le tue promesse le ricordi ancor?
Folle d'amore io ti seguii, ci amammo,
e accanto a te sognai, folle d'amor.
Sognai felice di carezze e baci
una catena dileguante in ciel;
ma le parole tue furon mendaci...
perché l'anima tua fatta è di gel.

    Te ne ricordi ancor?
    Te ne ricordi ancor?

Or la mia fede, il desiderio immenso
il mio sogno d'amor non sei più tu:
i tuoi baci non cerco,
a te non penso... sogno un altro ideal:
non t'amo più, non t'amo più!

Nei cari giorni che passammo insieme,
io cosparsi di fiori il tuo sentier.
Tu fosti del mio cor l'unica speme,
tu della mente l'unico pensier.
Tu m'hai visto pregare, impallidire,
piangere tu m'hai visto innanzi a te.
Io, sol per appagare un tuo desire
avrei dato il mio sangue e la mia fe'.

    Te ne ricordi ancor?
    Te ne ricordi ancor?

Or la mia fede, il desiderio immenso
Il mio sogno d'amor non sei più tu:
i tuoi baci non cerco,
a te non penso... sogno un altro ideal:
non t'amo più, non t'amo più!»

d. Indicate (✓) il significato delle espressioni in blu. Se non lo sapete, fate una ricerca!

1. ...di carezze e baci una catena dileguante in ciel significa
   - a. ☐ una catena di baci e carezze che appare in cielo
   - b. ☐ una catena di baci e carezze che compare in cielo
   - c. ☐ una catena di baci e carezze che scompare in cielo

2. ...parole mendaci significa
   - a. ☐ parole non sincere
   - b. ☐ parole inutili
   - c. ☐ parole sincere

3. ...l'anima tua fatta è di gel significa
   - a. ☐ la tua anima è calda
   - b. ☐ la tua anima è fredda
   - c. ☐ la tua anima è falsa

4. io cosparsi di fiori... significa
   - a. ☐ io coprii...
   - b. ☐ io decorai...
   - c. ☐ io coltivai...

e. Adesso provate a tradurre la romanza e verificate in classe con l'aiuto dell'insegnante.

L'italiano nell'aria 1

Unità 4

11 Completate con il passato remoto.

a.
1. Anche loro _____ (venire) a teatro e _____ (vedere) la commedia.
2. Io _____ (dare) l'esame ma non lo superai.
3. Dieci anni fa un famoso musicologo tedesco _____ (tenere) una conferenza qui in biblioteca.
4. Loro _____ (scrivere) una lettera al giornale.
5. Noi _____ (sapere) la notizia da Giulio.
6. Lui _____ (leggere) la lettera almeno tre volte e poi _____ (rispondere) a Regina.
7. Giulio _____ (tacere) tutta la sera.
8. Gioacchino Rossini _____ (vivere) gli ultimi anni della sua vita a Parigi.

b.
1. Il soprano _____ (vincere) il primo premio.
2. Donizetti _____ (prendere) lezioni dal maestro Mayr.
3. Regina e Luana _____ (sapere) finalmente la verità da Giuseppe.
4. La *Turandot* di Puccini _____ (rimanere) incompiuta.
5. Don Giovanni _____ (uccidere) il padre di Donna Anna e poi _____ (fuggire).
6. Giacomo Puccini _____ (avere) una borsa di studio di un anno.
7. Jago non _____ (dire) la verità a Otello.
8. Quando io _____ (rompere) l'archetto per la seconda volta, _____ (piangere).

12 Leggete e inserite le parole mancanti.

> colera   natale   dolorosa   sacra   umile   eventi

Gaetano Donizetti (1797-1848)

Nato da una famiglia _____(1) di Bergamo, già a nove anni prese lezioni dal maestro e operista Simone Mayr. Donizetti ebbe una vita privata _____(2): la morte dei genitori, di tre figli piccoli e della moglie per un'epidemia di _____(3). Nonostante tutto riuscì a comporre 69 opere, oltre a musica _____(4) e da camera, anche se la sua carriera rimase bloccata per un lungo tempo a causa di questi tragici _____(5). Tra le sue opere *I puritani*, *Lucia di Lammermoor*, *L'elisir d'amore* e *Don Pasquale*. Gli appassionati del compositore possono visitare a Bergamo la casa _____(6) e consultare, su appuntamento, gli archivi della Fondazione Donizetti.

Chi scrisse...?

13 a. **Leggete.**

Opera buffa in due atti, ambientata in un villaggio alla fine del '700.

Atto II

La capricciosa Adina dice al notaio di voler aspettare ancora prima di sposare Belcore.
L'effetto dell'elisir non c'è più. Nemorino vuole comprarne ancora una bottiglia e tentare di conquistare Adina, ma è senza soldi e Dulcamara non vende a chi non può pagare. A quel punto Nemorino decide di arruolarsi tra i soldati di Belcore perché, in questo modo, può avere subito il denaro necessario per comprare l'elisir.
Adina è sempre più attratta da Nemorino, non capisce la sua decisione di andare via dal villaggio e ne soffre. Intanto tutte le ragazze cominciano a corteggiare Nemorino e Adina diventa gelosa: questa è la dimostrazione che la bevanda magica funziona.

b. **Leggete la romanza ad alta voce. Attenzione alla pronuncia.**

3. L'elisir d'amore di G. Donizetti

Atto II, scena VII

Nemorino

Una furtiva lagrima
negl'occhi suoi spuntò,
quelle festose giovani
invidiar sembrò:
che più cercando io vo'?
M'ama, sì, m'ama, lo vedo.
Un solo istante i palpiti
del suo bel cor sentir!
I miei sospir confondere
per poco co' suoi sospir!
I palpiti sentir...
confondere i miei co' suoi sospir!
Cielo, si può morir!
Di più non chiedo,
si può morir d'amor.

L'italiano nell'aria 1

Unità 4

c. **Rispondete alle seguenti domande su *Una furtiva lagrima*, cantata da Nemorino.**

1. A chi spuntò una lagrima negli occhi?
   a. ☐ A Giannetta.
   b. ☐ Ad Adina.

2. Perché questa lagrima è importante per Nemorino?
   a. ☐ Perché lui capisce che lei non l'ama.
   b. ☐ Perché lui capisce che lei l'ama.

3. Che cosa significa *I miei sospir confondere per poco co' suoi sospir! I palpiti sentir...?*
   a. ☐ Lui vuole sentire i battiti del cuore della donna amata e sospirare insieme a lei.
   b. ☐ Lui non vuole sentire i battiti del cuore della donna amata, ma sentire solo i suoi sospiri.

4. Che cosa significano le ultime due battute della romanza?
   a. ☐ Lui dice che non può morire d'amore.
   b. ☐ Lui dice che può morire d'amore.

5. Sapete come finisce l'opera? ....

d. **Adesso provate a tradurre la romanza e verificate in classe con l'aiuto dell'insegnante.**

14 a. **Completate prima lo schema con i possessivi...**

io	il mio violino	.... borsa	.... giornali	.... note
tu	.... accendino	.... amica	.... corsi	.... vacanze
lui	.... libro	.... chiave	.... concerti	.... idee
lei	.... computer	.... città	.... libretti	.... nacchere
noi	.... sogno	.... casa	.... spartiti	.... lettere
voi	.... amico	.... festa	.... seminari	.... stanze
loro	.... metronomo	.... penna	.... duetti	.... trombe

b. **...e poi le frasi con i possessivi dati, come nell'esempio.**

le tue ✦ la mia ✦ la sua ✦ le vostre ✦ ~~il tuo~~ ✦ le sue ✦ la tua

1. Margherita, **il tuo** telefono è sempre occupato!
2. Signorina, ... note sono là sul leggio!
3. Signor Lucchini, ... chitarra è nuova, vero?
4. Alessia e Paola, dove trascorrete .... vacanze quest'estate?
5. .... chiavi e .... borsa sono qui nell'armadietto di Michela.
6. Vedi, questa è .... famiglia.

Chi scrisse...?

15 Trovate e correggete l'errore che c'è in alcune frasi.

1. La mia amica viene domani!
2. Dove sono vostre biciclette?
3. I vostri fratelli vivono a Vicenza.
4. Suo appartamento è molto piccolo.
5. Stasera Lucio e Pia portano qui loro bambino.
6. Nostra figlia studia a Parigi.
7. Il suo marito è americano.
8. Signora Macciò, dove abita sua famiglia?

16 Completate con gli aggettivi possessivi l'e-mail di Cristiana.

Oggetto:

Ciao Vittoria,
quali sono i tuoi programmi per l'estate? Vai da ....(1) cugina Angela anche quest'anno oppure dai ....(2) genitori in Puglia?
Io e ....(3) marito passiamo le vacanze in montagna da soli perché ....(4) figlia Francesca è a New York e Diego va in vacanza con ....(5) amico Gianni.
............(6) madre preferisce stare a casa, ...(7) amici Paolo e Anna vanno in vacanza in Ungheria. Anche ....(8) sorella Alice non può venire con noi perché deve lavorare.
Se hai tempo, vieni a trovarci, ti aspettiamo!
Un abbraccio
Cristiana

17 Indicate (✓) la risposta giusta. Se non lo sapete, fate una ricerca!

Madama Butterfly

1. L'opera debutta al Teatro alla Scala di Milano nel
   a. ☐ 1900.
   b. ☐ 1904.
   c. ☐ 1916.

2. Cio-Cio-San ha
   a. ☐ 20 anni.
   b. ☐ 14 anni.
   c. ☐ 15 anni.

3. Il direttore d'orchestra della prima versione di *Madama Butterfly* è
   a. ☐ Arturo Toscanini.
   b. ☐ Giuseppe Martucci.
   c. ☐ Cleofonte Campanini.

4. In quale città giapponese è ambientata *Madama Butterfly*?
   a. ☐ A Tokyo.
   b. ☐ A Kyoto.
   c. ☐ A Nagasaki.

L'italiano nell'aria 1

Unità 4

5. Il ruolo di Suzuki è da
   a. ☐ soprano.
   b. ☐ mezzosoprano.
   c. ☐ contralto.

6. Il debutto di *Madama Butterfly* a Milano è
   a. ☐ un successo.
   b. ☐ un fiasco.
   c. ☐ un trionfo.

7. La rappresentazione dell'opera a Brescia, nel maggio 1904 è
   a. ☐ un successo perché Puccini fa una revisione dell'opera.
   b. ☐ un successo perché a Brescia il pubblico ama moltissimo Puccini.
   c. ☐ un successo perché Puccini cambia i librettisti.

8. Pinkerton rivede Cio-Cio-San dopo
   a. ☐ cinque anni.
   b. ☐ sei anni.
   c. ☐ tre anni.

9. L'opera è dedicata alla
   a. ☐ regina Elena del Montenegro.
   b. ☐ regina Margherita di Savoia.
   c. ☐ regina Vittoria d'Inghilterra.

18 Leggete i testi.

L'incompiuta di Puccini

Puccini capì, prima di tutti, l'importanza e il ruolo della musica nel passaggio dal cinema muto al sonoro. La prima colonna sonora italiana nacque nel 1930, con degli arrangiamenti delle sue musiche.

Il maestro, ammalato di cancro alla laringe, superò la difficile operazione ma morì d'infarto poco dopo. La prematura scomparsa gli impedì di terminare la *Turandot*. In seguito Franco Alfano la completò e la prima rappresentazione ebbe luogo alla Scala di Milano nel 1926. Proprio in occasione della "prima", durante l'esecuzione il maestro Arturo Toscanini fermò di colpo l'orchestra (a un mi bemolle dell'ottavino), si girò verso il pubblico e disse: «A questo punto Puccini è morto». Poi lasciò il teatro.

Due *Turandot*

Ci sono due versioni della *Turandot*: la prima è una fiaba cinese che fu scritta da Ferruccio Busoni su testo teatrale di Carlo Gozzi e rappresentata nel 1917; la seconda, di Puccini, anch'essa ispirata a Gozzi, rimase invece incompiuta a causa della morte del musicista.

Chi scrisse...?

19 a. Leggete il testo e scrivete sotto ogni animale lo strumento che lo rappresenta e sotto ogni strumento il personaggio o la cosa che rappresentano nella fiaba.

Pierino e il lupo

La fiaba che vi raccontiamo ha qualcosa di particolare. Il compositore e pianista russo Sergei Prokofiev (1891-1953) la scrisse e musicò nel 1936, su richiesta del Teatro Centrale dei Bambini di Mosca.

Gli strumenti musicali, infatti, sono al centro della storia: l'uccellino è il flauto, l'anatra è l'oboe, il nonno di Pierino è il fagotto, il gatto è il clarinetto, il lupo sono i tre corni, i timpani sono i fucili e un quartetto d'archi è la voce di Pierino.

Pierino viveva con il nonno vicino a un bosco. Il bambino un giorno scappò di casa per cercare il lupo e ucciderlo. A un certo punto Pierino incontrò l'uccellino Sasha, suo amico, che decise di accompagnarlo insieme all'anatra Sonia. Poi arrivò anche il gatto Ivan ad aiutare la banda di amici.

All'improvviso nel bosco comparve il lupo cattivo. Spaventatissimi tutti scapparono, ma non l'anatra Sonia, perciò il lupo la mangiò. L'uccellino Sasha, disperato per la perdita della sua amica, pensò di uccidere il lupo da solo ma rischiò di morire anche lui.

Quando Pierino udì gli spari dei cacciatori, poté catturare il lupo con l'aiuto del gatto e dell'uccellino. La fiaba ha un finale a sorpresa perché Pierino e i suoi amici riuscirono a liberare l'anatra dal corpo del lupo e a festeggiare tutti insieme.

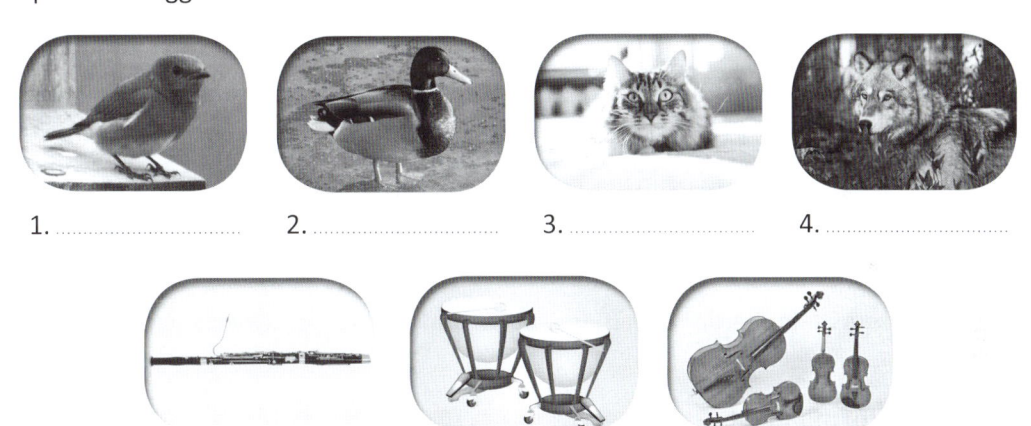

1. .... 2. .... 3. .... 4. ....

a. .... b. .... c. ....

b. Rispondete alle domande.

1. Chi chiese a Prokofiev di scrivere la fiaba?
   ....

2. Quando la scrisse e la musicò?
   ....

3. Che cosa fece il lupo quando arrivò nel bosco?
   ....

4. Come finisce la storia?
   ....

L'italiano nell'aria 1

Unità 5

Veramente, io Le consiglio...

1 Completate con i pronomi indiretti.

a.
1. Quando vedo Michele gli do l'indirizzo del ristorante *Villa Perusia*.
2. Pia e Sara sono sempre gentili con noi: .... aiutano sempre!
3. Oggi incontro Sandra e .... chiedo se viene con me a comprare la custodia del violino.
4. Grazia e Maria vanno in centro e .... devo dire di comprarmi il libro per il solfeggio.
5. Scusate se .... disturbo, ma vi devo parlare subito!
6. Signora Magneschi, se vuole, ... mostro la mia tessera universitaria!

b.
1. - Quando telefoni a Gerardo? — No, meglio se .... scrivo un'e-mail.
2. - Che cosa compri a tua figlia? — .... compro un iPhone!
3. - Quanti euro dai a tuo figlio per la festa? — .... do 200 euro.
4. - Quando rispondi a Veronica? — .... rispondo subito su WhatsApp.
5. - Fai spesso dei regali a tuo marito? — Sì, ... regalo spesso dei CD o dei libri.
6. - Leo, sempre in ritardo! Aspettiamo da un'ora! — .... chiedo scusa, ma c'è molto traffico.

2 Scegliete la forma giusta.

1. - Che cosa regaliamo a Cecilia? - Ma non so! La/Le/Gli possiamo regalare un CD di Gianna Nannini.
2. - Che cosa mandiamo ai nonni? - Gli/Li/Le mandiamo una nostra foto con due righe!
3. - E cosa portiamo agli zii? - Per lo zio Luigi ho un'idea, lo/gli/le regaliamo un iPod!
4. - ...e alla zia? - Beh, lo/la/le diamo un biglietto per il *Falstaff* di Verdi.

3 a. Osservate alcuni verbi che rispondono alla domanda *a chi? a che cosa?*

chiedere	fare	prendere	restituire	spedire
dare	offrire	portare	rispondere	suggerire
dire	parlare	raccontare	scrivere	telefonare
domandare	presentare	regalare	servire	voler bene

Veramente, io Le consiglio...

b. Scrivete 4 frasi, utilizzando i verbi della tabella. Controllate in classe con l'insegnante.

Io dico a Gianni la verità. ➜ Io gli dico la verità.

1. ....
2. ....
3. ....
4. ....

4 a. Leggete l'intervista immaginaria tra un giornalista e Luca Paganini, un parente del musicista.

Paganini non ripete!

giornalista: Celebre è la frase "Paganini non ripete!" ma non il motivo.
Luca Paganini: Sì, in effetti, Niccolò Paganini la disse nel 1818, in occasione di un'esibizione al Teatro Carignano di Torino, alla presenza del re Carlo Felice.
giornalista: E perché il maestro gli rispose così?
Luca Paganini: Tutti conoscono la sua abilità nell'improvvisare brani e quando il re gli chiese il bis di un pezzo, mio zio rispose: "Paganini non ripete!".
giornalista: E quali furono gli effetti di questa risposta poco gentile?
Luca Paganini: Beh, può immaginare! In seguito, quando Paganini chiese il permesso di fare un terzo concerto, il re gli disse di no. Allora il musicista annullò anche gli altri due già in programma.
giornalista: Sappiamo però che avvenne una riconciliazione fra i due.
Luca Paganini: Sì, per fortuna nel 1836 i due fecero pace a Torino, quando Paganini suonò di nuovo davanti al re. In quel modo egli ringraziò il sovrano che gli aveva permesso di riconoscere come figlio legittimo Achille, nato dalla sua relazione con una cantante.

b. Rispondete.

1. Cercate i pronomi indiretti nel testo: ....
2. Trovate il sinonimo di *concerto*: ....
3. Trovate il sinonimo di *re*: ....
4. Cosa significa *chiedere il bis*?
   a. ☐ Il pubblico chiede di interrompere lo spettacolo.
   b. ☐ Il pubblico chiede la ripetizione di un pezzo.
   c. ☐ Il pubblico chiede di salutare gli artisti sul palco.

c. Vero o falso?

	V	F
1. Luca Paganini è parente del musicista.	☐	☐
2. Paganini pronunciò la celebre frase al Teatro Regio di Torino.	☐	☐
3. Il re Carlo Felice volle il bis.	☐	☐
4. Il musicista annullò due concerti.	☐	☐
5. Nel 1856 Paganini diede un concerto per ringraziare il re.	☐	☐

L'italiano nell'aria 1

Unità 5

5 Rispondete alle domande, come nell'esempio in blu.

1. - Cosa chiedi al professore?
   - **Gli chiedo** solo di capire la mia situazione.
2. - Che cosa offri a Tommaso?
   - .... offro una cena al ristorante *La gondola*!
3. - I genitori permettono a Maria di rientrare sempre tardi la sera?
   - No, ... permettono di rientrare tardi solo il sabato sera!
4. - Signora Mischi, quando mi restituisce il mio computer portatile?
   - .... restituisco il portatile domani mattina.
5. - Raffaella, che cosa chiedi a Roberto?
   - .... chiedo di portarmi una nuova custodia per la chitarra!

6 Leggete le frasi e correggete i pronomi indiretti sbagliati.

1. • Lucia, perché non dici a Roberta della festa di domani sera? • Gli parlo oggi quando la vedo a scuola.	
2. • Sergio, quando racconti a Edoardo del viaggio? • Gli parlo subito.	
3. • Carlo, quando scrivi a Gianna e Marina? • Le scrivo appena ho notizie da Roma.	
4. • Quando comunichi al direttore che non vai alla riunione? • Quando arrivo in ufficio ci dico subito che oggi non posso.	
5. Scrivo un messaggio su WhatsApp a Grazia e Angelo e dico loro di incontrarci davanti al cinema alle 20.	
6. Quando restituisci il portafoglio a Maddalena gli dici di stare più attenta in futuro?	

7 a. Rodolfo è molto geloso di Mimì e in quest'aria la immagina così. Leggete il testo ad alta voce. Attenzione alla pronuncia.

1. *La Bohème* di G. Puccini

Quadro III, scena I

Rodolfo

Mimì è una civetta
che frascheggia con tutti.
Un moscardino di viscontino
le fa l'occhio di triglia.
Ella sgonnella e scopre la caviglia
con un far promettente e lusinghier.
...

Veramente, io Le consiglio...

b. Scegliete e indicate (✓) la risposta giusta.

1. Cosa significa Mimì è una civetta?
   a. ☐ Mimì è una donna che sembra un uccello.
   b. ☐ Mimì è una donna superficiale e vanitosa.
   c. ☐ Mimì è una donna brutta e antipatica.

2. Cosa significa che frascheggia con tutti?
   a. ☐ Che Mimì parla molto e con tutti.
   b. ☐ Che Mimì è simpatica a tutti.
   c. ☐ Che Mimì si comporta con superficialità.

3. Chi è un moscardino di viscontino?
   a. ☐ Un aristocratico elegante e raffinato.
   b. ☐ Un aristocratico stupido.
   c. ☐ Un nobile ricco e grasso.

4. Che cosa significa le fa l'occhio di triglia?
   a. ☐ L'aristocratico ha gli occhi come un pesce.
   b. ☐ L'aristocratico ha lo sguardo cattivo.
   c. ☐ L'aristocratico la guarda con desiderio.

5. Che cosa significa con un far promettente e lusinghier?
   a. ☐ Mimì sembra volere sedurre il visconte.
   b. ☐ Mimì vuole tenere lontano il visconte.
   c. ☐ Mimì non fa tante promesse al visconte.

c. Adesso provate a tradurre il testo e verificate in classe con l'aiuto dell'insegnante.

8 a. Leggete il testo.

Janine Jansen (1978)

Violinista olandese, nata nel 1978, debutta nel 1997 ad Amsterdam ma è a Londra, nel 2002, che l'artista esce dall'ambiente olandese con la Philharmonia Orchestra diretta da Vladimir Ashkenazy. Da quel momento il suo talento è riconosciuto a livello internazionale e riceve molti inviti a suonare in Europa e in America. Nel 2003 ottiene l'importante premio olandese Dutch Music Prize. Il suo repertorio spazia da Bach a Vivaldi, da Beethoven a Shostakovich, fino ai compositori moderni come Robert Helps.

b. Abbinate le seguenti parole ai due verbi.

una critica ✦ un premio ✦ un errore ✦ la bravura ✦ un ruolo / una parte ✦ le capacità
un complimento ✦ il talento ✦ una difficoltà ✦ un rifiuto

RICONOSCERE	RICEVERE

L'italiano nell'aria 1

Unità 5

c. Leggete il testo e completate gli spazi in basso.

Nicola Benedetti (1987)

La giovane violinista classica scozzese, di padre italiano, è nata nel 1987. A quattro anni suona già il violino, inizia poi a studiare in Inghilterra nella celebre Yehudi Menuhin School. Nel 2004 firma un contratto con la Deutsche Grammophon e con la Decca. Come solista suona alla London Symphony Orchestra e ottiene la massima onorificenza scozzese nel 2005. Al suo attivo numerose partecipazioni nei teatri inglesi e scozzesi.

1. scozzese — il paese è ....
2. islandese — il paese è ....
3. norvegese — il paese è ....
4. ottenere — *ottiene* — passato remoto: ....
5. suonare — *suona* — passato remoto: ....
6. nascere — *nasce* — passato remoto: ....

9 Completate con i pronomi combinati come nell'esempio.

1. - Oggi presti i giornali a Francesca? — - No, glieli presto domani!
2. - Quando restituisci la custodia per il violino ad Aldo? — - .... restituisco domani.
3. - Chi dice a Mirco dell'appuntamento per domani? — - .... dico io!
4. - Dai tu i biglietti del teatro a Vincenzo? — - No, ... dà Sara domani sera.
5. - Quando spedisci la lettera al direttore? — - .... spedisco subito.
6. - Comprate voi il giornale a Mario? — - Sì, ... compriamo noi!
7. - Luigi, chiedi tu a Stefania il diapason? — - No, ... chiedi tu!

10 Collegate le domande alle risposte giuste.

1. - Dai a Luciano tutti gli spartiti di Chopin?
2. - Prestate i vostri CD di Pavarotti a Claudio?
3. - Gisella regala i suoi abiti da sera a Cinzia?
4. - Allora lasci le chiavi a Raffaello?
5. - Mirco scrive molte e-mail a Sandra?
6. - Anna, dai le foto al giornalista?
7. - Loro preparano solo due duetti per il maestro?
8. - Date sempre soldi ai vostri nipoti?

a. - No, non glieli regala.
b. - Sì, gliele lascio.
c. - Sì, ma gliene prestiamo solo una parte!
d. - No, gliene preparano cinque.
e. - Sì, ma gliene diamo sempre pochi!
f. - No, gliene do solo quattro!
g. - Sì, gliene scrive cinque alla settimana!
h. - Sì, ma gliene do solo due!

11 Completate con i pronomi combinati.

1. - Quando compriamo la chitarra per Giada? — - .... compriamo domani.
2. - Dai tu al direttore le informazioni sull'acustica? — - Sì, ... do io.
3. - Ma quanti consigli dai a Paola? — - .... do sempre tanti.

Veramente, io Le consiglio...

4. - Chi comunica a Giulia la data della prova generale? - .... diciamo noi!
5. - Quando devi restituire i soldi a Tommaso? - .... devo restituire giovedì.
6. - Presti tu le valigie a Gianni? - Sì, ma .... presto solo una.

12 a. **Leggete.**

> **Uto Ughi** (Busto Arsizio, 1944) debutta come violinista a sette anni a Milano, al Teatro Lirico. Studia con George Enescu e già da piccolo mostra le qualità di un grande interprete della musica classica. Fra le tante incisioni: tre concerti di Paganini e le *Sonate e Partite* di Bach per violino solo. Ughi tiene concerti in tutto il mondo ed è impegnato nel sociale.

b. **Provate a risolvere gli anagrammi!**

1. pieimtoga
2. stalivioni
3. picloco
4. tepreinter
5. siclasca
6. solecia

a. piccolo
b. classica
c. sociale
d. impegnato
e. violinista
f. interprete

13 **Scegliete e indicate (✓) la frase corretta.**

1. Angelo regala ogni giorno una rosa a Maria.
   a. ☐ Angelo gliela regala una ogni giorno.
   b. ☐ Angelo te la regala una ogni giorno.
   c. ☐ Angelo gliene regala una ogni giorno.

2. Il nonno compra spesso il gelato a Ciro e Leo.
   a. ☐ Il nonno gliene compra spesso.
   b. ☐ Il nonno glielo compra spesso.
   c. ☐ Il nonno ce li compra spesso.

3. La mamma racconta molte fiabe a Gioia.
   a. ☐ La mamma gliele racconta molte.
   b. ☐ La mamma glie ne racconta molte.
   c. ☐ La mamma gliene racconta molte.

4. Domani voglio dare i video a Cecilia.
   a. ☐ Domani gliene voglio dare.
   b. ☐ Domani voglio gliene dare.
   c. ☐ Domani glieli voglio dare.

14 **Leggete i testi e scrivete la professione giusta accanto a ogni definizione.**

Il cinese di Parigi

Yo-Yo Ma è di origine cinese ma nasce a Parigi nel 1955. La madre è cantante e il padre è compositore e direttore d'orchestra. La famiglia arriva a New York nel 1962 e qui Yo-Yo Ma, ancora piccolo, comincia a studiare viola, violino e violoncello, con grande successo. Tutti lo considerano un bambino prodigio. Completa gli studi alla Juilliard School di New York. Il suo perfezionamento è con il maestro Pablo Casals. Riceve molti Grammy Awards, il prestigioso riconoscimento americano per attività nel campo artistico.

Pablo Casals (1876-1973) violoncellista, direttore d'orchestra e compositore catalano. Anche per lui la musica è innata. Già a sette anni suona il violino e il pianoforte. Per tutta la sua vita resta sempre coerente nella sua decisione di non suonare in Paesi che opprimono i loro popoli. Durante il regime di Franco va in Francia, poi nel 1956 emigra a Puerto Rico e fonda il Festival Casals, con una scuola musicale e un'orchestra sinfonica. Muore nel 1973 nella capitale portoricana.

1. Chi suona il violino è un/una ....
2. Chi suona il pianoforte è un/una ....
3. Chi dirige l'orchestra è un/una ....
4. Chi suona il flauto è un/una ....
5. ...e chi suona la batteria è un/una ....

15 **Conoscete queste espressioni? Indicate (✓) l'opzione giusta.**

1. Essere teso come una corda di violino significa
   - a. ☐ essere molto nervoso.
   - b. ☐ essere molto forte.
   - c. ☐ essere molto resistente.

2. Fare una sviolinata significa
   - a. ☐ fare dei virtuosismi con il violino.
   - b. ☐ fare troppi complimenti a qualcuno.
   - c. ☐ fare/prendere una stecca, steccare.

3. Tagliare la corda significa
   - a. ☐ scappare, fuggire.
   - b. ☐ tagliare una corda di violino.
   - c. ☐ inaugurare un monumento.

4. Chi è il violino di spalla nell'orchestra?
   - a. ☐ Un violinista che mostra le sue spalle al pubblico.
   - b. ☐ Primo violino che guida il gruppo dei violini.
   - c. ☐ Un collaboratore sincero e fedele.

16 **Osservate la presenza dei pronomi combinati in questo frammento di testo lirico.**

2. *L'Arlesiana* di F. Cilea
Atto II

Rosa

Vivetta! Vivetta!
Ah! Tu me lo puoi guarire...
Se sarai men ritrosa...
se saprai appena osare!

Veramente, io Le consiglio...

17 Completate con i pronomi combinati.

1. - Mi restituisci i miei libri di solfeggio? — - Sì, ... riporto domani.
2. - Mariuccia, sai se stasera c'è qualche bel concerto? — - Leggo il giornale e poi .... dico!
3. - Sai chi offre un lavoro a Giancarlo? — - Sì, ... dà il signor Pasquini.
4. - Chi regala a Desdemona un fazzoletto ricamato? — - .... regala Otello.
5. - Chi compra a Luana il vestito per il concerto? — - .... compra sua madre.
6. - Vuoi sapere qual è la critica allo spettacolo di ieri? — - Sì, ... leggi, per favore?

18 Completate con i pronomi combinati.

1. Michela ha sempre bisogno del mio aiuto ma non .... chiede mai.
2. Se vai alla biblioteca dell'università e trovi il libro del professor Mancuso, ... prendi?
3. Se a Franca piace la *Toccata e fuga in re minore* di Bach, ... regalo!
4. Se Giorgio e Sergio vogliono due biglietti per il cinema, ... compro io.
5. Se al supermercato trovi i miei giornali, ... compri, per favore?
6. A mio marito piace andare in bicicletta, perciò .... regalo una nuova per il suo compleanno.

19 Completate con i pronomi combinati.

a.
1. - Quando mi riporti l'archetto, Alberto? — - .... riporto presto.
2. - Quando restituite i DVD a Laura? — - .... restituiamo in marzo.
3. - Mi fai vedere le foto? — - .... faccio vedere più tardi.
4. - Quando ci comprate i biglietti per il musical? — - .... compriamo domani.
5. - Ci mandate il numero di telefono del regista? — - Sì, ... inviamo con WhatsApp.
6. - Professore, quando ci sono gli esami? — - .... comunico lunedì.
7. - Carlo, puoi portare il libro a Clara? — - Va bene, ... porto dopo!

b.
1. - Patrizia, è bello il film *Sister Act*? — - Sì, ... consiglio davvero!
2. - Potete comprarmi tre chiavette USB? — - Ma certo, ... compriamo noi!
3. - Ci prestate i dizionari per l'esame? — - Certo, ... prestiamo volentieri.
4. - Gianni mi spieghi questa regola, per favore? — - .... spiego più tardi.
5. - Ragazzi, spedite una cartolina alla nonna! — - Va bene! .... mandiamo da Roma.
6. - Quando racconti la verità a Gino? — - .... racconto dopo la festa.
7. - Il mio pianoforte è scordato! — - Non ti preoccupare, ... accordo io!

L'italiano nell'aria 1

Unità 5

20 a. Leggete i testi.

Juilliard School

La Juilliard School, con sede a New York, è come l'Università di Harvard nel campo musicale, artistico e teatrale e ha un'antica tradizione. Fondata nel 1905, è la prima università di questo genere negli Stati Uniti ed è nota in tutto il mondo. Offre corsi di canto, danza, musica e teatro.

Itzhak Perlman (1945)

Docente alla Juilliard School di New York, nasce a Jaffa in Israele nel 1945. Violinista e direttore d'orchestra, comincia gli studi di violino a Tel Aviv, poi nel 1963 debutta al Carnegie Hall di Londra. Da quel momento Perlman suona nei più grandi teatri del mondo e perfino alla Casa Bianca. Ha collaborato con Yo-Yo Ma, Zubin Mehta, David Barenboim e Isaac Stern. Oggi svolge in prevalenza la professione di direttore d'orchestra.

b. Aggiungete prima di questi nomi o date le preposizioni presenti nei testi.

1. 1945	3. .... Stati Uniti	5. 1905	7. .... Israele
2. .... New York	4. .... Carnegie Hall	6. .... Jaffa	8. .... Casa Bianca

21 Trasformate come nell'esempio in blu.

1. Bruno ti scrive.   =   Bruno scrive a te.
2. Io le telefono subito.   = ...
3. Lodovica, ci porti le fotocopie?   = ...
4. Stasera gli scrivo!   = ...
5. Vi spediamo una cartolina.   = ...
6. Ti chiedo un favore!   = ...
7. Chiedo spiegazioni a Clara e Sonia.   = ...

22 Completate le domande con il verbo *piacere*. Nelle risposte inserite i pronomi giusti, seguiti dal verbo *piacere*.

1. - Vi .... viaggiare?   - No, non .... molto.
2. - Chiara, ti .... leggere?   - Sì, ... soprattutto le biografie.
3. - A Guido .... suonare il piano?   - No, ... non ....
4. - A Roberto e Chiara .... i film francesi? - Sì, ... tantissimo.
5. - Vi .... queste arie?   - Sì, ... abbastanza.
6. - Signor Birchi, Le .... la musica classica? - Sì, ... soprattutto quella di Haydn.
7. - Ti .... le arie di Puccini?   - No, non .... molto.

Veramente, io Le consiglio...

23 Correggete le frasi sbagliate.

1. Li piace la cioccolata. ....
2. A lui piacciono i concerti rock. ....
3. A me mi piace cantare! ....
4. A loro piacciono suonare. ....
5. Ci piace ascoltare i CD di Cecilia Bartoli. ....
6. Vi piace i balli latino-americani? ....
7. A lei le piace la pizza! ....
8. A noi piacciono i musei di arte moderna. ....

24 a. Adesso leggete i testi ad alta voce. Attenzione alla pronuncia.

3. Don Giovanni di W.A. Mozart

Atto I, scena VIII

Masetto
Ho capito, signor sì!
Chino il capo e me ne vo.
Giacché piace a voi così,
Altre repliche non fo.
Cavalier voi siete già.
Dubitar non posso affé;
me lo dice la bontà
che volete aver per me.

Atto I, scena XIV

Don Ottavio
Dalla sua pace la mia dipende,
quel che a lei piace vita mi rende,
quel che le incresce morte mi dà.
S'ella sospira, sospiro anch'io;
è mia quell'ira, quel pianto è mio;
e non ho bene, s'ella non l'ha.

b. Cercate il verbo *piacere* nelle arie.

c. Indicate (✓) la risposta giusta. Se non lo sapete, fate una ricerca!

1. ...me ne vo qui significa
   - a. ☐ vado via.
   - b. ☐ voglio andare via.
   - c. ☐ non vado via.

2. ...non posso affé significa
   - a. ☐ non posso adesso.
   - b. ☐ non posso per niente.
   - c. ☐ non posso in parte.

3. ...quel che le incresce significa
   - a. ☐ quello che dispiace.
   - b. ☐ quello che cresce.
   - c. ☐ quello che decresce.

d. Provate a tradurre i testi e fate la verifica in classe con l'aiuto dell'insegnante.

L'italiano nell'aria 1

Unità 5

25 Scegliete e indicate (✓) la risposta corretta.

1. A te piacciono i libri di Hemingway?
   a. ☐ No, non ci piacciono.
   b. ☐ No, non ti piacciono.
   c. ☐ No, non mi piacciono.

2. Vi piace il musical?
   a. ☐ Sì, ci piace.
   b. ☐ Sì, mi piace.
   c. ☐ Sì, gli piace.

3. Dici tu a Carla che l'esame è domani?
   a. ☐ Sì, te lo dico io!
   b. ☐ Sì, me lo dico io!
   c. ☐ Sì, glielo dico io!

4. Quando riporti il triangolo?
   a. ☐ Lo riporto domani.
   b. ☐ Li riporto domani.
   c. ☐ Ci riporto domani.

5. Date voi gli auricolari a Valeria?
   a. ☐ Sì, te lo diamo noi.
   b. ☐ Sì, glielo diamo noi.
   c. ☐ Sì, glieli diamo noi.

6. Chi scrive a Bianca?
   a. ☐ Le scrivo io!
   b. ☐ Gli scrivo io!
   c. ☐ Mi scrivo io!

26 Trasformate come nell'esempio in blu.

1. Roberto, ti devo portare il tuo iPod domani? = Roberto, devo portarti il tuo iPod domani?
2. Gianni, stasera ti voglio portare le corde nuove. = ...
3. .... = Angela, posso telefonarti stasera?
4. Gli dobbiamo mostrare un documento. = ...
5. Vi vogliamo consigliare un bel film! = ...
6. .... = Possiamo scriverle due righe!
7. Per favore, mi devi dare il tuo ombrello! = ...

27 Rispondete come nell'esempio in blu.

1. - Paolo, quando mi riporti la bicicletta?
   - Te la posso riportare domani. **oppure** Posso riportartela domani.
2. - Ragazzi, quando dovete dare la risposta a Gianni?
   - .... fra un'ora.
3. - Signora Rossi, quando può leggermi i recitativi?
   - .... appena possibile.
4. - Quando volete restituirmi i trucchi?
   - .... la prossima settimana.
5. - Quando dovete portare l'auto dal meccanico?
   - .... domani.

Veramente, io Le consiglio...

6. - Tino e Lia quando potete spedire gli inviti a Luca e Mara?
   - .... anche subito.

7. - Laura, quando vuoi regalare una nuova tromba a Francesco?
   - .... per il suo compleanno.

28 **Leggete.**

Perché proprio a Cremona c'è la sala dei violini più importante del mondo?

Due sono i motivi:
1. La decisione dei grandi concertisti internazionali di sceglierla proprio perché è la città di famosi liutai.
2. Qui c'è la scuola internazionale di liuteria.

Fondazione Walter Stauffer - Cremona

Il mecenate svizzero Walter Stauffer, alla sua morte nel 1974, dona alla città di Cremona la sua preziosa collezione che prende il suo nome:
- *Lo Stauffer* violino di Guarneri del Gesù, 1734;
- *La Stauffer* viola di Gerolamo Amati, 1615;
- *Lo Stauffer - ex Cristiani* violoncello di Antonio Stradivari, 1700.

Unità 6

Non dimenticate di...

1 Coniugate i verbi all'imperativo, come nell'esempio in blu.

1. Alessia e Laura, per favore, chiudete (chiudere) la porta!
2. Lisa e Lea, ... (andare) a scuola!
3. .... (noi-incominciare) a mangiare!
4. .... (voi-lavorare) velocemente, per favore!
5. Per favore, ... (voi-prendere) i moduli che sono sul tavolo!
6. Gianluca e Giuseppe, ... (venire) domani a casa mia!

2 a. Leggete i testi ad alta voce. Attenzione alla pronuncia.

1. Così fan tutte di W.A. Mozart
Atto I, scena II

Fiordiligi
Ah, guarda sorella,
se bocca più bella,
se petto più nobile
si può ritrovar.

Dorabella
Osserva tu un poco,
che fuoco ha ne' sguardi!
Se fiamma, se dardi
non sembran scoccar.
...

2. Madama Butterfly di G. Puccini
Atto II, parte II

Butterfly
"Con onor muore chi non può serbar
vita con onore."
...
O a me, sceso dal trono
dell'alto Paradiso,
guarda ben fiso, fiso,
di tua madre la faccia!
Che te n' resti una traccia,
guarda ben!
Amore, addio, addio!
Piccolo amor!
Va', gioca, gioca.

b. Sottolineate i verbi all'imperativo presenti nei testi.

c. Indicate (✓) la risposta giusta. Se non lo sapete, fate una ricerca!

1. ...se petto più nobile significa
   a. ☐ se carattere più debole.
   b. ☐ se pensiero più bello.
   c. ☐ se aspetto più elegante.

2. ...guarda ben fiso, fiso significa
   a. ☐ guarda attentamente.
   b. ☐ guarda distrattamente.
   c. ☐ guarda da lontano.

d. Provate a tradurre i testi e verificate in classe con l'aiuto dell'insegnante.

Non dimenticate di...

3 La mamma ordina a suo figlio Guido di...

1. (telefonare) **Telefona** alla nonna!
2. (mangiare) .... la frutta tutti i giorni!
3. (mettere) .... a posto la tua camera!
4. (suonare) .... il sassofono per la lezione di domani!
5. (scrivere) .... un'e-mail al tuo amico francese!
6. (giocare) .... solo 30 minuti al computer!
7. (prendere) .... la bicicletta per andare a giocare a basket!

4 Rispondete come nell'esempio in blu.

1. - Marta, dov'è la borsa? — - **Guarda** (guardare) in camera!
2. - Zia Clara, disturbo? — - No, ... (entrare) pure!
3. - Scusa, dov'è il conservatorio? — - Non lo so, ... (chiedere) a Matteo!
4. - Possiamo uscire? — - No, prima .... (finire) i compiti!
5. - Dove troviamo un buon ristorante? — - .... (cercare) su Internet!
6. - Simone, cosa facciamo stasera? — - .... (andare) al cinema!
7. - Sono stanca! — - Allora .... (smettere) di leggere!

5 a. Leggete.

Se andate a Nagasaki, visitate il giardino Glover!

Il giardino e la villa Glover dominano il porto di Nagasaki.
Il luogo è un'attrazione per molti turisti che ammirano gli elementi occidentali e orientali della casa: il tetto è in stile giapponese e la facciata è in stile coloniale britannico.
Lo scozzese Thomas Blake Glover, commerciante di tè, è il primo straniero di Nagasaki. Diventa ricco e contribuisce alla modernizzazione del Giappone. Sposa una geisha e ha due figli. Forse la vita di Glover ispira John Luther Long che scrive la breve storia di Madama Butterfly. Nel giardino, dove ci sono le statue di Giacomo Puccini e di Miura Tamaki, celebre interprete giapponese di *Madama Butterfly*, i visitatori ascoltano le arie più famose dell'opera.

b. Scrivete le risposte.

1. Chi è Miura Tamaki?
2. Che cosa ascoltano i turisti nel giardino di Glover?
3. Chi scrive la breve storia di *Madama Butterfly*?
4. Chi è il primo straniero di Nagasaki?
5. Perché il giardino e la villa di Glover sono un'attrazione per i turisti?

Unità 6

c. Mettete all'imperativo.

singolare (tu)	plurale (voi)	
1. _____	_____	il giardino e la villa Glover! (visitare)
2. _____	_____	la casa con elementi giapponesi! (ammirare)
3. _____	_____	le statue di Giacomo Puccini e Miura Tamaki! (cercare)
4. _____	_____	la storia di Thomas Blake Glover! (leggere)
5. _____	_____	le arie dell'opera! (ascoltare)
6. _____	_____	in Internet per avere informazioni su Thomas Blake Glover! (navigare)

6

a. Leggete i testi ad alta voce. Attenzione alla pronuncia.

3. Così fan tutte di W.A. Mozart
Atto I, scena XI

Guglielmo
Non siate ritrosi occhietti vezzosi:
...
Guardate, toccate, il tutto osservate:
siam forti e ben fatti,
e, come ognun vede,
sia merito o caso,
abbiamo bel piede,
bell'occhio, bel naso.
Guardate, bel piede,
osservate, bell'occhio,
toccate, bel naso,
il tutto osservate:
...

4. Otello di G. Verdi
Atto IV, scena III

Emilia
Aprite! Aprite!
Signor mio..., ve n'prego,
lasciate ch'io vi parli.... Aprite!

5. Cavalleria rusticana di P. Mascagni
Atto unico, scena V

Santuzza
Io son dannata.
Andate o mamma,
ad implorare Iddio,
e pregate per me.
...

b. Sottolineate gli imperativi delle arie.

c. Provate a tradurre i testi e verificate in classe con l'aiuto dell'insegnante.

7 Completate con l'imperativo e l'imperativo negativo.

1. Guido e Giovanni, _____ (non dimenticare) di fare le scale musicali!
2. Vi prego, _____ (non parlare) così di lui! È un bravo ragazzo.
3. Giuliana, _____ (non perdere) tutto questo tempo, _____ (finire) il lavoro!
4. Regina, _____ (ripetere) il brano musicale ma _____ (non sbagliare) gli accordi!
5. Paola, _____ (non essere) impaziente!
6. Cari amici, _____ (non venire) domenica prossima perché siamo a Firenze!

Non dimenticate di...

8 Completate con l'imperativo negativo dei seguenti verbi.

fumare ❖ telefonare con il cellulare ❖ bere ❖ giocare a pallone ❖ suonare
fotografare ❖ usare il computer ❖ mangiare

a. Agnese,

b. Ragazzi,

9 Indicate (✓) le frasi sbagliate e scrivete accanto il verbo corretto, come nell'esempio in blu.

1. Impari la poesia a memoria, Giorgio!	✓	Impara
2. Per favore, non tocca il pianoforte!		
3. Achille, consegni il modulo in segreteria!		
4. Paola, scrivi l'e-mail a tua sorella!		
5. Chiudi la porta, per favore!		
6. Entrate pure, Mario!		
7. Anna spedi la lettera domani mattina!		
8. Scegli il libro che vuoi!		
9. Pietro, non ridi in continuazione!		

10 Coniugate i verbi all'imperativo.

1. Luigi, ... (uscire) subito da casa mia!
2. Moira, ... (venire) alla festa, c'è anche Oliviero!
3. Cinzia, ... (andare) a prendere una bottiglia di Coca Cola!
4. Gherardo, ... (stare) zitto!
5. Giulia, ... (portare) la torta quando vieni!
6. Marcello, ... (parlare) a voce alta che non sento bene!
7. .... (scusare), Marta, sai dov'è Via Gildo Chiapparelli?
8. Barbara, ... (fare) tutti gli esercizi di matematica!

L'italiano nell'aria 1

Unità 6

11 a. Inserite le parole a destra nell'aria *Madamina, il catalogo è questo*.

6. Don Giovanni di W.A. Mozart
Atto I, scena V

Leporello

Madamina, ...(1) è questo delle belle che amò il padron mio;
un catalogo egli è che ho fatt'io. ....(2), leggete con me.
In Italia seicento e quaranta, in Lamagna ....
..................(3), cento in Francia, ...(4) novantuna, ma in Espagna son già mille e tre!
V'han fra queste contadine, ...(5),
v'han contesse, baronesse, marchesane, ...(6),
e v'han donne d'ogni grado, d'ogni forma, d'ogni età.
Nella bionda egli ha l'usanza di lodar ....(7),
nella bruna la costanza, nella bianca la dolcezza.
Vuol d'inverno la grassotta, vuol d'estate la magrotta;
è la grande ....(8), la piccina è ognor vezzosa, delle vecchie fa
conquista pel piacer di ....(9);
sua passion predominante è la ....(10).
Non si picca - se sia ricca, se sia brutta, se sia bella;
purché porti ....(11),
voi ....(12) quel che fa.

maestosa
la gonnella
duecento e trentuna
la gentilezza
sapete
cameriere, cittadine
porle in lista
Osservate
il catalogo
giovin principiante
principesse
in Turchia

b. Scegliete e indicate (✓) la risposta giusta.

1. Che cos'è il catalogo in quest'opera?
   a. ☐ Un elenco di libri.
   b. ☐ Un giornale illustrato.
   c. ☐ Un libretto con una lista di nomi.

2. Chi sono le contesse, baronesse, marchesane e principesse?
   a. ☐ Persone aristocratiche.
   b. ☐ Persone semplici.
   c. ☐ Tipi di cantanti.

3. Che cosa significa è la grande maestosa?
   a. ☐ La donna grassa è imponente.
   b. ☐ La donna alta è imponente.
   c. ☐ La donna alta è insignificante.

4. Cosa significa la piccina è ognor vezzosa?
   a. ☐ Sempre rude.
   b. ☐ Sempre volgare.
   c. ☐ Sempre graziosa.

Non dimenticate di...

c. Scrivete la risposta.

1. Quante sono le donne amate da Don Giovanni nel mondo?
   ....
2. Sono solo donne giovani?
   ....
3. Che cosa loda nella bionda? E nella bruna?
   ....
4. Chi desidera d'inverno? E d'estate?
   ....
5. Perché conquista le vecchie?
   ....
6. Don Giovanni ama tutti i tipi di donne ma qual è la sua "passione predominante"?
   ....
7. Don Giovanni non fa attenzione al tipo di donna. Ma che cosa devono indossare tutte le donne?
   ....

d. Provate a tradurre l'aria e verificate in classe con l'aiuto dell'insegnante.

12 Completate con l'imperativo.

1. Mariangela, ... (essere) prudente quando guidi la Vespa!
2. Riccardo e Giada, ... (avere) pazienza con i bambini piccoli!
3. Giulio, ... (dare) i moduli d'iscrizione a Roberto, per favore!
4. Niccolò, ... (dire) la verità!
5. Fiona e Giorgio, ... (essere) felici!
6. Alfonso, ... (andare) alla prova generale stasera!
7. Regina, ... (dire) ai ragazzi di accordare le chitarre!
8. .... (voi-fare) attenzione al si bemolle!

13 Date dei consigli alla vostra amica Regina. Usate l'imperativo (forma affermativa o negativa).

1. Cominciare a frequentare un corso di lingua. ....
2. Restare a casa a guardare la TV. ....
3. Stare tanto davanti al computer. ....
4. Parlare con qualcuno in ufficio. ....
5. Invitare amici a casa. ....
6. Essere positiva. ....
7. Fare un viaggio. ....
8. Andare a fare sport in palestra. ....

L'italiano nell'aria 1

Unità 6

14 Trasformate le frasi, come nell'esempio in blu.

1. Gianni, devi dire la verità!   Gianni, di' la verità!
2. Giorgio, devi fare la valigia!
3. Andrea, devi essere prudente quando vai in moto!
4. Agnese, devi uscire ora, dopo è troppo tardi!
5. Lucia, devi stare tranquilla, le risposte sono giuste!
6. Angelo, devi andare perché è tardi!
7. Luciano, devi avere pazienza con la maestra di flauto!

15 a. Leggete i testi ad alta voce. Attenzione alla pronuncia.

Parte esterna del castello di Wolferag con porta d'accesso. Si vede un appartamento illuminato. Tombe dei Ravenswood. È notte.

7. Lucia di Lammermoor di G. Donizetti

Atto III, scena VII

Edgardo

...
Tu pur, tu pur dimentica
quel marmo dispregiato:
Mai non passarvi, o barbara
del tuo consorte a lato. Ah!
rispetta almen le ceneri
di chi moria per te,
rispetta almen le ceneri
di chi moria per te!

8. La forza del destino di G. Verdi

Atto II, scena V

Leonora

...
Madre, pietosa Vergine,
perdona il mio peccato,
m'aita quell'ingrato
dal core a cancellar.
In queste solitudini
espierò l'errore,
pietà di me Signore.
Deh, non mi abbandonar!
...
Non mi lasciar, soccorrimi
pietà, Signor, pietà.

b. Cercate e sottolineate nei testi tutti gli imperativi.

c. Quanti imperativi negativi ci sono in queste due parti di arie?

☐ 6   ☐ 3   ☐ 2

d. Provate a tradurre i testi e verificate in classe con l'aiuto dell'insegnante.

16 Trasformate con i pronomi diretti, come nell'esempio in blu.

1. Bevi il caffè!   Bevilo!
2. Sentite il programma! ....!

Non dimenticate di...

3. Osservate il baritono! ....!
4. Non finire tutto il tè freddo! ....!
5. Ripetete la lettura! ....!
6. Facciamo una prova! ....!
7. Esercitate queste arie! ....!
8. Memorizza i vocaboli! ....!
9. Compra i fiori! ....!

17 Completate con i pronomi diretti, come nell'esempio in blu.

1. - Prenoto un posto a teatro? — - Sì, prenotalo subito!
2. - Posso prendere la tua borsa? — - Sì, prendi............!
3. - Mirko, dove sono i miei libri? — - Cerca............!
4. - Andrea, dove metto i bicchieri? — - Metti............ sul tavolo!
5. - Vorrei vedere Tobia e Mariella! — - Invita............ a pranzo!
6. - Facciamo ora la prova del balletto? — - No, facciamo............ più tardi!
7. - Ti piace quest'aria? — - Sì, è bella. Canta............ ancora!

18 Completate con l'imperativo e i pronomi diretti, come nell'esempio in blu.

1. - Dove chiedo il modulo? — - Chiedilo in segreteria!
2. - Dove vendo la mia bicicletta usata? — - .... su Internet!
3. - Dove incontriamo Luisella e Giuliano domani? — - .... in un bar!
4. - Dove compro un gelato? — - .... in gelateria!
5. - Dove metto i soldi? — - .... nell'armadietto!
6. - Dove portiamo Manuela stasera? — - .... al musical!
7. - A chi chiedo gli appunti per l'esame? — - .... a Giacomo!
8. - Dove cerchiamo l'indirizzo della biblioteca? — - .... in Internet!
9. - Quando presento la domanda d'iscrizione? — - .... subito!

19 a. Cercate e sottolineate gli imperativi con i pronomi diretti.

9. Il lamento di Arianna di C. Monteverdi

Atto unico, scena VII

Arianna

Lasciatemi morire, in così dura sorte,
Lasciatemi morire; in così gran martire?
e che volete voi che mi conforte Lasciatemi morire!

L'italiano nell'aria 1

Unità 6

10. La Cenerentola di G. Rossini

Atto I, scena VI

Cenerentola
Deh soccorretemi,
deh non lasciatemi,
ah! di me misera
che mai sarà?

Ramiro
Via consolatevi.
Signor lasciatela.

11. Il matrimonio segreto di D. Cimarosa

Atto I, scena V

Fidalma
Chetatevi e scusatela.
Tra poco voi già andate
a marito, ella qui resta;
così non vi sarà mai
più molesta.
...

12. L'elisir d'amore di G. Donizetti

Atto I, scena V

Dulcamara
Benefattor degli uomini,
riparator dei mali,
in pochi giorni io sgombero
io spazzo gli spedali,
e la salute a vendere
per tutto il mondo io vo.
Compratela, compratela,
per poco io ve la dò.
...

b. Adesso leggete i testi ad alta voce. Attenzione alla pronuncia.

c. Provate a tradurre i testi e verificate in classe con l'aiuto dell'insegnante.

20 Leggete.

La soprano o il soprano?

Nel Seicento "il soprano" o "sopranista" indica la voce con il registro più acuto, tipico delle donne e dei bambini. Poiché in questo periodo le donne non possono cantare in chiesa, gli uomini castrati interpretano in falsetto i brani di musica sacra e i testi teatrali, imitando il timbro delle voci femminili.

Durante il Romanticismo i sopranisti scompaiono dalle scene per mancanza di ruoli. Da quel momento le cantanti, in possesso di tale voce, sono chiamate soprano e rimane l'articolo al maschile. Ancora oggi quindi per le donne le forme corrette sono *il soprano, i soprani*. La stessa regola vale per *il mezzosoprano, i mezzisoprani, il contralto, i contralti*.

Non dimenticate di...

21 Completate con l'imperativo e i pronomi indiretti, come nell'esempio in blu.

1. - Chi parla ad Antonio?   - Parlagli tu!
2. - Chi telefona a Virginia?   - .... tu!
3. - Chi scrive a Rossella e Gloria?   - .... voi!
4. - Chi risponde a Lorenzo e Vincenzo?   - .... voi!
5. - Chi parla a Guido?   - .... tu!
6. - Chi risponde ad Angelica?   - .... voi!
7. - Chi telefona a Giulio e a Veronica!   - .... tu!
8. - Chi scrive a Stella?   - .... voi!

22 Trasformate con i pronomi indiretti, come nell'esempio in blu.

1. Rispondi a Chiara con un'e-mail!   Rispondile con un'e-mail!
2. Parla a Luigi!   ....!
3. Manda a Sonia un mazzo di fiori!   .... un mazzo di fiori!
4. Fai un favore a Teresa!   .... un favore!
5. Comprate a Francesca e Flavia un DVD!   .... un DVD!
6. Chiedi a Cinzia quando parte!   .... quando parte!
7. Ricordiamo a Valerio l'appuntamento!   .... l'appuntamento!
8. Presta a Giorgia il giornale!   .... il giornale!

23 Leggete il testo e scrivete le risposte.

Scolpire l'opera

Scolpire l'opera è un progetto della Fondazione Festival Pucciniano e ha luogo ogni anno a Torre del Lago (Lucca). Il progetto, che unisce alla musica di Puccini il mondo della pittura e scultura, è inaugurato nel 2000 con una *Madama Butterfly* dello scultore giapponese Kan Yasuda. Da allora ogni anno un artista di fama internazionale partecipa, con un suo allestimento, a un'opera del Festival. Tra questi ricordiamo: Arnaldo Pomodoro, Pietro Cascella, Igor Mitoraj e Franco Adami.

1. Che cos'è *Scolpire l'opera*?
3. Torre del Lago è in provincia di...?
2. In che anno inizia?
4. Quale scultore inaugura *Scolpire l'opera*?

24 Completate con i pronomi combinati, come nell'esempio in blu.

1. Porta (a me) la posta!   Portamela!
2. Porta (a me) le chiavi!   ....!
3. Porta (a Elena) una spremuta d'arancia!   ....!

L'italiano nell'aria 1

Unità 6

4. Porta (a noi) la posta! ....!
5. Portate (a me) gli strumenti! ....!
6. Porta (a loro) il caffè! ....!

25 Completate con l'imperativo e i pronomi combinati, come nell'esempio in blu.

1. Dì la verità a Maurizio! — Digliela!
2. Compra la t-shirt a tua figlia! — ....!
3. Scrivi subito un messaggio a Giuliano! — .... subito!
4. Ragazzi, raccontate la storia a Sara! — ....!
5. Clara, passami gli esercizi di oggi! — ....!
6. Preparatemi due cavatine! — ....!
7. Prestateci l'auto per domani! — ....!
8. Portateci il conto! — ....!

26 Collegate le frasi.

1. Prendi quel giornale per te!
2. Dovete preparare i tramezzini per noi.
3. Devi inviare le informazioni a Clara.
4. Presta l'iPad a Matteo.
5. Vuoi questi cd?
6. Porta l'iPod a Piero!
7. Comprate le rose per vostra madre.
8. Dammi le chiavi della moto!
9. Regalami un abbonamento al cinema!
10. Dimmi il tuo indirizzo!

a. Preparateceli!
b. Prestaglielo!
c. Dammele!
d. Portaglielo!
e. Comprategliele!
f. Regalamelo!
g. Dimmelo!
h. Prenditelo!
i. Prenditeli!
l. Inviagliele!

27 a. Leggete ad alta voce i vari frammenti tratti dall'opera *Le nozze di Figaro* e sottolineate i sostantivi e gli aggettivi alterati.

13. Le nozze di Figaro di W.A. Mozart

Figaro
Via, piangione, sta' zitto una volta:
...

Basilio
...
un signor liberal, prudente e saggio,
a un giovinastro, a un paggio...

Non dimenticate di...

Susanna
Così se il mattino
il caro Contino:
din din, e ti manda
tre miglia lontan;
...
dalla tua Susannetta.

Figaro
...
quanto è dolce al tuo tenero
sposo questo bel cappellino
vezzoso che Susanna ella
stessa si fe'.

Susanna
...
Mirate il bricconcello,
mirate quanto è bello!
...
Ehi, serpentello,
volete tralasciar d'esser sì
bello?

Figaro
Non più andrai, farfallone amoroso,
notte e giorno d'intorno girando,
delle belle turbando il riposo,
Narcisetto, Adoncino d'amor.
Non più avrai questi bei pennacchini,
...

Coro
Ricevete, o padroncina,
queste rose e questi fior,
che abbiam colto stamattina
per mostrarvi il nostro amor.
Siamo tutte contadine,
e siam tutte poverine:
ma quel poco che rechiamo
ve lo diamo di buon cor.

Barbarina
Voi. Or datemi, padrone, in sposo Cherubino,
e v'amerò com'amo il mio gattino.

b. Provate a tradurre i testi e verificate in classe con l'aiuto dell'insegnante.

28 Leggete il testo e indicate (✓) se le affermazioni sono vere o false.

Cecilia Bartoli (1966)

La cantante lirica, nata a Roma, possiede nel suo vasto repertorio le opere di Rossini, Gluck, Donizetti, Bellini, anche se è specializzata nei ruoli mozartiani. Un'altra caratteristica che la rende particolare è la sua ricerca di ruoli e opere sconosciute. Nel 1988 va in scena all'Opera di Parigi in uno spettacolo in onore di Maria Callas, sotto la direzione di Herbert von Karajan, Riccardo Muti e Daniel Barenboim. Nella stagione 2007-2008 rende omaggio alla grande interprete Maria Malibran con un album. Nel 2009 partecipa a un progetto dedicato ai castrati, cantando le arie tipiche del '700. Conosce bene l'inglese, il francese, il tedesco e lo spagnolo. La sua intensità interpretativa e la presenza scenica catturano il pubblico. Nel 2001 vince il suo quarto Grammy Award.

	V	F
1. Cecilia Bartoli non ha un repertorio specialistico.	☐	☐
2. Nel 1988 va in scena in uno spettacolo in onore di Maria Callas.	☐	☐
3. Conosce solo il francese e l'inglese.	☐	☐
4. Nel 2001 vince il suo primo Grammy Award.	☐	☐

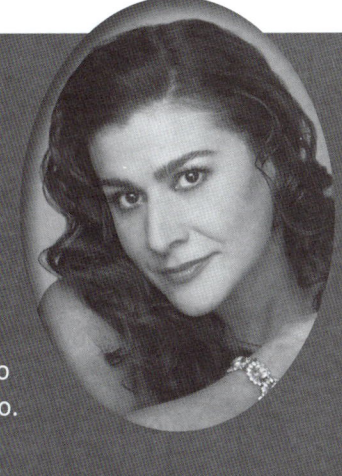

Unità 7

...Là mi dirai di sì!

1 Completate le frasi con il futuro, come nell'esempio in blu.

1. Giorgio e Giacomo forse partiranno (partire) per le vacanze in agosto.
2. .... (io-telefonare) a Jacopo e .... (noi-studiare) insieme.
3. Ragazzi, stasera .... (voi-mangiare) fuori con i vostri amici?
4. Forse il 23 luglio, giorno del mio compleanno, ... (organizzare) una bella festa.
5. Domani Alice .... (cantare) per la prima volta al Metropolitan di New York!
6. Cinzia e Chiara .... (ripetere) gli stessi brani di stasera anche domenica sera.

2 a. Leggete l'aria ad alta voce. Attenzione alla pronuncia.

1. La Traviata di G. Verdi
Atto II, scena XV

Violetta

Alfredo, Alfredo, di questo core
non puoi comprendere tutto l'amore;
Tu non conosci che fino a prezzo
del tuo disprezzo - provato io l'ho!

Ma verrà giorno in che il saprai
com'io t'amassi confesserai
Dio dai rimorsi ti salvi allora;
Io spenta ancora - pur t'amerò.

b. Quali sono i verbi al futuro contenuti nell'aria? ...E qual è l'infinito?

	futuro	infinito
1.	....	....
2.	....	....
3.	....	....
4.	....	....

c. Provate a tradurre l'aria e verificate in classe con l'aiuto dell'insegnante.

3 Completate con il futuro.

a.
I progetti di Laura

Quest'estate, quando .... (1. avere) le mie due settimane di ferie, ... (2. andare) in vacanza in Puglia. Probabilmente anche la mia amica Marina .... (3. venire) con me. .... (4. noi-abitare) insieme nel piccolo appartamento dei miei zii. Durante il giorno, noi .... (5. fare) molti bagni. A cena, come al solito,

...Là mi dirai di sì!

_____ (6. mangiare) da mia zia Clara e dopo _____ (7. potere) andare a ballare ad una delle tante feste che ci sono ogni sera. _____ (8. rimanere) a Gallipoli fino al 18 agosto!

b. ### ...e i progetti di Giorgio

Appena finita l'università, _____ (1. io-cercare) un lavoro. _____ (2. inviare) subito il mio curriculum vitae alle varie aziende. Se _____ (3. essere) fortunato, non _____ (4. dovere) aspettare molto tempo per avere un colloquio. Quando _____ (5. avere) un lavoro, _____ (6. potere) prendere finalmente un appartamento da solo. È il mio sogno da tanti anni. E dopo _____ (7. comprare) anche una macchina nuova e velocissima.

4 Riordinate il testo.

Luchino Visconti (1906-1976)

a. ☐ Il padre di Visconti fu uno dei finanziatori del Teatro alla Scala di Milano. Il regista iniziò nel 1936 come costumista e assistente alla regia. Dal 1954 curò l'allestimento di 20 opere liriche, balletti, pezzi teatrali e girò tantissimi film, tra cui *Il Gattopardo* e *Ludwig*.
Tra le opere da lui firmate:

b. ☐ nel 1955 *La Traviata* e *La Sonnambula* con Maria Callas, e nel 1973 l'allestimento di *Manon Lescaut* per il Festival dei due Mondi di Spoleto. Visconti rimarrà famoso nel mondo dello spettacolo per la sua grande cultura, oltre alla raffinatezza e la ricerca estetica che egli perseguì in ogni suo lavoro. Molti furono i riconoscimenti alla carriera.

c. ☐ Regista e sceneggiatore di film, opere teatrali e liriche, balletti. Da ragazzo, il nobile Luchino Visconti di Modrone studiò il violoncello e fu subito interessato al mondo dell'opera. Il direttore d'orchestra Arturo Toscanini frequentò spesso la casa dei genitori di Luchino.

5 Se il verbo è sbagliato, scrivete accanto la forma giusta.

Il prossimo mese mio fratello anderà _____ (1) a Londra con gli amici. Volerà _____ (2) con una compagnia aerea low cost e rimanerà _____ (3) per due settimane. Lui e i suoi amici poteranno _____ (4) dormire da James solo per due giorni e poi cerceranno _____ (5) una pensione economica vicino al Covent Garden dove faranno _____ (6) le prove del concerto. Conosceranno _____ (7) molte persone interessanti per il loro lavoro e visiteranno _____ (8) la capitale: doveranno _____ (9) parlare l'inglese che non conoscono bene. Per questo mio fratello prenderà _____ (10) delle lezioni private prima di partire. Forse potorò _____ (11) andare da lui se troverò _____ (12) un volo poco costoso.

Unità 7

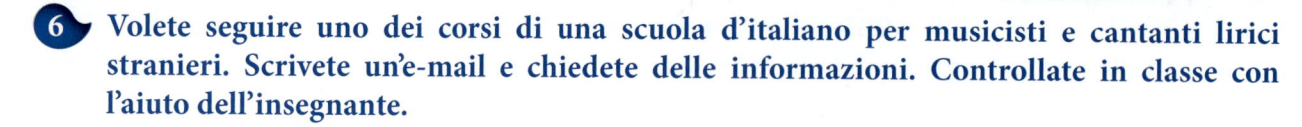

6 Volete seguire uno dei corsi di una scuola d'italiano per musicisti e cantanti lirici stranieri. Scrivete un'e-mail e chiedete delle informazioni. Controllate in classe con l'aiuto dell'insegnante.

Informazioni su un corso di:
- dizione per cantanti lirici.
- Storia dell'opera italiana e del libretto d'opera.
- preparazione agli esami di ammissione al conservatorio.
- lingua italiana livello B1.

E nella lettera chiedete: date d'inizio, durata, programma dei corsi e attività culturali, soggiorno in famiglia, costi, attestato di frequenza.

7 a. Leggete i testi ad alta voce. Attenzione alla pronuncia.

---

2. Le nozze di Figaro
di W.A. Mozart

Atto III, scena IV

Conte

Vedrò, mentr'io sospiro,
felice un servo mio?
E un ben che invan desio
ei posseder dovrà?
Vedrò per man d'amore
unita a un vile oggetto
chi in me destò un affetto
che per me poi non ha?
...

---

3. Norma
di V. Bellini

Atto I, scena IV

Norma

Sì, cadrà... punirlo io posso.
(Ma punirlo il cor non sa).
Ah! Bello a me ritorna
del fido amor primiero,
e contro il mondo intiero
difesa a te sarò.
Ah! Bello a me ritorna
del raggio tuo sereno
e vita nel tuo seno
e patria e cielo avrò.

---

4. Norma
di V. Bellini

Atto II, scena X

Norma

M'odi.
Pe'l tuo Dio, pei figli tuoi,
giurar dei che d'ora in poi
Adalgisa fuggirai,
all'altar non la torrai,
e la vita io ti perdono...
e mai più ti rivedrò.
Giura.
...

Pollione
Ah! Pria morrò!

...Là mi dirai di sì!

b. Scegliete e indicate (✓) la risposta giusta.

1. ...*mentr'io sospiro* significa
   - a. ☐ però io sospiro.
   - b. ☐ ma io sospiro.
   - c. ☐ intanto che io sospiro.

2. *E un ben che invan desio ei posseder dovrà?* significa
   - a. ☐ egli vuole avere un bene che io senza speranza desidero.
   - b. ☐ egli non ha un bene che io senza speranza desidero.
   - c. ☐ egli potrà avere un bene che io senza speranza desidero.

3. *Vedrò per man d'amore* significa
   - a. ☐ vedrò per opera dell'amore.
   - b. ☐ vedrò dentro la mano dell'amore.
   - c. ☐ vedrò in mano all'amore.

4. ...*vile oggetto* è
   - a. ☐ il servo Leporello.
   - b. ☐ il servo Figaro.
   - c. ☐ il servo Dandini.

5. ...*e contro il mondo intiero difesa a te sarò* significa
   - a. ☐ io ti difenderò da tutti.
   - b. ☐ non tutti mi difenderanno da te.
   - c. ☐ tutti mi difenderanno da te.

6. ...*giurar dei* significa
   - a. ☐ giura davanti agli dei.
   - b. ☐ giura agli dei.
   - c. ☐ devi giurare.

7. ...*all'altar non la torrai* significa
   - a. ☐ tu non la toglierai all'altare.
   - b. ☐ tu non la troverai all'altare.
   - c. ☐ tu non la porterai all'altare.

c. Provate a tradurre i testi e verificate in classe con l'aiuto dell'insegnante.

8 Completate le frasi scegliendo tra i seguenti verbi, come nell'esempio in blu.

prendere ✦ andare ✦ fare ✦ invitare ✦ comprare ✦ decidere ✦ portare ✦ dare
scegliere ✦ essere ✦ avere ✦ buttare via ✦ restituire ✦ regalare ✦ rifiutare

1. Se vincerò una borsa di studio, comprerò un computer nuovo!
2. Se avrò successo, ...
3. Se andrò a vivere in un altro Paese, ...
4. Se riceverò una proposta di lavoro che non mi piace, ...
5. Se incontrerò un vecchio amico, ...
6. Se il prossimo mese comprerò un nuovo cellulare, ...

L'italiano nell'aria 1

Unità 7

9 Collegate le frasi.

1. Dove sono i tuoi genitori?
2. Dov'è tuo fratello?
3. Dove sarete domani a quest'ora?
4. Dov'è Vincenzo stasera?
5. Che ore sono?
6. Dove sono il regista e il costumista?
7. Dove sarai per il master l'anno prossimo?

a. Saranno le sette.
b. Saranno al mare.
c. Saranno a bere qualcosa al bar.
d. Saremo in volo per Pechino.
e. Stasera sarà dalla sua ragazza.
f. Sarò a New York.
g. Sarà come sempre a giocare a basket!

10 a. Leggete.

«Ho sempre pensato che l'opera sia un pianeta dove le muse lavorano insieme, battono le mani e celebrano tutte le arti».

«Il *Don Giovanni* è uno spettacolo concepito per rappresentazioni in dimore e palazzi privati. Nelle serate in cui si offriva spettacolo si diceva: 'Venite venerdì che abbiamo una nuova opera di quel pazzerello di Mozart'. *Don Giovanni* è il maschio come padrone del mondo: bello e con un fascino che per le donne è irresistibile».

Franco Zeffirelli (1923)

Il nome di Franco Zeffirelli è famoso in tutto il mondo per i suoi lavori di regia nel cinema e a teatro. Egli inizia la carriera con Luchino Visconti, di cui è allievo e scenografo.
Tra i lavori più recenti: nel 2011 presenta la sua versione scenica della *Turandot* al Royal Opera House di Muscat, capitale del Sultanato di Oman. Nel 2013, a novant'anni, cura per il Teatro alla Scala di Milano un nuovo allestimento di *Aida*, interpretata dai soprani Hui He, Liudmyla Monastyrska e il tenore Marco Berti. Durante la sua lunga carriera ha ricevuto molte onorificenze, grazie alla sua grande capacità di riuscire a visualizzare un testo scritto e a trasformarlo in uno spettacolo.

b. Scrivete le risposte.

1. Per Zeffirelli l'opera è un pianeta dove...?
2. Il regista Zeffirelli come definisce *Don Giovanni*?
3. Chi fu il suo maestro?
4. Dove presentò la *Turandot* nel 2011?

c. Scegliete la risposta giusta.

1. *capacità* significa
   a. ☐ essere particolarmente bravo in qualcosa.
   b. ☐ avere particolare attenzione per qualcosa.

…Là mi dirai di sì!

2. **onorificenza** significa
   a. ☐ ricevere degli auguri.
   b. ☐ ricevere un titolo, una decorazione.

3. **allestimento** significa
   a. ☐ preparare le scene.
   b. ☐ scrivere un'opera.

4. **trasformare** significa
   a. ☐ cambiare.
   b. ☐ mettere in forma.

5. **pazzerello** significa
   a. ☐ un po' matto.
   b. ☐ serio e onesto.

11 a. Leggete i due testi ad alta voce. Poi sottolineate le forme al gerundio.

5. Il flauto magico di W.A. Mozart
Atto I, scena II

Tamino
Ma come vivi?

Papageno
Mangiando e bevendo, come tutti gli uomini.

Tamino
e come te lo procuri?

Papageno
Facendo degli scambi. Io catturo vari uccelli per la Regina astrifiammante e le sue dame; in cambio di ciò ricevo da lei ogni giorno cibo e bevande.

6. Le nozze di Figaro di W.A. Mozart
Atto I, scena V

Cherubino
Non so più cosa son, cosa faccio,
or di foco, ora son di ghiaccio,
ogni donna cangiar di colore,
ogni donna mi fa palpitar.
Solo ai nomi d'amor, di diletto,
mi si turba, mi si altera il petto,
e a parlare mi sforza d'amore
un desio ch'io non posso spiegar.
Parlo d'amor vegliando,
parlo d'amor sognando,
all'acque, all'ombre, ai monti,
ai fiori, all'erbe, ai fonti,
all'eco, all'aria, ai venti,
che il suon de' vani accenti,
portano via con sé.
E se non ho chi m'oda
parlo d'amor con me.

b. Provate a tradurre i testi e verificate in classe con l'aiuto dell'insegnante.

12 Trasformate le frasi usando il gerundio semplice, come nell'esempio in blu.

1. Se continuerai a spendere i soldi così, resterai senza un centesimo.
   Continuando a spendere i soldi così, resterai senza un centesimo.
2. Poiché non ho denaro non vado al concerto di Lang Lang.

L'italiano nell'aria 1

Unità 7

3. Se leggi così velocemente, non capirai l'aria *Se vuol ballare, signor Contino*...
   ....

4. Mentre canta, mia sorella pulisce il suo sassofono.
   ....

5. Se potrà scegliere, Ronaldo canterà *Questa o quella per me pari sono.*
   ....

6. Mentre legge, Gioia mi spiega le parole più difficili in italiano.
   ....

7. Poiché vive da molti anni in Messico, parla molto bene lo spagnolo.
   ....

13 Abbinate le frasi.

1. Oh, è tardi, devo andare subito all'uscita 9,
2. La cena non è ancora pronta e
3. Accidenti, siamo senza ombrello
4. Pia e Lucia, preparatevi che
5. I costumisti stanno per finire
6. I coristi stanno per provare

a. e sta per piovere.
b. state per andare di nuovo in scena.
c. il mio aereo sta per partire.
d. i vestiti del Papageno.
e. il *Va', pensiero, sull'ali dorate.*
f. gli ospiti stanno per arrivare.

14 a. Leggete.

Luca Ronconi (1933-2015)

Luca Ronconi inizia come attore e nel 1963 come scenografo e regista teatrale e televisivo. Nella sua lunga attività ha allestito moltissime opere classiche di teatro e, tra le regie liriche, *Il Nabucco* (1977), *La Traviata* (1982), *Aida* (1985), *Tosca* (1997), *Il viaggio a Reims* (1985), *Don Giovanni* (1990 e 1999), *Lohengrin* (1999), *La donna del lago* (2001). Ha ricevuto molti premi, tra questi il Leone d'Oro alla carriera nel 2012 alla Biennale di Venezia. Scompare nel 2015, lasciando come ricordo la sua ultima opera teatrale *Lehman Trilogy*.

b. *Nel* o *del*?

Ronconi allestisce molte opere: *Il Nabucco* è ....(1) 1977, *Il viaggio a Reims* ....(2) 1985 e il *Lohengrin* ....(3) 1999. Tra i molti premi, ...(4) 2012 riceve il Leone d'Oro alla carriera.

15 Completate le frasi con i dimostrativi dati, come nell'esempio in blu. Potete usarli più volte.

questo ◆ questa ◆ quell' ◆ questi ◆ queste ◆ quello ◆ quella ◆ quelli ◆ quelle

1. Quanto costa il CD di quest'opera? Questo qui costa 15 euro e .... là sullo scaffale costa 10 euro. Invece, ... tre CD sono in offerta e costano solo 18 euro.

...Là mi dirai di sì!

2. Ma chi è .... uomo lì al tavolo... e .... due donne là sulla panchina?
3. Allora quali tramezzini prendi, ... o ....?
4. Con .... caos non si può proprio lavorare.
5. In .... giorni non mi sento molto bene e .... mattina avevo un forte mal di testa.
6. .... è mia madre, ... è mio padre e .... qui sono le mie sorelle.
7. ● Quale custodia compri? Questa rossa o .... nera? ● Prendo .... qui verde!
8. ● Conosci .... ragazzi qui in foto? ● Sì, ... li conosco, ma .... là non li ho mai visti.

16 Leggete e mettete i verbi al futuro.

Sebastian Baumgarten

Tedesco di Berlino Est, nasce nel 1969, diventa prima assistente alla regia e dal 1992 è regista dei suoi lavori. Nel 2002 riceve il premio Götz-Friedrich per l'allestimento della *Tosca* al Teatro Nazionale di Kassel e nel 2006 è eletto regista dell'anno. Famose sono le sue sperimentazioni.

1. nasce ....
2. diventa ....
3. riceve ....
4. sono ....

17 Scegliete la forma corretta.

1. Giovanna ha tanta/parecchio/pochi lavoro.
2. Gino e Gherardo hanno molto/molti/parecchie interessi.
3. Tu torni spesso troppo/pochi/molta tardi.
4. La tua amica è poca/parecchio/tante antipatica!
5. Cinzia mangia parecchia/molta/poco.
6. Giacomo arriva sempre alle prove molto/poca/tanti prima dei suoi colleghi.

18 Completate con *poco, parecchio, molto, tanto, troppo.*

1. È vero che tua madre è un'attrice .... famosa in Inghilterra?
2. Oxana e Wladimir non capiscono .... bene l'italiano, anche se abitano qui da sei mesi.
3. Questo gruppo musicale è .... conosciuto all'estero.
4. Paolo e Giacomo studiano .... ed è per questo che non ottengono buoni risultati!
5. Il professor Giordano conosce .... bene questi studenti.
6. Angelo canta .... bene. Perché Regina canta .... male, anche se è intonata?

L'italiano nell'aria 1

Unità 7

19 **Completate, come nell'esempio in blu.**

1. Oggi andiamo al mare e incontriamo parecchi amici.
2. Gianfranco non parla molt.........
3. Il professore ha poc......... pazienza.
4. Gigliola, sei tropp......... curiosa.
5. Hanno parecchi......... persone che lavorano per loro.
6. Laura ha tant......... tempo per imparare a suonare bene il flauto.
7. Questo pezzo è tropp......... difficile, non posso suonarlo.

20 **Leggete il testo su uno dei più moderni teatri della nostra epoca e rispondete alle domande.**

Teatro dell'Opera di Oslo

Dal 2008 la Norvegia ha un nuovo teatro nazionale dell'opera e del balletto sul fiordo di Oslo.
L'interno ha un ampio foyer e due sale: una grande per circa 1350 posti e l'altra più piccola. Dal foyer il pubblico può ammirare un magnifico panorama sull'acqua. La facciata è di marmo bianco e una rampa parte dal basso e arriva fino al tetto. Un edificio modernissimo realizzato dallo studio di architettura Snøhetta.

1. Che cos'è il foyer?
   a. ☐ La sala del teatro dove è possibile fumare durante lo spettacolo.
   b. ☐ L'atrio di un teatro dove gli spettatori possono seguire un concerto in estate.
   c. ☐ L'atrio di un teatro dove gli spettatori parlano e bevono durante l'intervallo.

2. Che cos'è il tetto?
   a. ☐ Una stanza sotto l'edificio.
   b. ☐ Un sinonimo di soffitta.
   c. ☐ La struttura che copre un edificio.

21 **Leggete il testo ed evidenziate i verbi al futuro. Poi metteteli al plurale, come nell'esempio in blu.**

Dubai e il Teatro dell'Opera

Il progetto del nuovo teatro è pronto. L'architetto sarà la famosa Zaha Hadid, ospiterà 2500 persone, avrà la forma di una duna tutta di vetro e diventerà un importante polo culturale. Vicino al teatro sorgerà anche un museo d'arte moderna e contemporanea. Quando comincerà la costruzione? Ancora non si sa, ma sicuramente richiamerà molti artisti.

...Là mi dirai di sì!

sarà	→	saranno			
1.	→	....	4.	→	....
2.	→	....	5.	→	....
3.	→	....	6.	→	....

22 Leggete il testo e scrivete le risposte.

Elbphilharmonie ad Amburgo

L'Elbphilharmonie, progettata dagli architetti svizzeri Herzog & de Meuron, è situata nel nuovo polo abitativo dell'Hafen City, vicino alla Speicherstadt, la storica città dei depositi e magazzini di Amburgo.

La costruzione, una volta completata, sarà un altro simbolo della città e sicuramente attirerà, oltre agli appassionati di musica classica, migliaia di turisti che ne ammireranno l'architettura.

È un edificio in acciaio e vetro, accoglierà una sala da concerto con 2200 posti e una sala più piccola con 550 posti, poi un hotel, degli appartamenti molto costosi, un ristorante di lusso, un parcheggio sotterraneo... e 10.000 piastrelle bianche per un'acustica perfetta e unica al mondo, progettata dall'ingegnere giapponese Yasuhisa Toyota.

Adattato da Hamburger Abendblatt

1. Di chi è il progetto dell'Elbphilharmonie?
2. Quanti posti avrà la piccola sala da concerto?
3. Che cosa ci sarà all'interno dell'edificio?
4. Chi è il progettista dell'acustica?

Tabelle dei verbi

PRESENTE INDICATIVO (forme regolari)

	PARLARE	CREDERE	APRIRE	CAPIRE
io	parlo	credo	apro	capisco
tu	parli	credi	apri	capisci
lui/lei/Lei	parla	crede	apre	capisce
noi	parliamo	crediamo	apriamo	capiamo
voi	parlate	credete	aprite	capite
loro	parlano	credono	aprono	capiscono

PRESENTE INDICATIVO

	AVERE	ESSERE
io	ho	sono
tu	hai	sei
lui/lei/Lei	ha	è
noi	abbiamo	siamo
voi	avete	siete
loro	hanno	sono

PRESENTE INDICATIVO (verbi in -care/-gare e -ciare/-giare)

	CERCARE	SPIEGARE	COMINCIARE	MANGIARE
io	cerco	spiego	comincio	mangio
tu	cerchi	spieghi	cominci	mangi
lui/lei/Lei	cerca	spiega	comincia	mangia
noi	cerchiamo	spieghiamo	cominciamo	mangiamo
voi	cercate	spiegate	cominciate	mangiate
loro	cercano	spiegano	cominciano	mangiano

PRESENTE INDICATIVO (alcuni verbi irregolari)

	BERE	MORIRE	SALIRE	SCEGLIERE	TENERE	TOGLIERE	UDIRE	VINCERE
io	bevo	muoio	salgo	scelgo	tengo	tolgo	odo	vinco
tu	bevi	muori	sali	scegli	tieni	togli	odi	vinci
lui/lei/Lei	beve	muore	sale	sceglie	tiene	toglie	ode	vince
noi	beviamo	moriamo	saliamo	scegliamo	teniamo	togliamo	udiamo	vinciamo
voi	bevete	morite	salite	scegliete	tenete	togliete	udite	vincete
loro	bevono	muoiono	salgono	scelgono	tengono	tolgono	odono	vincono

PASSATO REMOTO (forme regolari)

	CANTARE	TEMERE	PARTIRE
io	cantai	temei/temetti	partii
tu	cantasti	temesti	partisti
lui/lei/Lei	cantò	temé/temette	partì
noi	cantammo	tememmo	partimmo
voi	cantaste	temeste	partiste
loro	cantarono	temerono/temettero	partirono

PASSATO REMOTO

	AVERE	ESSERE
io	ebbi	fui
tu	avesti	fosti
lui/lei/Lei	ebbe	fu
noi	avemmo	fummo
voi	aveste	foste
loro	ebbero	furono

PASSATO REMOTO (forme irregolari)

INFINITO	PASSATO REMOTO IRREGOLARE	INFINITO	PASSATO REMOTO IRREGOLARE
accendere	accesi, accese, accesero	offendere	offesi, offese, offesero
ammettere	ammisi, ammise, ammisero	perdere	persi, perse, persero
bere	bevvi, bevve, bevvero	piacere	piacqui, piacque, piacquero
chiudere	chiusi, chiuse, chiusero	porre	posi, pose, posero
concludere	conclusi, concluse, conclusero	prendere	presi, prese, presero
conoscere	conobbi, conobbe, conobbero	rendere	resi, rese, resero
convincere	convinsi, convinse, convinsero	ridere	risi, rise, risero
correre	corsi, corse, corsero	rimanere	rimasi, rimase, rimasero
costringere	costrinsi, costrinse, costrinsero	rispondere	risposi, rispose, risposero
crescere	crebbi, crebbe, crebbero	rivolgere	rivolsi, rivolse, rivolsero
decidere	decisi, decise, decisero	rompere	ruppi, ruppe, ruppero
deludere	delusi, deluse, delusero	sapere	seppi, seppe, seppero
difendere	difesi, difese, difesero	scendere	scesi, scese, scesero
dare	diedi, diede, diedero	sconfiggere	sconfissi, sconfisse, sconfissero
dare	detti, dette, dettero	scrivere	scrissi, scrisse, scrissero
dire	dissi, disse, dissero	spingere	spinsi, spinse, spinsero
dirigere	diressi, diresse, diressero	spegnere	spensi, spense, spensero
discutere	discussi, discusse, discussero	spendere	spesi, spese, spesero
distruggere	distrussi, distrusse, distrussero	tacere	tacqui, tacque, tacquero
dividere	divisi, divise, divisero	tenere	tenni, tenne, tennero
fare	feci, fece, fecero	togliere	tolsi, tolse, tolsero
giungere	giunsi, giunse, giunsero	uccidere	uccisi, uccise, uccisero
leggere	lessi, lesse, lessero	vedere	vidi, vide, videro
mettere	misi, mise, misero	venire	venni, venne, vennero
muovere	mossi, mosse, mossero	vincere	vinsi, vinse, vinsero
nascere	nacqui, nacque, nacquero	vivere	vissi, visse, vissero
nascondere	nascosi, nascose, nascosero	volere	volli, volle, vollero

IMPERATIVO DIRETTO (forme regolari)

	-are	-ere	-ire	
(tu)	guarda!	leggi!	dormi!	finisci!
(noi)	guardiamo!	leggiamo!	dormiamo!	finiamo!
(voi)	guardate!	leggete!	dormite!	finite!

L'italiano nell'aria 1

GERUNDIO (verbi irregolari)	
fare-facendo bere-bevendo dire-dicendo	verbi che finiscono in -urre: produrre-producendo verbi che finiscono in -orre: supporre-supponendo verbi che finiscono in -arre: trarre-traendo

FUTURO SEMPLICE (forme regolari)			
	BALLARE	METTERE	FINIRE
io	ballerò	metterò	finirò
tu	ballerai	metterai	finirai
lui/lei/Lei	ballerà	metterà	finirà
noi	balleremo	metteremo	finiremo
voi	ballerete	metterete	finirete
loro	balleranno	metteranno	finiranno

INFINITO	FUTURO SEMPLICE (forme irregolari)
bere	berrò, berrai, berrà, berremo, berrete, berranno
cadere	cadrò, cadrai, cadrà, cadremo, cadrete, cadranno
dare	darò, darai, darà, daremo, darete, daranno
dire	dirò, dirai, dirà, diremo, direte, diranno
potere	potrò, potrai, potrà, potremo, potrete, potranno
stare	starò, starai, starà, staremo, starete, staranno
tenere	terrò, terrai, terrà, terremo, terrete, terranno
vedere	vedrò, vedrai, vedrà, vedremo, vedrete, vedranno
vivere	vivrò, vivrai, vivrà, vivremo, vivrete, vivranno

Indice del CD audio

Unità 1

		Durata
1	A.1	[0′57″]
2	B.2a	[0′21″]
3	C.1	[0′44″]
4	D.1	[0′30″]
5	D.6a	[0′33″]

Unità 2

		Durata
6	A.1	[0′40″]
7	B.6a	[0′23″]
8	C.1	[0′52″]
9	C.4	[0′56″]
10	C.8a	[0′42″]
11	D.3	[0′32″]
12	D.5a	[0′47″]
13	E.1	[2′40″]
14	E.2b	[0′31″]
15	E.4a	[0′29″]

Unità 3

		Durata
16	A.1	[0′49″]
17	A.7a	[1′01″]
18	B.1a	[0′56″]
19	B.6a	[1′04″]
20	E.1	[1′06″]
21	E.9a	[1′19″]
22	G.2b	[0′35″]

Unità 4

		Durata
23	B.2a	[0′59″]
24	D.4a	[0′38″]
25	E.1	[0′28″]
26	E.5a	[0′32″]

Unità 5

		Durata
27	A.1	[1′01″]
28	B.1	[0′46″]
29	B.2	[0′33″]
30	B.7a	[1′17″]
31	D.3a	[1′28″]

Unità 6

		Durata
32	A.1	[0′44″]
33	A.5	[0′44″]
34	A.11a	[0′47″]
35	B.1a	[1′04″]
36	B.3a	[1′40″]
37	C.2a	[1′07″]
38	D.1	[0′53″]
39	D.4a	[0′30″]

Unità 7

		Durata
40	A.1	[1′57″]
41	A.9a	[0′48″]
42	B.1a	[0′49″]
43	B.2a	[1′00″]
44	C.2a	[0′56″]
45	C.4a	[0′49″]

La sigla è tratta dall'opera di Pietro Mascagni: *Cavalleria rusticana* - Intermezzo sinfonico.

L'italiano nell'aria 1

Fonti

Copertina: © www.giornalemetropolitano.it, © www.iseolake.info, © http://rockchicago.net, © www.betting.boylesports.com, © www.dietrolequinteonline.it, © www.wordpress.com; **Pag. 17:** archivio Edilingua; **Pag. 18:** © shutterstock_59022745 (*in alto*), © www.operaclick.com (*in centro*); **Pag. 19:** © panoramio.com_4689784; **Pag. 20:** © www.maurizioscarfeo.it (*a sinistra*), www.wordpress.com (*a destra*); **Pag. 21:** © shutterstock_3945439; **Pag. 23:** *in alto*: © wordpress.com (*armadietto*), shutterstock_91831892 (*archetto*), shutterstock_106570025 (*violino*), wikimedia.org (*partitura*), http://a2.mzstatic.com (*zingarelli*), www.trendygadget.com (*ipod*), shutterstock_92761912 (*diapason*), shutterstock_87178834 (*portafoglio*), www.hoax-slayer.com (*bottiglia di acqua*), http://hitechvoice.altervista.org (*cellulare*), shutterstock_62625028 (*matite*), *in basso*: © shutterstock_128984567 (*computer*), shutterstock_92100086 (*chiavetta*), www.bodychek.co.uk (*trucchi*), shutterstock_78438337 (*auricolari*), shutterstock_42980782 (*borsa*), www.gretnagreen.com (*sciarpa*), shutterstock_107683019 (*quaderni*), shutterstock_57786391 (*casco*), shutterstock_81204664 (*accendino*), shutterstock_98449766 (*metronomo*), shutterstock_54210829 (*occhiali*), shutterstock_72135319 (*chiavi*); **Pag. 24:** © www.belcantoglobalarts.com (*in alto a sinistra*), © www.wordpress.com (*in centro*); **Pag. 25:** © shutterstock_165384209 (*1*), © shutterstock_108905831 (*2*), © shutterstock_171040607 (*3*), © shutterstock_170968586 (*4*), © shutterstock_132723617 (*5*), © shutterstock_159999185 (*6*); **Pag. 26:** © www.dietrolequinteonline.it; **Pag. 27:** © http://3.bp.blogspot.com; **Pag. 28:** © www.blaguss.at; **Pag. 29:** © www.ondacalabra.it (*in alto*), © shutterstock_80505670 (*in centro*); **Pag. 30:** © www.wikimedia.org; **Pag. 31:** © www.static.turistipercaso.it (*in alto*), © shutterstock_26007817 (in basso); **Pag. 32:** *in alto*: © shutterstock_79178689, *in basso*: © shutterstock_97449017 (*a*), © shutterstock_45318802 (*b*), © shutterstock_26193865 (*c*), © archivio Edilingua (*d*), © shutterstock_101382472 (*e*); **Pag. 33:** © shutterstock_160309241 (*cartolina*), © shutterstock_4676681454; **Pag. 34:** © www.emporio musicale.it; **Pag. 35:** © panoramio_17619440 (*in alto*), © http://blogs.kennedy-center.org (*in basso a sinistra*), © http://i.ytimg.com (*in basso a destra*); **Pag. 36:** © shutterstock.com; **Pag. 37:** © www.farm9.staticflickr.com (in alto), © www.cdn.tempi.it (*in basso*); **Pag. 38:** © www.ecx.images-amazon.com (*a sinistra*), © www.paulaustinkelly.com (*a destra*); **Pag. 39:** © www.viaggiaresempre.it (*in alto a sinistra*), © www.farm6.staticflickr.com (*in alto a destra*), © http3.bp.blogspot.com (*in basso a sinistra*), © panoramio.com_12632929 (*in basso a destra*); **Pag. 40:** © www.wikimedia.org (*in alto*), © www.acfans.it (*in basso*); **Pag. 41:** © www.chiavidellacitta.it; **Pag. 42:** © shutterstock_123698749 (*in alto*), © shutterstock_123623077 (*in centro*), © shutterstock_8391460090 (in basso); **Pag. 43:** © shutterstock.com; **Pag. 44:** © http://cultura.biografieonline.it; **Pag. 45:** © www.flickr.com (*in alto*), © www.miragu.com (*in basso*); **Pag. 46:** © http://1.bp.blogspot.com (*a sinistra*), © http://1.bp.blogspot.com (*a destra*); **Pag. 47:** © shutterstock_139322405 (*campane tubolari*), © shutterstock_141706576 (*xilofono*), © http://westmusic.cachefly.net (*triangolo*), © shutterstock_17590618 (*castagnette*), © shutterstock_138117347 (*piatti*), © shutterstock_37360780 (*tamburo*), © shutterstock_151496945 (*gong*), © shutterstock_67079476 (*grancassa*), © shutterstock_137455568 (*timpani*), © shutterstock_36320491 (*trombe*), © shutterstock_143614945 (*cornetta*), © shutterstock_74165452 (*tromboni*), © shutterstock_89918629 (*tuba*), © shutterstock_73658080 (*corni*), © shutterstock_142636498 (*clarinetto basso*), © shutterstock_73658071 (*clarinetto*), © www.semplicementemusica.it (*controfagotto*), © shutterstock_37854250 (*fagotto*), © shutterstock_105204899 (*flauto*), © shutterstock_130360673 (*oboe*), © shutterstock_5631316 (*ottavino*), © http://4.bp.blogspot.com (*corno inglese*), © shutterstock_32523706 (*pianoforte*), © shutterstock_38901583 (*arpa*), © shutterstock_80336863 (*violini*), © shutterstock_52743946 (*viole*), © shutterstock_112893256 (*contrabbassi*), © http://www.emporiomusicale.it (*leggio*); **Pag. 48:** © shutterstock_71571670 (*in alto*), © http://www.musicoff.com/ (*in basso*); **Pag. 49:** © www.saraterzano.it; **Pag. 51:** © www.farm6.staticflickr.com (*1*), © http://mag.lesgrandsducs.com (*2*), © www.farm5.staticflickr.com (*3*), © www.farm6.staticflickr.com (*4*), © www.photos.worldisround.com e © http://bloximages.chicago2.vip.townnews.com (*5*) **Pag. 52:** © www.concertodautunno.it (*in basso a sinistra*), © www.gbopera (*in basso a destra*); **Pag. 53:** © www.stageandcinema.com; **Pag. 54:** © shutterstock_143501641 (*1*), © shutterstock_35399695 (*2*), © shutterstock_55648018 (*3*), © shutterstock_129497429 (*4*), © shutterstock_133554860 (*5*), © shutterstock_111011930 (*6*), © shutterstock_686298177 (*7*), © shutterstock_121748125 (*8*); **Pag. 55:** © www.flickr.com; **Pag. 57:** © http://i.ytimg.com; **Pag. 58:** © www.ginevrapetrucci.com; **Pag. 59:** © www.festivalborghievalli.it; **Pag. 60:** © http://1.bp.blogspot.com; **Pag. 61:** © http://1.bp.blogspot.com; **Pag. 62:** © www.mcpherrin.com; **Pag. 63:** © www.cantoriapisani.it; **Pag. 64:** © www.wikimedia.org (*in alto*), © panoramio.com_38818727 (*in centro*); **Pag. 65:** © www.parodos.it; **Pag. 66:** © shutterstock_73361920; **Pag. 68:** © www.wordpress.com (*in alto*), www.remark-re.it (*in basso*); **Pag. 69:** © www.wikimedia.org (*in alto*), © http://weaponsman.com (*in centro*), © www.capolavoroitaliano.com (*in basso*); **Pag. 70:** © http://i.ytimg.com (*in alto*), © www.wikimedia.org (*in centro*); **Pag. 71:** © shutterstock_25379326; **Pag. 73:** © www.amazon.it (*portafoglio*), © www.modaonlive.files.wordpress.com (*abito da sera*), © www.inmondadori.it (*tablet*), © www.tevitalianstyle.com, (*borsa*), © www.atelierglam.com (*cornice*), © www.operaclick.com (*in basso a sinistra*), © www.mariotiberini.blogspot.com (*in basso a destra*); **Pag. 74:** © shutterstock_166516601; **Pag. 76:** © http://3.bp.blogspot.com; **Pag. 77:** © http://wosu.org.; **Pag. 78:** © www.operaclick.com (*a sinistra*), © http://4.bp.blogspot.com (*a destra*); **Pag. 79:** © https://centralcityopera.org (*in alto a destra*), © http://elizabethcaballero.com (*in centro a sinistra*), © www.atlanticcoastoperafestival.org (*in basso a destra*); **Pag. 81:** © www.visual-italy.it (*in alto*), www.pinterest.com/ (*in basso*); **Pag. 82:** © http://imgkid.com; **Pag. 83:** © www.farm6.staticflickr.com (*in alto*), © http://i1.trekearth.com (*in centro*), © http://2.bp.blogspot.com (*in basso*); **Pag. 85:** © http://storage.magazzini-sonori.it; **Pag. 86:** © www.66.227.70.231press (*in basso a sinistra*), © www.66.227.70.231press (*in basso a destra*); **Pag. 88:** © www.scattidigusto.it (*bar*), © www.blog.giallozafferano.it (*tramezzini*), © shutterstock.com (*bicchieri*), © www.blog.giallozafferano.it (*torta*), © shutterstock_125789249 (*spremuta d'arancia*); **Pag. 90:** © www.thirteen.org (*in alto a destra*), © www.wordpress.com (*in centro a sinistra*), © www.arena.it (*in centro a destra*); © www.streatit (*panini*), © www.ristoramagazine.ch (*birra*), © http://cdn.blogosfere.it (*panna cotta*); **Pag. 92:** © www.operanews.com (*in centro a sinistra*), © www.loschermo.it (*in centro a destra*), © shutterstock_98633927 (*in basso a destra*); **Pag. 94:** © www.artribune.com (*in alto a sinistra*), © www.sharmillfilms.com. (*in alto a destra*); © www.gganz.home.com (*casa*), © www.venditacasette.it (*casina*), © panoramio_19120856 (*casetta*), © www.wordpress.com (*casaccia*), © www.static.turistipercaso.it (*casona*); **Pag. 95:** © www.newoutpost.com; **Pag. 96:** © www.comune.norcia.pg.it (*in alto*), © www.thehedonistnonconformist.com (*in basso*); **Pag. 97:** © www.renata-tebaldi.com (*in centro*), www.ilmiopensiero.forum (*in basso*); **Pag. 98:** © shutterstock.com; **Pag. 99:** © http://footage.framepool.com; **Pag. 100:** © www.immaginidivertenti.org; **Pag. 101:** © http://static.groupon.it; **Pag. 102:** © http://images.publicradio.org (*a sinistra*), © www.operanews.com (*a destra*); **Pag. 103:** © www.simonkeenlyside.info; **Pag. 104:** © shutterstock_172319147 (*in alto*), © shutterstock_169864958 (*in basso*); **Pag. 105:** © http://1.bp.blogspot.com (*in centro*), © www.comitatopendolarialtofriuli.blogspot.com (*1*), © shutterstock_161392970 (*2*), www.dered.org (*3*), shutterstock_186864488 (*4*); **Pag. 106:** © www. wordpress.com; **Pag. 107:** © http://cultura.biografieonline.it; **Pag. 108:** © http://2.bp.blogspot.com; **Pag. 110:** © www.ctn75.com; **Pag. 115:** © http://geraldinechauvet.com; **Pag. 116:** © http://comefare.com; **Pag. 117:** © www.lasplash.com (*a sinistra*), © http://i.ytimg.com (*a destra*); **Pag. 118:** © www.comoficho.com; **Pag. 119:** © www.wikimedia.org (*tito gobbi*), © www.iceposter.com (*maria callas*), © www.soomal.com (*arturo toscanini*), © http://archivio.gonews.it (*raina kawaibanska*), © www.mtbmagazine.it (*placido domingo*), © http://rockchicago.net (*riccardo muti*), © www.associazionecarlofelice.org (*renato bruson*), © www.dreamhost.com (*luciano pavarotti*); **Pag. 121:** © www.wikimedia.org (*in alto*), © www.wikimedia.org (*in basso*); **Pag. 122:** © www.sonzogno.it; **Pag. 123:** © www.iltempo.it; **Pag. 124:** © www.teatrolafenice.it; **Pag. 125:** © www.settemuse.it (*in alto*), © http://1.citynews-chietitoday.stgy.it (*in basso a sinistra*), © www.manzoniandrea.com (*in basso a destra*); **Pag. 126:** © http://1.bp.blogspot.com (*in alto a sinistra*), © www.vivaverve.com (*a destra*); **Pag. 127:** © http://david-zimmer.com; **Pag. 128:** © shutterstock_101382472; **Pag. 129:** © www.centromichelangeli.com (*michelangeli*), © www.orchestramozart.com (*argerich*), © www.moments-in-jazz.de (*hancock*); **Pag. 130:** © http://oubliettemagazine.com; **Pag. 131:** © http://4.bp.blogspot.com (*a sinistra*), © www.wordpress.com (*a destra*); **Pag. 132:** © www.news.xinhuanet.com; **Pag. 134:** © www.wwp.greenwichmeantime.com; **Pag. 135:** © http://bandacastelleonedisuasa.conocla.it (*in alto a destra*), © www.wordpress.com (*a sinistra*); **Pag. 136:** © www.lucianopignataro.it (*in alto*); © www.fotografieitalia.it (*in basso*); **Pag. 137:** © www.fotografieitalia.it (*in alto*), © shutterstock_74014495 (*1*), © shutterstock_74165452 (*2*), © http://www.upload.wikimedia.org (*3*), © shutterstock_130360673 (*4*), © shutterstock_37854250 (*5*), © shutterstock_105204899 (*6*), © shutterstock_73658071 (*7*), © shutterstock_5631316 (*8*), © shutterstock_36320491 (*9*), © shutterstock_114936238 (*10*), © www.tedes.it_controfagotto (*11*), © shutterstock_89918629 (*12*), © shutterstock_73658080 (*13*); **Pag. 139:** © www.google.mappe; **Pag. 141:** © shutterstock_20224966 (*in alto*), © www.archive_feedblitz_com (*in centro*), © shutterstock_93228145 (*in basso*); **Pag. 143:** © www.maggiofiorentino.blogspot (*uberto*), © www.fotomd.altervista.org (*don pasquale*), © www.seattleopera50.com (*rosina*), © www.icfranchi.brescia.it (*ramiro*), © www.icfranchi.brescia.it (*don magnifico*); **Pag. 145:** © www.wordpress.com (*in alto a destra*), © www.visitfred.com (*in basso a sinistra*); **Pag. 146:** © www.fotoeweb.it; **Pag. 148:** © www.wordpress.com (*in alto*), © www.fwweekly.com.jpg.com (*in basso a sinistra*), © www.ilcorrieremusicale.it (*in basso a destra*); **Pag. 149:** © www.wikimedia.org (*bizet*), © www.daisyfield.com (*gounod*); **Pag. 150:** © www.wikimedia.org; **Pag. 152:** © www.teatrionline.com (*in alto*), © http://media.npr.org (*in basso*); **Pag. 153:** © www.teatrolafenice.it (*in alto*), © www.beldivedremo.blogspot.gr (*in basso*) ; **Pag. 154:** © shutterstock_102134101; **Pag. 156:** © http://magazine.quotidiano.net (*in alto a sinistra*), © www.blog.sardatur-holidays.co.uk (*in alto a destra*), © www.pucciniemotions.it (*in centro*), © http://3.bp.blogspot.com (*in basso*); **Pag. 157:** © www.link2universe.net (*1*), © www.it.wikipedia.org (*2*), © www.tesoromio.blog.tiscali.it (*3*), © www.boorp.com (*4*), © © shutterstock_37854250 (*a*), © shutterstock_137455568 (*b*), © www.quartettocesar.it (*c*); **Pag. 158:** © www.lamiaumbria.it; **Pag. 159:** © www.gutenberg.org; **Pag. 160:** © www.conservatorio.tn.it (*in alto*), © www.wordpress.com (*in basso*); **Pag. 161:** © www.ivyartists.com; **Pag. 162:** © http://imgartists.com; **Pag. 163:** © http://torino.repubblica.it (*in alto*), © http://newsinfo.iu.edu/ (*in basso*); **Pag. 164:** © http://lifestyle.inquirer.net; **Pag. 165:** © www.omm.de; **Pag. 166:** © www.scup.org (*in alto a destra*), © http://content.answcdn.com (*in alto a sinistra*); **Pag. 167:** © http://cdn2.classical-music.com; **Pag. 169:** © panoramio.com_1049666 (*in alto*), © http://accademia.fondazionestauffer.eu/ (*in basso*); **Pag. 170:** © www.scena.org (*a sinistra*), © www.iefimerida.gr (*in basso*); **Pag. 171:** © www.forum.crocieristi.it; **Pag. 172:** © www.operaclick.com (*in alto a destra*), © http://2.bp.blogspot.com (*in centro a sinistra*), © www.bravocura.com (*in centro a destra*); **Pag. 174:** © www.bwoodchoir.org; **Pag. 175:** © http://media-s3.blogosfere.it (*in alto*), © http://4everstatic.com (*in basso*); **Pag. 176:** © www.wordpress.com (*a sinistra*), © www.ilcorrieremusicale.it (*a destra*) ; **Pag. 177:** © www.nuok.it (*in alto*), © www.i.ytimg.com (*in basso*); **Pag. 178:** © www.lagazzettadilucca.it (*in alto a destra*), © www.wordpress.com (*in alto a sinistra*), © www.thirteen.org (*in centro*); **Pag. 180:** © http://eventsbirthdays.altervista.org; **Pag. 181:** © www.interlude.hk, **Pag. 182:** © www.blog.educastur.es; **Pag. 183:** © http://2.bp.blogspot.com; **Pag. 186:** © http://images.style.it; **Pag. 187:** © www.laprovinciadelsulcisiglesiente.com (*a sinistra*), © www.santafeopera.org (*a destra*); **Pag. 188:** © http://images2.corriereobjects.it; **Pag. 189:** © www.cicero.de; **Pag. 190:** © www.planet-accordion.com (*in centro*), © http://hauteliving.com (*in basso*); **Pag. 191:** © http://ideasgn.com

Donatella Brioschi
Mariella Martini-Merschmann

L'italiano nell'aria 1

Corso d'italiano per cantanti lirici e amanti dell'opera

Dispensa di pronuncia

EDILINGUA

Indice

	SEZIONI	PAGINA	TRACCE	
1.	Regole dell'accento tonico in italiano	3	1-3	
2.	Pronuncia italiana - Osservazioni	4	4	
3.	/k/-/tʃ/ e /g/-/dʒ/	5-7	5-12	(unità 1)
4.	/l/-/ʎ/ e /gl/	7-8	13-16	(unità 1)
5.	/kw/ e /gw/	8	17-18	(unità 1)
6.	/n/ e /ɲ/	8-9	19-23	(unità 1)
7.	Come si pronuncia /r/?	9-11	24-33	(unità 2)
8.	S - quando si pronuncia /s/ e quando /z/?	11-12	34-36	(unità 2)
9.	/p/ e /b/	13	37-38	(unità 2)
10.	/sk/ e /ʃ/	13-14	39-41	(unità 2)
11.	/t/	14	42-43	(unità 2)
12.	Z - quando si pronuncia /ts/ e quando /dz/?	14-15	44-46	(unità 2)
13.	/v/	16	47	(unità 2)
14.	Pronuncia della doppia consonante	16-17	48-53	(unità 3)
15.	Suoni sordi e sonori a confronto	18	54-55	(unità 3)
16.	Raddoppiamento sintattico	18	56	(unità 3)
17.	/i/-/a/-/u/	19	57-59	(unità 3)
18.	E - quando si pronuncia /e/ e quando /ɛ/?	20-25	60-68	(unità 3)
19.	O - quando si pronuncia /o/ e quando /ɔ/?	26-29	69-77	(unità 3)
20.	Dittongo, trittongo e iato	30-31	78-83	
21.	Intonazione	31	84	

Durata totale del CD audio 61´09˝

Edizioni Edilingua

Dispensa di pronuncia

1. Regole dell'accento tonico in italiano

Nella lingua italiana l'accento non è soggetto a regole precise. Le parole si classificano in base alla posizione dell'accento tonico (dove la voce "si appoggia").

Dove cade l'accento

1 a. Ascoltate le parole. Attenzione alle parti in blu!

1. **Parole tronche** - Hanno l'accento sull'ultima sillaba **sempre** segnalato graficamente.
   felicità, università, Mimì, canterò, andò, virtù, ecc.
2. **Parole piane** - L'accento cade sulla penultima sillaba e **sono le più numerose**.
   piacere, nozze, Tosca, dolore, marito, amore, ecc.
3. **Parole sdrucciole** - L'accento cade sulla terzultima sillaba.
   Figaro, abito, mobile, odono, povero, cantano, ecc.
4. **Parole bisdrucciole** - L'accento cade sulla quartultima sillaba e **sono rare in italiano**.
   dimenticano, scrivimelo, telefonami, abitano, ecc.

b. Adesso ascoltate di nuovo e ripetete dopo ogni gruppo di parole.

Come si pronunciano queste parole?

2 a. Leggete ad alta voce le parole qui sotto. L'accento cade sulla sillaba in blu.

compagnia, conservatorio, sospiri, principe, città, diamoglieli, cavalieri, libertà, Sofia, dimmelo, Cupido, auguri, cantamela, desiderio, ideale, regia, zingara, capì, andavamo.

b. Adesso verificate la pronuncia corretta e ripetete dopo ogni parola.

Gli omografi

Sono parole scritte nello stesso modo ma, se pronunciate in modo diverso, assumono un altro significato.

3 a. Ascoltate con attenzione ogni coppia di parole.

ancora /'ankora/	ancora /an'kora/	pagano /'pagano/	pagano /pa'gano/
balia /'balja/	balia /ba'lia/	principi /'printʃipi/	principi /prin'tʃipi/
leggere /'ledʒdʒere/	leggere /ledʒdʒ'ɛre/	tenere /'tɛnere/	tenere /te'nere/

b. Adesso ascoltate di nuovo e ripetete dopo ogni coppia di parole.

L'italiano nell'aria 1

Dispensa di pronuncia

2. Pronuncia italiana - Osservazioni

1 Ascoltate i gruppi di parole e poi ripetete.

Esempi di lettura	Fonema	Forma ortografica	
*ca*nto, *co*sa, *cru*dele	/k/		+ **a/o/u** o **consonante**
*Ceci*lia, Pu*cci*ni, ba*cio*	/tʃ/	C	+ **e/i**
*Chi*ara, ami*che*, *Che*rubini	/k/		+ **h** + **e/i**
dia*lo*go, *gu*sto, *gra*zie	/g/		+ **a/o/u** o **consonante**
*Gia*como, *gen*te, *Ge*sualdo	/dʒ/	G	+ **e/i**
dia*loghi*, stre*ghe*, *Ghi*slanzoni	/g/		+ **h** + **e/i**
Sivi*glia*, mo*glie*, fi*glio*	/ʎ/	GL	+ **i** (+ altre **vocali**) è pronunciato come consonante doppia
qui, *Qua*gliati, *qual*che	/kw/	QU	+ altre vocali: la **u** è pronunciata breve
*Gui*do, *gua*rdia, *gue*rra	/gw/	GU	+ altre vocali: la **u** è pronunciata breve
si*gno*ri, *gno*mo, Masca*gni*	/ɲ/	GN	è pronunciato come consonante doppia
*h*o, *h*anno, a*h*!		H	non è pronunciata
p*r*onto, *R*ossini, ma*r*e	/r/	R	vibrante
*Si*cilia, *sal*ve, *Sal*ieri	/s/	S	sorda
Ro*si*na, *sma*nia, *sde*gno	/z/		sonora
prefe*ris*co, *scu*si, *Scar*latti	/sk/		+ **a/o/u**
amba*scia*tori, *sce*na, fa*scia*	/ʃ/	SC	+ **e/i**
Brio*schi*, *schia*vo, *scher*zo	/sk/		+ **h** + **e/i**
o*tt*anta, *t*empo, ven*t*uno	/t/	T	
preno*ta*zione, car*roz*za, *dan*za	/ts/	Z	sorda
*Zer*lina, *zaf*firo, *zo*na	/dz/		sonora
*v*uoi, *v*oce, *V*erdi	/v/	V	
qu*e*sto, *e*, Giuli*e*tta	/e/	E	chiusa
b*e*lla, b*e*ne, sp*e*me	/ɛ/		aperta
s*o*gno, am*o*re, b*o*cca	/o/	O	chiusa
sal*o*tto, n*o*, *o*pera	/ɔ/		aperta

Dispensa di pronuncia

3. /k/-/tʃ/ e /g/-/dʒ/

Unità 1

/k/-/tʃ/

1 a. Ascoltate le parole. Attenzione alla pronuncia delle parti in blu!

perché, dolce, foco, pochi, celeste, cura, placido, Leoncavallo

b. Adesso ascoltate di nuovo e ripetete dopo ogni parola.

c. Completate con alcune parole dell'esercizio 1a.

ca co cu	= /k/	che chi	= /k/	ce ci	= /tʃ/
Leoncavallo					

2 a. Ascoltate e scrivete le lettere mancanti.

1. ac……nto
2. parte……pare
3. ami……
4. ……rto
5. capri……
6. ……esa
7. ……aro
8. anti……
9. ……ttà

b. Adesso ascoltate di nuovo e ripetete dopo ogni parola.

3 a. Leggete le frasi ad alta voce.

1. Chiara e le sue amiche chiacchierano nel cortile della casa accanto.
2. Le fanciulle con gli archi e i violoncelli fanno un concerto con gli amici del collegio.
3. Cornelia, l'amica di Chiara, va al conservatorio "Luigi Cherubini" e studia chitarra classica.
4. Che cos'è? Un recitativo accompagnato, una cabaletta, una cavatina o una canzone?

b. Adesso ascoltate e ripetete dopo ogni frase.

/g/-/dʒ/

4 a. Ascoltate le parole. Attenzione alla pronuncia delle parti in blu!

piange, pregare, righe, gentile, gusto, raggio, godete, vaghi

b. Adesso ascoltate di nuovo e ripetete dopo ogni parola.

L'italiano nell'aria 1

Dispensa di pronuncia

c. Completate con alcune parole dell'attività *4a*.

ga go = /g/ gu	ghe ghi = /g/	ge gi = /dʒ/
pregare	....	....
....	....	....

5 a. Ascoltate e scrivete le lettere mancanti.

1. ada........o
2. ....tica
3. ....vane
4. ....rlanda
5. ....coso
6. ....nova
7. pre........
8. lun........
9. lun........

b. Adesso ascoltate di nuovo e ripetete dopo ogni parola.

6 a. Leggete le frasi ad alta voce.

1. Margherita Ghiandi studia ingegneria e sua cugina lavora in un'agenzia a Gorizia.
2. Gaia, fa' il solfeggio tutti i giorni, ma non gorgheggiare troppo!
3. Luigi gioca sempre a golf con il suo amico Giacomo; sono due giovani gagliardi e gaudenti.
4. Le giovani si godono un giro sul laghetto e mangiano un gelato al gusto di gianduia.

b. Adesso ascoltate e ripetete dopo ogni frase.

/tʃ/ o /dʒ/?

7 Ascoltate e indicate (✓) i suoni che sentite.

	/tʃ/	/dʒ/		/tʃ/	/dʒ/		/tʃ/	/dʒ/
1.	✓	☐	4.	☐	☐	7.	☐	☐
2.	☐	✓	5.	☐	☐	8.	☐	☐
3.	☐	☐	6.	☐	☐	9.	☐	☐

8 a. Ascoltate la pronuncia delle seguenti parole.

farmacia, adagio, cielo, bacio, bugia, giusto, fonologia, giostra, gioia, Lucia

b. In quali parole si sente distintamente la pronuncia della *i*?

....

Dispensa di pronuncia

c. Su quale sillaba cade l'accento?

....

d. Si sente la pronuncia della *i* nelle altre parole? ....

e. Adesso ascoltate di nuovo e ripetete dopo ogni parola.

4. /l/-/ʎ/ e /gl/

> gli = /ʎ/
> gli + vocale

Unità 1

1 a. Ascoltate la frase. Attenzione alla pronuncia delle parti in blu!

Loro dicono che hanno sbagliato, mentre gli amici di Siviglia li ritengono imbroglioni.

b. Adesso ascoltate di nuovo e ripetete la frase.

2 Ascoltate e indicate (✓) i suoni che sentite.

	1	2	3	4	5	6	7	8
/l/	☐	☐	☐	☐	☐	☐	☐	☐
/ʎ/	☐	☐	☐	☐	☐	☐	☐	☐

Ricordate che /ʎ/ si pronuncia come una consonante doppia!

/gl/

3 a. Ascoltate le seguenti parole e dopo ripetete. Attenzione alla pronuncia delle parti in blu!

glottologia, glucosio, inglese, glicine, glossario, sigla, geroglifico, gladiatore

b. Ricordate!

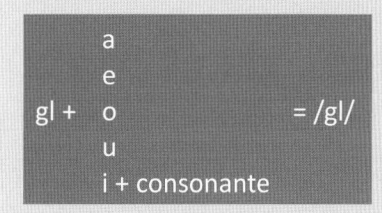

> gl + a / e / o / u / i + consonante = /gl/

Dispensa di pronuncia

4 a. Leggete le frasi ad alta voce.

1. Mary è inglese. È la moglie di Leo Migliorini che tartaglia un pochino.
2. Lia Quagliati è orgogliosa che suo figlio Tullio, con i capelli rosso vermiglio, le somigli.

b. Adesso ascoltate e ripetete dopo ogni frase.

5. /kw/ e /gw/

1 a. Ascoltate le parole. Attenzione alla pronuncia delle parti in blu!

quando, languire, guerra, acque, tregua, dunque, uguale, questo

b. Adesso ascoltate di nuovo e ripetete dopo ogni parola.

2 a. Ascoltate e scrivete le lettere mancanti.

1. s........rdo
2. cin........
3. ....rdie
4. ....ttro
5. ese........
6. ....lche
7. ....rriero
8. ....ete
9. ....si

b. Adesso ascoltate di nuovo e ripetete dopo ogni parola.

6. /n/ e /ɲ/

1 a. Ascoltate le parole contenenti /ɲ/. Attenzione alla pronuncia delle parti in blu!

> Ricordate che /ɲ/ si pronuncia come una consonante doppia!

cigno, ignoto, ogni, vergogna, legno, regno, sogno, compagno

b. Adesso ascoltate di nuovo e ripetete dopo ogni parola.

La differenza fra /n/ e /ɲ/

2 a. Ascoltate le coppie di parole.

senno - segno   nomi - gnomi   pinna - pigna   pinolo - pignolo
onora - ognora   sono - sogno   gonna - gogna   stanno - stagno

b. Adesso ascoltate di nuovo e ripetete dopo ogni coppia di parole.

Dispensa di pronuncia

3 a. Leggete le frasi ad alta voce.

1. Il mugnaio Giovanni sogna panini, gnocchi di castagne, lasagne, tonno e bignè.
2. Chi è quell'ignoto che si lagna? ...è il compagno di Agnese? Ma è proprio una vergogna!

b. Adesso ascoltate e ripetete dopo ogni frase.

4 a. Ascoltate e scrivete le lettere mancanti.

1. so.........
2. bego.........ia
3. de.........o
4. mi.........olo
5. no.........i
6. na.........o
7. ra.........o
8. pu.........o
9. o.........i

b. Adesso ascoltate di nuovo e ripetete dopo ogni parola.

/ɲ/ o /ʎ/?

5 Ascoltate e indicate (✓) i suoni che sentite.

	1	2	3	4	5	6	7	8
/ɲ/	☐	☐	☐	☐	☐	☐	☐	☐
/ʎ/	☐	☐	☐	☐	☐	☐	☐	☐

7. Come si pronuncia /r/?

Unità 2

1 a. Ascoltate.

pronto - Qui nella pronuncia della /r/ la lingua vibra rapidamente più volte.
sera - Qui nella pronuncia della /r/ la lingua vibra una sola volta.

b. Adesso provate a ripetete più volte le parole *pronto* e *sera*.

Se avete problemi con la /r/, provate a pronunciare molte volte ['brr:] oppure ['drr:].

c. Ascoltate e sottolineate le parole con la /r/ che vibra rapidamente.

amor, Orfeo, terra, tradisci, elisir, Suor Angelica, prima, resta, Figaro, morte

d. Adesso ascoltate di nuovo e ripetete dopo ogni parola.

L'italiano nell'aria 1

Dispensa di pronuncia

e. Completate la regola e indicate (✓) le affermazioni corrette.

/r/: la lingua vibra rapidamente...	
a. ☐ quando è iniziale di parola e seguita da vocale.	*resta*
b. ☐ quando è seguita da consonante.	*Orfeo*
c. ☐ quando la consonante è prima della /r/.	*tradisci*
d. ☐ quando è fra due vocali (a, e, i, o, u).	*Figaro*
e. ☐ quando è doppia.	*terra*
f. ☐ quando è finale di parola.	*elisir*
g. ☐ quando è finale di parola e seguita da vocale.	*Suor Angelica*

/r/ iniziale di parola e seguita da vocale

2 a. Ascoltate le parole.

Rosina, rosso, rapsodia, ricamo, regina, rea

b. Adesso ascoltate di nuovo e ripetete dopo ogni parola.

/r/ preceduta o seguita da consonante

3 a. Ascoltate le parole.

fortuna, treno, grigio, labbra, perché, offerta

b. Adesso ascoltate di nuovo e ripetete dopo ogni parola.

/r/ doppia

4 a. Ascoltate le parole.

orribile, errore, ferro, mirra, vorrà, torre

b. Adesso ascoltate di nuovo e ripetete dopo ogni parola.

/r/ fra due vocali

5 a. Ascoltate le parole.

dolore, cuore, ora, pura, caro, spera

b. Adesso ascoltate di nuovo e ripetete dopo ogni parola.

Dispensa di pronuncia

/r/ finale di parola

6 a. Ascoltate le parole.

gioir, morir, amor, sospir, pur, languir

b. Adesso ascoltate di nuovo e ripetete dopo ogni parola.

7 a. Ascoltate e scrivete le lettere mancanti.

1. e........a
2. e........a
3. ....osso
4. ca........o
5. ca........o
6. g........igio
7. ca........ne
8. co........e
9. co........

b. Adesso ascoltate di nuovo e ripetete dopo ogni parola.

/r/ o /l/?

8 Ascoltate e indicate (✓) i suoni che sentite.

	1	2	3	4	5	6	7	8
/l/	☐	☐	☐	☐	☐	☐	☐	☐
/r/	☐	☐	☐	☐	☐	☐	☐	☐

9 a. Leggete le frasi ad alta voce.

1. Martino portò la ragazza in riva al mare a vedere le barche e i traghetti, e le regalò tre rose.
2. Riccardo Cuor di Leone, primo re d'Inghilterra, partì per la terza crociata ma morì in Francia.

b. Ascoltate e ripetete dopo ogni frase.

8. S - quando si pronuncia /s/ e quando /z/?   *Unità 2*

1 a. Ascoltate.

Sicilia - Qui la pronuncia della **S** è sorda /s/, **senza** la vibrazione delle corde vocali.
casa - Qui la pronuncia della **S** è sonora /z/, **con** la vibrazione delle corde vocali.

b. Adesso provate voi a pronunciare le due parole!

Dispensa di pronuncia

c. Ascoltate e sottolineate le parole pronunciate con /s/.

sole, falso, essa, smania, silenzio, Radamès, scandalo, sguardo, Rosina, spada, quasi, vissi, bis, sogno, porse

d. Inserite le parole pronunciate con /s/ nella tabella.

	/s/	/z/
S - iniziale di parola		
• s + consonante sorda		
• s + consonante sonora		
• s + vocali (a, e, i, o, u)	sole	
S - all'interno della parola		
• vocale + s + vocale		
• consonante + s		
• ss		
S - finale di parola		
• s finale di parola		

e. Ora inserite le parole pronunciate con /z/ nella tabella.

f. Adesso ascoltate di nuovo l'attività 1c. e ripetete dopo ogni parola.

2 a. Leggete le frasi ad alta voce.

1. Sara e Saverio si sono sposati il sei settembre a Chiusdino, nella chiesetta del paese.
2. Sono stati invitati anche Simona, Sofia, Susanna e Alessio, compagni del ginnasio.
3. La sera sono andati al ristorante *Brindisi* e il giorno seguente sono partiti per la Malesia.

b. Adesso ascoltate e ripetete dopo ogni frase.

c. Nell'attività 2a. evidenziate con una linea /s/ (come nella parola *Sicilia*) e con due linee /z/ (come nella parola *casa*).

Dispensa di pronuncia

9. /p/ e /b/

1 a. Ascoltate le parole. Attenzione alla pronuncia delle parti in blu!

albergo, bene, pianto, coppa, Bellini, perdono, pietà, babbino

b. Adesso ascoltate di nuovo e ripetete dopo ogni parola.

/p/ o /b/?

2 Ascoltate e indicate (✓) i suoni che sentite.

	1	2	3	4	5	6	7	8
/p/	☐	☐	☐	☐	☐	☐	☐	☐
/b/	☐	☐	☐	☐	☐	☐	☐	☐

10. /sk/ e /ʃ/

Unità 2

1 a. Ascoltate le parole. Attenzione alla pronuncia delle parti in blu!

ascolto, nascere, scherzo, scendere, meschino, scheda, scala, vascello, scivolare, maschera, scintilla, conoscere, scegli, scusi, tedeschi, uscite

b. Adesso inserite le parole nella tabella, nella colonna giusta.

/sk/		/ʃ/	
tedeschi	....	scendere	....
....	....	....	....
....	....	....	....
....	....	....	....

c. Ricordate!

sc + a/o/u/he/hi	si pronuncia	= /........./
sc + e/i		= /........./

d. Adesso ascoltate di nuovo e ripetete dopo ogni parola.

2 a. Ascoltate e scrivete le lettere mancanti.

1. la........are
2. ....ermo
3. pe........
4. fo........o
5. ma........le
6. va........a

Dispensa di pronuncia

b. Adesso ascoltate di nuovo e ripetete dopo ogni parola.

3 a. Leggete le frasi ad alta voce.

1. Francesca esce con due amiche tedesche e noi usciamo con Mascia e Prisca.
2. Conoscete Ischia? Sì, la conosciamo e andiamo sempre alla pensione Scirocco.
3. Tosca scala volentieri le montagne, mentre Priscilla preferisce andare in piscina.

b. Adesso ascoltate e ripetete dopo ogni frase.

11. /t/ — Unità 2

1 a. Ascoltate le parole. Attenzione alla pronuncia delle parti in blu!

ottanta, ingrata, detto, fato, vita, tutto, taci, petto

b. Adesso ascoltate di nuovo e ripetete dopo ogni parola.

/t/ o /tt/?

2 Ascoltate e indicate (✓) i suoni che sentite.

	1	2	3	4	5	6	7	8
/t/	☐	☐	☐	☐	☐	☐	☐	☐
/tt/	☐	☐	☐	☐	☐	☐	☐	☐

12. Z - quando si pronuncia /ʦ/ e quando /ʣ/? — Unità 2

In italiano la **Z** - si può pronunciare in due modi: sorda o sonora.

/ʦ/ (sorda)

1 a. Ascoltate le parole. Attenzione alla pronuncia delle parti in blu!

audizione, razza, indirizzo, carrozza, delizia, grazia, alzo, speranza, violenza, forza, vezzi, ammazzare, aguzzerò, senza, stizza, nozze, bellezza, Santuzza, danza, incoronazione

b. Adesso ascoltate di nuovo e ripetete dopo ogni parola.

Dispensa di pronuncia

c. Inserite nella tabella le parole dell'attività *1a*.

-zi + (a, e, i, o, u)			-ezz-		
-lz/rz-			-izz-		
-anz-			-ozz-		
-azz-		razza	-uzz-		
-enz-			-zione		

/dz/ (sonora)

2 a. Ascoltate le parole. Attenzione alla pronuncia delle parti in blu!

Zerlina, zoo, Zeus, zona, Zaira, Azucena, garzone, Donizetti, gazza

b. Adesso ascoltate di nuovo e ripetete dopo ogni parola.

c. Inserite nella tabella le parole dell'attività *2a*.

quando la sillaba dopo **Z**- inizia con una consonante sonora /b-d-g-dʒ-v-m-n-l-r/ (esempio: ze*br*a)			
fra due vocali			
z + vocale + vocale			

Per verificare la pronuncia corretta della **Z**- è consigliabile consultare un dizionario di pronuncia.

3 a. Leggete le frasi ad alta voce.

1. Zoe è di Zurigo, abita a Zagabria ed è in servizio come poliziotta alla stazione.
2. Suo zio Zaccaria fa le pulizie nell'azienda che produce zucchero e caffè d'orzo.

b. Adesso ascoltate e ripetete dopo ogni frase.

c. Nell'attività *3a*. evidenziate con una linea /ts/ (come nella parola ser*vi*zio) e con due linee /dz/ (come nella parola <u>Z</u>oe).

Dispensa di pronuncia

13. /v/ — Unità 2

1
a. Ascoltate le parole. Attenzione alla pronuncia delle parti in blu!

vuoi, vento, riva, bivio, Vivaldi, vago, vivo, servo

b. Adesso ascoltate di nuovo e ripetete dopo ogni parola.

14. Pronuncia della doppia consonante — Unità 3

1
a. Ascoltate le parole. Attenzione alla pronuncia delle parti in blu!

tetti, appena, veggo, addio, soffrire, braccia, pupille, fiamma, innocente, ebbene

b. Adesso ascoltate di nuovo e ripetete dopo ogni parola.

2 Ascoltate e scrivete le lettere mancanti.

1. pa………o
2. ada………o
3. bre………a
4. i………ortale
5. va………o
6. mo………ò
7. fanciu………a
8. a………enti
9. so………rire

3
a. Ascoltate e notate la differenza tra queste coppie di parole.

1. *tuta, tutta*; 2. *papa, pappa*; 3. *m'ama, mamma*; 4. *nono, nonno*

> Ricordate che la vocale prima della doppia consonante è sempre breve.

b. Adesso ascoltate di nuovo e ripetete dopo ogni parola.

/t/ o /tt /? /p/ o /pp/? /m/ o /mm/? /n/ o /nn/?

4 Ascoltate e indicate (✓) se le consonanti sono semplici o doppie.

A. /t/ o /tt /?

	1	2	3	4	5	6
/t/	☐	☐	☐	☐	☐	☐
/tt/	☐	☐	☐	☐	☐	☐

B. /p/ o /pp/?

	1	2	3	4	5	6
/p/	☐	☐	☐	☐	☐	☐
/pp/	☐	☐	☐	☐	☐	☐

Dispensa di pronuncia

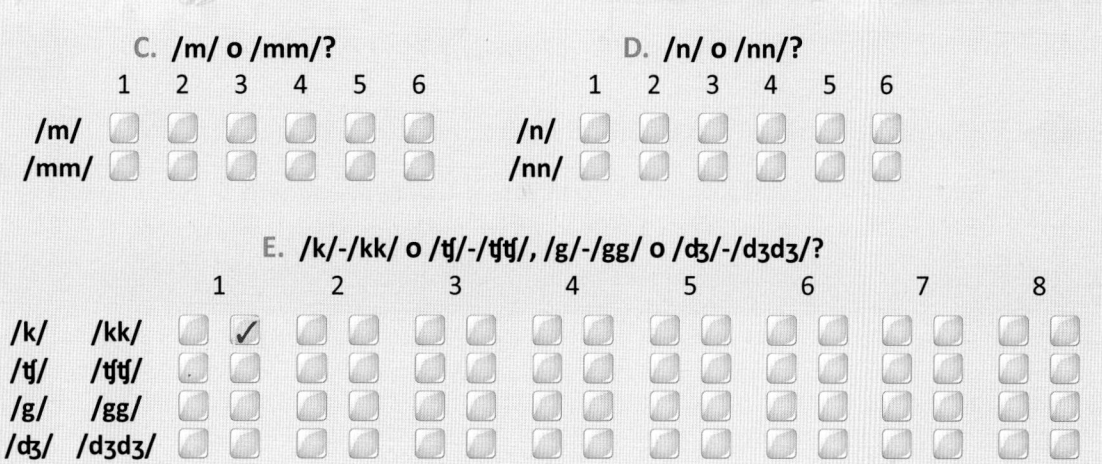

C. /m/ o /mm/?

	1	2	3	4	5	6
/m/	☐	☐	☐	☐	☐	☐
/mm/	☐	☐	☐	☐	☐	☐

D. /n/ o /nn/?

	1	2	3	4	5	6
/n/	☐	☐	☐	☐	☐	☐
/nn/	☐	☐	☐	☐	☐	☐

E. /k/-/kk/ o /tʃ/-/ttʃ/, /g/-/gg/ o /dʒ/-/ddʒ/?

		1	2	3	4	5	6	7	8
/k/	/kk/	☐	✓	☐	☐	☐	☐	☐	☐
/tʃ/	/ttʃ/	☐	☐	☐	☐	☐	☐	☐	☐
/g/	/gg/	☐	☐	☐	☐	☐	☐	☐	☐
/dʒ/	/ddʒ/	☐	☐	☐	☐	☐	☐	☐	☐

5 (52) a. Ascoltate le parole. Attenzione alla pronuncia delle parti in blu!

> Ricordate che due coppie di doppie consonanti devono avere la stessa lunghezza di pronuncia all'interno della parola. Esempio: be**ll**ezza   ca**pp**ello
> ll=zz   pp=ll

Raffaello, bizzarro, abbraccio, soddisfatto, oggetto, zeffiretti, affetto, appassionata, eccellente, Susannetta

b. Adesso ascoltate di nuovo e ripetete dopo ogni parola.

(53) c. Ascoltate e indicate (✓) i suoni che sentite.

	consonante semplice	doppia consonante	due coppie di doppie consonanti
1.	☐	☐	☐
2.	☐	☐	☐
3.	☐	☐	☐
4.	☐	☐	☐
5.	☐	☐	☐
6.	☐	☐	☐
7.	☐	☐	☐
8.	☐	☐	☐

Dispensa di pronuncia

15. Suoni sordi e sonori a confronto — Unità 3

1 a. Ascoltate le parole. Attenzione alla pronuncia delle parti in blu!

1. *t*etti, *d*etti; 2. *p*osto, *b*osco; 3. *v*olto, *f*osco; 4. *g*alante, *c*alante; 5. *s*pezia, *S*vezia

Consonanti sorde (le corde vocali non vibrano)	Consonanti sonore (le corde vocali vibrano)

b. Adesso ascoltate di nuovo e ripetete dopo ogni parola.

2 a. Ascoltate e scrivete le lettere mancanti.

1. in……erno
2. in……erno
3. ……ara
4. ……ara
5. po……ere
6. po……ere
7. ……ai
8. ……ai
9. di……a
10. di……a
11. ……elle
12. ……elle

b. Adesso ascoltate di nuovo e ripetete dopo ogni parola.

16. Raddoppiamento sintattico — Unità 3

La consonante iniziale di una parola si pronuncia doppia quando segue parole tronche o monosillabi accentati. Il rafforzamento è una regola non legata alla grafia.

1 a. Ascoltate con attenzione la pronuncia delle parole.

Dopo parole tronche	Dopo monosillabi accentati
e poi	là sotto
parlerà Sara	ciò che mi dici
sarò tua	già fatto
perché no	né carne né pesce

b. Adesso ascoltate di nuovo e ripetete dopo ogni espressione.

Dispensa di pronuncia

17. /i/ - /a/ - /u/

Unità 3

1 a. Ascoltate le parole. Attenzione alla pronuncia delle parti in blu!

/i/

libera
Mimì
vincere
calici
figli
divini

1. Lui ha pochi amici sinceri in questo difficile periodo.

b. Adesso ascoltate di nuovo e ripetete.

2 a. Ascoltate le parole. Attenzione alla pronuncia delle parti in blu!

/a/

casa
canzone
mattina
bacio
amato
vanità

1. Clara ha un cane e un gatto. Anna invece non ama gli animali.

b. Adesso ascoltate di nuovo e ripetete.

3 a. Ascoltate le parole. Attenzione alla pronuncia delle parti in blu!

/u/

tu
uccise
giunse
cura
uva
premura

1. Guido e Ugo sono studenti e tutti e due vengono da Udine.

b. Adesso ascoltate di nuovo e ripetete.

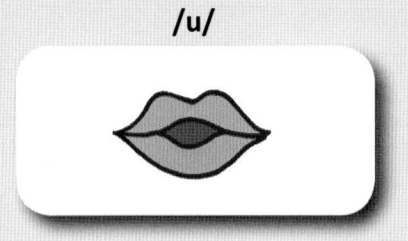

Dispensa di pronuncia

18. E - quando si pronuncia /e/ e quando /ɛ/?   Unità 3

La vocale **E** è l'unica che può avere sia l'accento acuto (´), sia l'accento grave (`) sull'ultima sillaba.

/e/

come nella parola *questo*

1 Ascoltate con attenzione la pronuncia delle parti in blu e dopo ripetete!

*av**e**re, v**e**de, m**e**lodia, b**e**llezza, tac**e**te, c**e**rchio*

2 Ascoltate e ripetete dopo ogni gruppo di parole. Fate attenzione alle eccezioni!

Generalmente si pronuncia **/e/** quando la parola contiene:

-e		amore, te, beltade
-é		sé, perché, né
-ecc-		secco, orecchi, zecche
	ma /ɛ/	ecco, specchio, vecchio
-ecci-		freccia, caserecci, leccio
-efice		orefice, carnefice, pontefice
-eggi-		fraseggi, scheggia, arieggio
-egli-		egli, sveglia, teglia
-egn-		degno, congegno, pegno
-eg-		lego, strega, allegro
	ma /ɛ/	bega, prego, peggio
-el-		felce, peltro, feltro
-enn-		antenna, penna, senno
	ma /ɛ/	solenne, millennio
ment-		sentimento, momento, facilmente
-entr-		dentro, mentre, rientro
	ma /ɛ/	centro, ventre

Edizioni Edilingua

Dispensa di pronuncia

-epp-	ceppo, steppa, zeppi
-ere	dovere, avere, potere
-erm-	affermo, conferma

-esc-		fresco, moresco, pazzesco
	ma /ɛ/	*pesca, esco*
-es-		difesa, mese, preso
-esim-		battesimo, incantesimo
	ma /ɛ/	*ventesimo, centesimo*
-ess-		contessa, promessa, principessa
	ma /ɛ/	*compressa, adesso, Tessa*

-et-		sete, moneta, prendete
	ma /ɛ/	*prete, profeta, quiete*
-etto/a		duetto, vendetta, Rigoletto
	ma /ɛ/	*petto, rispetto, diletto*

-evol-		lodevole, piacevole, notevole
-ezz-		dolcezza, bellezza, brezza
	ma /ɛ/	*disprezzo, pezza, prezzo*

Nei seguenti casi è sempre pronunciata /e/:

Desinenza finale *Futuro semplice* 1ª e 2ª plurale	
-eremo	canteremo, venderemo
-erete	canterete, venderete

Desinenza finale *Condizionale presente* 2ª singolare, 1ª e 2ª plurale	
-erest-	canteresti, vendereste
-eremmo	canteremmo, venderemmo

Desinenze finali *Congiuntivo imperfetto*	
-essi/e	credessi, vendesse
-essimo	credessimo, vendessimo
-este	credeste, vendeste
-essero	credessero, vendessero

Dispensa di pronuncia

Desinenze finali *Passato remoto* dei verbi regolari in -ere	
-ei	credei, vendei
-etti	credetti, vendetti
-esti	credesti, vendesti
-é	credé, vendé
-ette	credette, vendette
-emmo	credemmo, vendemmo
-este	credeste, vendeste
-erono	crederono, venderono
-ettero	credettero, vendettero

due delle forme irregolari	
-esi/-ese/-esero (1ª e 3ª sing. / 3ª pl.)	presi, prese, presero
-etti/-ette/-ettero (1ª e 3ª sing. /3ª pl.)	stetti, stette, stettero

Indicativo presente e *Imperativo* 2ª plurale	
-ete	credete, leggete
	tacete!, vendete!

Desinenza finale *Indicativo imperfetto* dei verbi in -ere	
-evo/i/a	credevo, vendevi, credeva
-evamo	credevamo, vendevamo
-evate	credevate, vendevate
-evano	credevano, vendevano

3 a. Leggete le frasi ad alta voce.

1. Era estate, Giulietta aveva sete e prese una gradevole bevanda alla menta e gelsomino.
2. Ieri a pesca, c'era una piacevole brezza e in due orette, ho preso venti pescetti.
3. Questa domenica eseguirò delle ariette allegre, scelte nel mio repertorio di duetti.
4. Nella nebbia si vedeva una catapecchia vicino ad un vecchio campeggio fra i lecci.

b. Adesso ascoltate e ripetete dopo ogni frase.

Dispensa di pronuncia

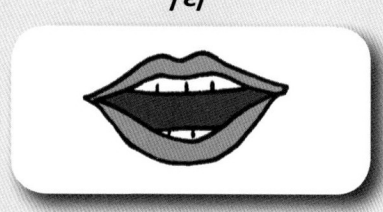

/ɛ/

come nella parola *bella*

4 Ascoltate con attenzione la pronuncia delle parti in blu e dopo ripetete!

*be*llo, ori*e*nte, be*ne*volo, se*tte*mbre, biblio*te*ca, mo*de*rno

5 Ascoltate e ripetete dopo ogni gruppo di parole. Fate attenzione alle eccezioni!

Generalmente si pronuncia /ɛ/ quando la parola contiene:

-è	è, Salomè, cioè
-eco/a/i/e	bieco, biblioteca, discoteca
-e + consonante + ico	strategico, fonetico, algebrico
-e + vocale	sei, miei, dea
-e + consonante	ex, rebus, hotel

-ed-	arredo, erede, scheda
ma /e/	vedere, credere, fede
-edin-	acredine, salsedine, redine
-el-	zelo, clientela, Daniela
ma /e/	candela, velo, tela
-ell-	venticello, gioielli, fratello
ma /e/	quello, capello, stella

-em-	crema, problema, schema
ma /e/	seme, scemo
-emb-	dicembre, sghembo, lembo
ma /e/	sembra
-emm-	gemme, dilemma
ma /e/	femminile, vendemmia
-emp-	sempre, tempo

-end-	stupendo, orrendo
-eng- (verbi)	venga, tengo
-enn- / -ennio	solenne, maggiorenni, millennio

L'italiano nell'aria 1

Dispensa di pronuncia

-en-	cileno, sloveno, saraceno
-ens-	penso, denso, mensa
-ent-	gente, violento, venti
ma /e/	venti (20), dimentico
-enz-	sapienza, silenzio, senza

-er-	leggero, mistero, ero
ma /e/	cero, capinera, nero
-erb-	acerbo, proverbi, erba
-erc-	alterco, quercia, sterco
-erg-	albergo, gergo, stamberga
-erl-	merlo, perla, sberle
-ern-	eterno, governo, moderno
-err-	erro, guerra, terre
-ers-	avverso, diverso, emerse
-ert-	aperto, incerto, sofferto
-erv-	osservo, cervo, serva

-esi	cosmesi, tesi, mimesi
-est-	semestre, celeste, tempesta

-etr-	tetro, metro, faretra
-ev-	leva, breve, longevo

Dittonghi	
-ie-	dieresi, niente, miei
-ier-	portiere, bandiera, ieri

Nei seguenti casi è sempre pronunciata /ɛ/:

Desinenze finali *Condizionale presente* 1ª e 3ª singolare, 3ª plurale	
-erei	canterei, venderei
-erebbe	canterebbe, venderebbe
-erebbero	canterebbero, venderebbero
Desinenze finali *Gerundio*	
-endo	credendo, finendo

Dispensa di pronuncia

6 a. Leggete le frasi ad alta voce.

1. La bella sorella di Elena vende sempre pesche e splendide ortensie al mercato di Firenze.
2. Vitellia cantò: "Ah, mi vedrei sempre Sesto d'intorno e l'aure, e i sassi temerei...".
3. Ieri il maggiorenne saltò con la bandiera in mano. Cadde, svenne ma rimase indenne.
4. Da ieri l'ex moglie di Lamberto è contenta perché è a Trieste, per un semestre, per la sua tesi.

b. Adesso ascoltate e ripetete dopo ogni frase.

7 Ascoltate e ripetete dopo ogni gruppo di parole.

Le seguenti parole sono omografe. La diversità nella pronuncia della *E* dà loro due significati diversi.

/e/	/ɛ/	/e/	/ɛ/
accetta	accetta	esse	esse
affetto	affetto	legge	legge
corresse	corresse	mento	mento
creta	Creta	nei	nei
dei	dei	pene	pene
dette	dette	pesca	pesca
esca	esca	venti	venti

/e/ o /ɛ/?

8 Ascoltate e indicate (✓) i suoni che sentite.

	1	2	3	4	5	6	7	8
/e/	☐	☐	☐	☐	☐	☐	☐	☐
/ɛ/	☐	☐	☐	☐	☐	☐	☐	☐

9 a. Leggete le frasi ad alta voce.

1. Sulla finestra ci sono una pianta d'edera e un rododendro che mi ha regalato mia sorella.
2. Sono arrivati i pompieri nei pressi dell'incendio. Gli studenti sono spaventati ma indenni.
3. La gente seppe in tempo ma non credette che la cenere li avrebbe coperti completamente.
4. Marchese Cecchetti, adesso passeremo attraverso frutteti, aranceti, pinete e vigneti.

b. Adesso ascoltate e ripetete dopo ogni frase.

Dispensa di pronuncia

19. O - quando si pronuncia /o/ e quando /ɔ/?   Unità 3

/o/

come nella parola *sogno*

1 Ascoltate con attenzione la pronuncia delle parti in blu e dopo ripetete!

onda, ora, colpo, adoro, dove, polso

2 Ascoltate e ripetete dopo ogni gruppo di parole. Fate attenzione alle eccezioni!

La **O** finale di parola è sempre **/o/**. Si pronuncia **/ɔ/** in presenza dell'accento grave **Ò** oppure se è monosillabica (esempio: *no*). Generalmente si pronuncia **/o/** quando la parola contiene:

-oce	croce, feroce, voce
ma /ɔ/ se preceduto da /u/	cuoce, suocera, nuoce
-og-	giogo, foga, voga
-ogn-	bisogna, ogni, sogno
-oi-	vassoio, tettoia, cesoia
ma /ɔ/ se preceduto da /u/	cuoio, buoi
-ol- (c- m- p- s- t-)	dolce, sole, molto
ma /ɔ/	pizzaiolo, pignolo, parola
-omb-	tromba, colomba, romba
-onc-	sconcio, conca, broncio
-ond-	mondo, giocondo, onda
-zione	dizione, azione, benedizione
-ont-	onta, ponte, fonti
-onz-	fronzoli, bonzo, sbronza
-or- (g- s-)	amore, borgo, forse
ma /ɔ/	oro, mora, aurora
-os-	geloso, noioso, posi
ma /ɔ/	rosa, sposo, riposo

Dispensa di pronuncia

3 a. Leggete le frasi ad alta voce.

1. Un bel giovane con gli occhi neri e profondi ossequia ogni giorno la ragazza bionda.
2. Ad agosto hanno rotto il lampione all'incrocio, vicino al ponte, ed ora è pericoloso passarci.
3. La ragazza di Bologna, con la sua voce suadente e profonda, ha detto una menzogna.
4. Ferocemente il leone pose la zampa sulla gola del giovane che morì tra atroci dolori.

b. Adesso ascoltate e ripetete dopo ogni frase.

La vocale **O** può avere solo l'accento grave (`) sull'ultima sillaba (ad esempio, *mangiò*).

/ɔ/

come nella parola *salotto*

4 Ascoltate con attenzione la pronuncia delle parti in blu e dopo ripetete!

*f**o**rte, n**o**ia, fag**o**tto, v**o**glia, bu**o**no, cantò*

5 Ascoltate e ripetete dopo ogni gruppo di parole. Fate attenzione alle eccezioni!

Generalmente si pronuncia /ɔ/ quando la parola contiene:

-o	no, do, sto
-o + vocale	poi, eroe, Zoe
ma /o/	noi, voi, coi
-o + consonante + 2 vocali	ozio, gloria, demonio
ma /o/	vocio, incrocio, sfocia
-ò	ciò, però, falò
-o + consonante finale	factotum, stop, gong
-o (con accento sulla terzultima sillaba)	ottimo, popolo, orfano
ma /o/	dodici, giovane, porpora
-uo-	buono, fuoco, cuore
ma /o/	affettuoso, lussuosa, fruttuoso
-o + (bb- br- c- cr- f- ff- g- gg- p- pp- rz- sc- str- t-)	gobbo, poco, strofa, forza
	oggi, Tosca, vostro, galoppo

L'italiano nell'aria 1

Dispensa di pronuncia

-occ(hi)	sciocco, ciocca, occhio
ma /o/	bocca, tocca, sbocco
-occi-	belloccio, coccio, roccia
ma /o/	goccia, doccia
-od-	odo, moda, lode
-ogli-	imbroglio, foglio, soglia
ma /o/	moglie, germoglio, orgoglio
-ol-(d-l)	parola, soldi, colla
-olf-	Rodolfo, zolfa
-on- (n)	trono, cerimonia, donna
ma /o/	con, padrone, perdono

-or-	oro, aurora, tesoro
ma /o/	loro, ancora, ora
-ort	forti, morte, storto

-osci-	angoscia, camoscio, poscia
-osi-	artrosi, psicosi, neurosi
-oss-	fossa, grossi, ossa
ma /o/	rosso, tosse
-ost-	posta, tosto, piuttosto
ma /o/	agosto, foste, nascosto

-ott- (+ol)	notte, motto, viottolo
ma /o/	sotto, rotto, ghiotto
-ov	prova, piove, nove
-ozz-	carrozza, nozze, predicozzo
ma /o/	pozza, mozzo, rozza

Nei seguenti casi è sempre pronunciata /ɔ/:

Desinenza finale *Futuro semplice* 1ª singolare	
-(er)ò	parlerò, canterò, reciterò

Desinenza finale *Passato Remoto* 3ª singolare e plurale	
-ò	parlò, cantò, recitò
-ono	parlarono, cantarono, recitarono

Dispensa di pronuncia

6 a. Leggete le frasi ad alta voce.

1. Il cuoco Leopoldo preparò per i suoi ospiti ostriche, risotto ai carciofi e un cosciotto arrosto.
2. Ricordo che una volta Giorgio Ranocchia al ristorante pagò un conto piuttosto salato.
3. Si occupa degli orfani e invia per loro moduli alla Regione per richiedere più soldi.
4. Nonno Rodolfo ama l'aria di Zerlina... "lascerò cavarmi gli occhi ... poi saprò baciar ".

b. Adesso ascoltate e ripetete dopo ogni frase.

7 Ascoltate e ripetete dopo ogni gruppo di parole.

Le seguenti parole sono omografe. La diversità nella pronuncia della **O** dà loro due significati diversi.

/o/	/ɔ/	/o/	/ɔ/
accorsi	accorsi	provocatori	provocatori
botte	botte	rosa	rosa
colto	colto	scopo	scopo
fosse	fosse	torta	torta
imposta	imposta	tocco	tocco
pose	pose	volto	volto

/o/ o /ɔ/?

8 Ascoltate e indicate (✓) i suoni che sentite.

	1	2	3	4	5	6	7	8
/o/	☐	☐	☐	☐	☐	☐	☐	☐
/ɔ/	☐	☐	☐	☐	☐	☐	☐	☐

9 a. Leggete le frasi ad alta voce.

1. Da giovane, ogni volta che andavo fra gli scogli e sopra le rocce trovavo dei molluschi.
2. Le rondini costruirono i loro nidi sotto molte tettoie e sulla torre del nostro borgo.
3. Ora Olivia e Oreste vivono in un luogo isolato vicino al torrente Cornione.
4. Il nostromo Leopoldo comunicò che aveva scorto una flotta a diciotto miglia.

b. Adesso ascoltate e ripetete dopo ogni frase.

L'italiano nell'aria 1

Dispensa di pronuncia

20. Dittongo, trittongo e iato

Incontro di vocali		
Dittongo	**Trittongo**	**Iato**
2 vocali che si pronunciano con una sola emissione di voce. Incontro di **i/u** con altre vocali.	**3 vocali** che si pronunciano con una sola emissione di voce. Incontro di **i/u** con altre vocali.	**Iato** significa separazione. Due vocali vicine che si pronunciano con due emissioni di voce separate.

1 a. Ascoltate le parole. Attenzione alla pronuncia delle parti in blu!

duomo   aiuola   aereo
fiume   languiate   fruscio
duello   figliuolo   eroe

b. Adesso ascoltate di nuovo e ripetete dopo ogni parola.

2 a. Ascoltate la pronuncia dei dittonghi.

Europa, daino, colui, pietà, odio, piede, causa, direi, fuoco, aurora

b. Adesso ascoltate di nuovo e ripetete dopo ogni parola.

c. Ascoltate e completate con le lettere mancanti.

1. p........noforte   4. fl........to   7. g........rra
2. f........re   5. p........   8. l........co
3. q........dro   6. ....ri   9. s........

d. Adesso ascoltate di nuovo e ripetete dopo ogni parola.

3 a. Ascoltate la pronuncia dei trittonghi.

suoi, guai, invecchiai, seguiate, vuoi, colloquio, mangiai, miei, copiai, buoi

b. Adesso ascoltate di nuovo e ripetete dopo ogni parola.

4 a. Ascoltate la pronuncia dello iato.

teatro, leone, poeta, paese, suo, paura, beato, corteo, oasi, addio

b. Adesso ascoltate di nuovo e ripetete dopo ogni parola.

Dispensa di pronuncia

5 a. Leggete le frasi ad alta voce.

1. Guido poi vuole piantare il chiodo con l'aiuto del suocero.
2. L'aiuola della scuola è un bel triangolo di azalee.
3. Lo zio è beato quando vede i suoi figliuoli che lavorano a teatro.

b. Adesso ascoltate e ripetete dopo ogni frase.

21. Intonazione

1 a. Ascoltate le frasi facendo attenzione all'intonazione. Scegliete il segno ortografico corretto: punto interrogativo (?), punto esclamativo (!) oppure punto (.).

Chiara non è tedesca	?
Chiara non è tedesca	.
Chiara non è tedesca	!

1. Giuseppe è a Genova per lavoro
2. Cinzia non parla il cinese bensì il coreano
3. Lara è di Merano, vero
4. Sai, il signor Santucci ha sessantasei anni
5. A giugno siamo in Spagna e a luglio andiamo in montagna
6. Scusate, voi siete svizzeri o tedeschi
7. Stefano e Guido hanno davvero sedici anni
8. Questa cantante ha una bellissima voce
9. Bologna è veramente una bella città
10. Vuoi un bicchiere d'acqua o preferisci un caffè

b. Adesso ascoltate di nuovo e ripetete dopo ogni frase.

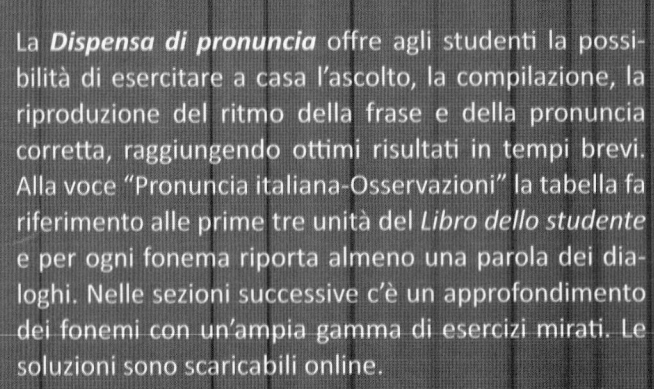

La *Dispensa di pronuncia* offre agli studenti la possibilità di esercitare a casa l'ascolto, la compilazione, la riproduzione del ritmo della frase e della pronuncia corretta, raggiungendo ottimi risultati in tempi brevi. Alla voce "Pronuncia italiana-Osservazioni" la tabella fa riferimento alle prime tre unità del *Libro dello studente* e per ogni fonema riporta almeno una parola dei dialoghi. Nelle sezioni successive c'è un approfondimento dei fonemi con un'ampia gamma di esercizi mirati. Le soluzioni sono scaricabili online.

La dispensa è adatta anche ad una consultazione veloce in caso di dubbi. Al termine dell'unità 4 del *Libro dello studente*, l'insegnante può effettuare test di verifica, scaricabili online, per stabilire i progressi ottenuti dagli studenti.